이수명리고전강독 시리즈 1, '난강망마스터리 Ⅰ Ⅱ Ⅲ'

八字命理古典의 理解

권정숙 編

장서원
도서출판

머 리 말

서기 2012년 이수(李修) 스승님께서는 '더 청담'에서 진행된 '제1회 고전강독회'를 통하여 '난강망마스터리Ⅰ, Ⅱ,Ⅲ'을 강술하셨습니다. 이 책은 직강 내용을 그대로 담고, 독자들을 위해 각주를 단 것입니다. 근세 서락오(徐樂吾) 이래 한국의 명리학자로 유일하게 팔자명리의 3대 텍스트를 모두 주해하면서 명리의 이기(理氣) 전체를 융회한 선생의 탁견은 이미 강호에 널리 알려져 있는 것 같습니다.

까닭에 이 책은 '난강망(궁통보감)'의 목차를 따르고 있지만, '자평진전'이나 '적천수'의 고전을 동시에 가늠하고, 이해할 수 있는 학습자들의 요긴한 벗이 될 것이라 믿어 의심치 않습니다. 다시 말해 종래의 명리학도들이 고서를 학습할 때 각각의 이론이 상이해서 부합되지 않는 혼란을 극복할 수 있다는 뜻입니다.

기회가 되면 난강망 이외의 고전도 이와 같은 식으로 모두 정리해 볼 생각입니다. 강단과 강호의 제 학도들의 질정과 성원을 기대하며 이만 머리글을 맺습니다.

壬辰年 仲冬

著者 識

차 례

1. 甲木[1)]

- 三春 갑목은 초춘에는 병화로 따뜻해야 아름다워지고 중춘에는 경금으로 다듬어야 동량을 이룬다. 모춘에는 임수의 자부로 꽃잎이 무성해진다.

- 三夏 갑목은 庚丁이 있어야한다. 경금이 벽갑하면 통명하나, 이때는 갑목의 뿌리가 윤택해야 정화로 수기를 설하므로 임계수가 매우 중요하다.

---

1)갑목(적천수천간론): 갑목참천,포태요화(甲木參天,胞胎要火): 원시의 포태는 탈태의 의미로 해석되어 추동목은 火가 필요하다는 의미로 본다./춘불용금,추불용토(春不容金, 秋不容土):봄철의 갑목은 金을, 가을철의 갑목은 土를 꺼린다. 춘불용금은 한목향양, 목화통명에 한해서 유용한 내용이다./화치승룡,수탕기호(火熾乘龍,水蕩騎虎):火가 치열하면 용(辰土)에 오르고, 수가 넘치면 호(虎:寅木)에 올라탄다/지윤천화,식립천고(地潤天和,植立千古): 지지에 계수의 뿌리가 되는 亥나辰이 있고 천간에 丙火가 적당하면 甲木은 오랜 세월동안 뿌리를 내린다.

- 三秋 갑목은 먼저 정화를 취한 후 경금을 쓴다. 정화가 없으면 통명하지 못하고, 경금이 없으면 벽갑하지 못한다. 추목이 경금을 보면 진신이 용신이 되어 특히 귀하다.
- 三冬 갑목은 먼저 경금을 용신으로 삼고, 병화는 차선이 된다. 무토는 경우에 따라 취하고, 신금이나 임수는 쓰지 않는다. 경정이 출간하고 무토가 나타나면 탁함을 제거하고 청해진다.

- 甲木은 庚金으로 기물을 이루고, 丙丁火를 만나면 수려해지며 壬癸의 자부를 요한다.
-기본적으로 부귀를 결정짓는 三者는 庚丁癸로 壬丙의 조화가 관건(關鍵)이다.
-寅月 맹아(萌芽)의 계절에는 庚辛金을 불용하고, 이때 庚辛이 투하면 丁을 약으로 취한다.
-辰月에는 壬水를 위주로 하여 庚金을 설기하고 더불어 갑목을 윤택하게 한다.
-丙火의 조후를 필요로 하는 시기는 寅酉亥子丑月이다.
-甲木은 寅巳午未戌月에 癸水의 자부(滋扶)를 요한다.

三春甲木總論

춘월의 목은 점차 생장하는 상이다. 초춘에는 한기가 남아 있으니 火로써 온난하게 해야 여유 있게 아량을 지니는 아름다움이 있고, 水가 많으면 극으로 변해 정신이 손상된다. 木을 거듭 보면 생왕해지는데 이때는 필시 경금을 용하여 깎고 뚫으면 가히 동량(棟梁)을 이룬다. 모춘에는 양장(陽壯)하여 水가 메마르니 水로써 자부하면 꽃잎과 가지가 무성해진다.

초춘에 火가 없이 水가 더해지면 음농(陰濃)하여 기가 약해지므로 뿌리는 손상되고 가지는 말라 화려하거나 빼어나지 않게 된다. 모춘에 화가 더해지면 양기가 지나쳐 조갈함이 배가되니 가지와 잎이 메말라 마찬가지로 화려함과 빼어남을 보기 어렵다. 그러므로 水火 두 가지가 적절한 때를 만나 상제(相濟)를 이루어야 아름답게 된다.

=> 춘월은 初春, 仲春, 暮春의 삼절(三節)로 나눈다. 우수에서 곡우에 이르는 기간을 중춘으로 구분하고 우수前은 초춘, 곡우後는 모춘(暮春)으로 본다. 원시는 초춘의 병화, 중춘의 경금, 모춘의 壬癸水 用法을 위주로 설명하고 있다.

寅月 甲木

用神一線	用神二線	喜用提要
丙	癸	조화기후위요. 병화위주, 계수위좌.
		調化氣候爲要. 丙火爲主, 癸水爲佐.

1. 인월 갑목(寅月甲木)의 초춘(初春)에는 寒氣가 남아 있으니 丙을 얻고 癸를 만나면 부귀를 모두 갖춘다.

=> 인수와 식신으로 上格이 된다. 대개 丙火와 癸水가 함께 透하면 십간관계상 **흑운차일(黑雲遮日)**[2]이 되어 좋지 않으나 춘목에는 **불청불우(不晴不雨)**[3]의 기후로 **수화기제(水火旣濟)**[4]되어 조화를 이룬다.

목화식상(木火食傷)은 좀체 水의 **탈식(奪食)**[5]을 논하는 법이 없으나, 癸水가 아닌 壬水가 투(透)하면 **식신봉효(食神逢梟)**[6]가 되어 격국은 파격된다. 壬水가 투해도

---

2)검은구름이 해를 가림.

3)**불청불우(不淸不雨)**: 맑지도 않고 흐리지도 않은 어중된 하늘을 이르는 말로 춘목의 입장에서는 자라기 좋은 환경이고 봄의 병화입장에서는 구름이나 안개가 태양을 가리는 격이 되니 기피한다.

4)**수화기제(水火旣濟)**: 춘목(春木)의 핵심은 수화기제(水火旣濟)에 있다. 춘목에서 최적유형은 丙火가 투간(透干)하고 지지(地支)에서 한 두 개의 水가 배합된 것을 의미한다. 춘목은 통상 병화하나만 갖추면 발전이 따르는 귀명으로 분류된다. **대개 록겁격(祿劫格)은 식상(食傷)의 설기(洩氣)만으로는 비록 수기(秀氣)라 해도 양에 차지 않으나 봄의 木日柱와 가을의 金日柱에 한해서는 食傷의 글자만 출간해도 목화통명(木火通明), 금수상함(金水相)의 貴格이 성립된다.** 초춘에는 한습한 기운이 남아 있으므로 오직 병화만이 유용하다. 중춘에는 양기가 성하므로 水의 중요성이 부각되고 모춘에 이르면 목이 메말라 필시 계수로 자부할 것을 요한다 하였는데 **水氣의 유무와 관련해서 중요성을 논하는 것은 火와의 관계에 국한된다. 즉 火를 용하여 格을 이룰 때 水의 존재가 부각되는 것이지 金 관살을 용하는 경우라면 水의 의미는 자연 퇴색된다.**

5)**탈식(奪食)**: 인수가 식신을 극하여 밥을 빼앗음. 도식과 같은말인데 이구절에서는 춘목의 인수 계수가 식신 병화를 극하는 탈식을 논하지 않고 오히려 조후가 이루어져 좋다는 말임.

6)**식신봉효(食神逢梟)**: 식신격에서 편인을 만나 극을 받고 있음을

地支에 癸水가 암장(暗藏)되어 있다면 능히 貴格으로 간주한다. 이때 庚辛金의 官殺을 보게 되면 불리해진다. **대개 木火通明은 官을 꺼리고[7] 금수상함(金水相涵)은 官이 있어도 해롭지 않기 때문이다.[8] 또 정화로는 庚金을 능히 상대하지만, 丙火로 制하기는 어렵다.**

2. 癸는 암장되고 丙이 透干하면 이를 한목향양(**寒木向陽**)[9]이라 하고 대부귀의 주체가 된다.

=> 인월 갑목은 **록겁격**[10]이다. 병화가 출간하고 훼손됨이 없다면 록겁용식상(祿劫用食傷)[11]으로 成格된다. 春木

이르는 말.(寅月의 丙이 투하여 壬을 만나 극을 받고 있음.)

7)**목화통명, 불리견관(木火通明,不利見官):**

***자평진전에 나오는 말**로 춘목이 火를보아 수기(秀氣)를 발산할 때(목화통명)는 金을 보는 것을 꺼린다는 말. 氣에는 쇠함과 성함이 있으니 같이 구하여 쓸 수 없다.

***적천수에는 춘불용금**이라하여 봄철의 갑목이 금을 용납하지않는다 함. 그러나 원래 갑목은 경금으로 기물을 이루고 정화로 통명하여 庚丁이 양투하면 上格을 이룬다. **갑목은 탈태요화와 한목향양 의 경우에만 丙火를 쓴다. 그 이외에는 정화와 경금이 眞神이다. 정화상관과 경금칠살로 갑목의 귀가 드러난다. 그러므로 춘불용금이나 불리견관은 한목향양이나 목화통명의 경우에 국한된다.**

8)**금수상함, 견관무애(金水相涵, 見官無碍):**금수상함은 록왕(祿旺)의 가을金이 水를 보아 秀氣를 발산하여 영특함을 이르는 말로 이때는 상관이 관(火)를 보아도 조후가 이루어져 장애가 되지 않고 오히려 좋다 (상관견관이 可한 경우에 해당됨.)

9)추운나무를 태양이 잘 비추어주어 吉함.

10)월지가 일간의 건록 또는 겁재인 경우에, 관성이 투출하고 재와 인수가 있거나, 혹은 재가 투출하고 식상이 있는 것, 혹은 칠살이 투출한 것 등은 모두 건록격과 월겁격이 성격된 것이다.(자평진전)

11)록겁격에 식상(食傷)을 用한 것.

과 秋金의 록겁격에 한해서만 식상(食傷)의 秀氣로 성격된다. 즉 **목화통명이나 금수상함의 영특함은 춘목이나 추금에만 한정되며 하목이나 동금에는 해당 사항이 없다.** 춘목은 火를 보아 능히 목화통명이 되지만 하목은 **목분화열(木焚火熱)**[12]이 된다. 추금은 水를 보아 능히 금수상함이 되지만 동금은 **금침수탕(金沈水蕩)**[13]이 되어 해롭다. 이들은 **상관용재(傷官用財)**[14]로 성격되어도 별 쓸모가 없다.

이렇게 寅月 甲木이 병화만 보면 준수함은 보증되는 것이다. 이때 地支의 장간(藏干)에 계수를 구비하면 대부대귀격을 이룬다. 丙癸가 동시에 투간(透干)해도 부귀쌍전하게 된다.

3. 혹 風水가 不及해도 儒林의 준수함을 잃지 않는다.
=> 원시에서 풍수를 거론한 바는 명운에 미치는 환경의 중대함을 설명한 것이다. 몹시 빈곤한 가문의 태생이거

---

12)**목분화열(木焚火熱)**: 적천수의 정신론(精神論)에서, 오행은 대략 금수의 精氣와 목화의 神氣로 양분되는데 금수는 응축하고 목화는 발산한다고 했다. **팔자는 목화, 금수 두 가지로만 편중되는 것을 꺼린다. 기후와 연관이 있다.** 夏木은 목분화열, 冬金은 금침수탕을 기피한다. 이것들은 빈천(貧賤), 병약(病弱), 절사(絶嗣)를 암시한다. 목화상관희견수나 금수상관희견화도 조후를 고려한 말들이다.

13)**금침수탕**: 金이 가라앉아 물을 흐리게하다. 한난조습을 갖추지못하고 精,神중 한가지로 편중됨을 흉하게 봄.

14)**상관용재(傷官用財)**: 상관격에 재를 용해 성격됨.
상관가살(傷官駕殺): 상관과 칠살을 가지고 격국을 짜면 상관격이 아니어도 어느격이든지 쓸 수 있는 용어.
상관대살(傷官帶殺): 상관격에서 칠살을 보았을 때만 쓸 수 있다.

나, 상대적으로 척박한 지역에서 출생하면 그만큼 출세의 기회를 얻기 힘들기 때문이다.

4. 丙癸가 없다면 평상인에 불과하다.

寅卯月 甲木[15)]

1. 寅月과 卯月甲木은 從財, 從殺, 從化의 이치를 취하는 법이 없다.

=> 월령에서 **녹왕(祿旺)**[16)]하여 從하지 않는 것이다.

2. 혹 한 무리의 庚辛을 만나면 일생 勞苦하며 妻子를 刑剋하고, 재차 地支에 金局을 보면 가난하거나 요절한다.

=> 록겁격에 관살이 모두 투하고 제복됨이 없으면 응당 파격이 된다. 이같이 金이 木을 흠집내게 되면 잔병이 많거나 요절하는 것이다.

3. 만일 丙丁이 없는데 한 무리의 壬癸가 있고 이를 戊己로 제지하지 않으면 수범목부(水泛木浮)라 죽어서도 들어갈 관이 없게 된다.[17)]

---

15)인묘월의 갑목은 경금을 먼저 취하고 다음으로 정화를 쓰는 상관가살의 격국을 높이 평가한다.

16)**녹왕(祿旺)**: 12운성상 갑목은 寅月은 祿地, 卯月은 旺地다.

17)**수범목부, 사무관곽(水泛木浮,死無棺槨)**: 물이 범람하여 목이 떠버리니 죽은 후 들어갈 관도 없을 정도로 불우함.

=> 춘목은 당왕하여 인수(印綬)의 생을 필요로 하지 않는다. 음농습중(陰濃濕重)하면 오히려 생기를 손상당하므로 불리하고 초춘의 한기가 남은 시점에 壬癸水가 戊己土의 제지를 당하지 않는다면 죽어서도 들어갈 관이 없을 정도로 불리하다. 이때 토의 제가 이루어져 재격투인으로 성격시키려 해도 재인이 첩하여 재인쌍청의 구조는 되지 못하므로 귀격을 이루기 어렵다.

4. 만일 한 무리의 戊己가 있고 會支하여 金局을 이루면 재다신약(財多身弱)[18]이라, 부옥빈인(富屋貧人)[19]으로 평생 고생하며 처자식의 인연을 늦게 맺는다.

=> 록겁용재격이 칠살을 보게 되면 파격되니 평생 노고를 면키 어려운 것이다.

5. 혹 庚金이 없고 丁이 透하면 역시 文星에 속하니 목화통명(木火通明)의 상에 이르고, 또 **상관생재격(傷官生財格)**[20]이 되면 인물이 총명, 청아하고 준수하다.

=> 이때는 경금을 보면 목화통명을 논할 수 없다. 상관이 財와殺을 동시에 보면 격국은 파격된다.

---

18)**재다신약(財多身弱)**: 일간은 약한데 재성이 너무 과다함

19)부옥빈인(富屋賓人): **재다신약일 경우 부잣집의 가난한사람이라, 과거의 집사 등을 가리키나 현대에선 재무 세무 금융 등의 일을 담당하는 사람으로 무조건 가난한 것은 아니며 사주에서 재의 합생이 잘 이루어지면 부자일 수 있다.**

20)월령이 상관인데 재(財)가 있어 재를 생해주면 성격(成格)됨.

6. 하나의 癸水가 丁을 상하면 도가 두터우나 유림의 선비와는 거리가 멀다. **혹 사주에 癸가 많아 木을 자윤하나, 丁火를 상멸하게 만들면 그 인물이 올빼미와 같은 간사한 영웅이 되어 말은 청산유수나 행동은 바르지 않고, 웃음 속에 칼을 감추는 것과 같다**[21]

=> 목화식상은 좀체 水의 탈식(奪食)을 논하는 법이 없지만 계수가 정화를 상하면 목화통명의 貴를 훼손시키는 작용을 하게 된다. 여름의 목화상관은 인수(印綬)를 반기지만 日元이 당왕하면 인수의 과다한 生은 병이 된다. 오히려 인수가 忌神이 된 경우다.

7. 만약 '경신년 무인월 갑인일 병인시' 생이 금수운을 만나면 진사로 파견된다. =>

丙甲戊庚
寅寅寅申

재투칠살(財透七殺)[22]에서 **봉살이식신제살이생재(逢殺而食神制殺以生財)**[23]된 **패중유성(敗中有成)**[24]의 유형으로

---

21)**상멸정화,기인간웅효험,조조지도,언청행탁,소리장도(傷滅丁火, 其人奸雄梟險, 曹操之徒, 言淸行濁, 笑裏藏刀)**

22)**재투칠살(財透七殺)**: 재격에 칠살이 투해서 길신이 흉신을 생하여 도우니 파격이다.

23)**봉살이식신제살이생재(逢殺而食神制殺以生財)**: 재격에 살을 만나 흉했는데 식신이 제살하고 재도 생해주어 이롭게 됨.

대운에서 금수를 보아야 진사에 오른다고 한 것은 병화가 왕성하여 목이 메마르므로 水로 배합할 필요가 있기 때문이다. 경진대운에 계수를 취해 귀를 이룬다.

8. 혹 '갑오일 경오시' 생이면 필시 귀격을 이룬다. 단 호운이 도와야 하고 庚丁을 제극하면 좋지 않다.

=> 원시에서 차명을 두고 귀격을 짓는다고 했다. 갑목의 귀는 경금이 주관하기 때문이다. 십간론에서는 갑과 경의 十干 관계가 좋으므로 庚金이 官이고 辛金을 殺로 구분하기도 한다.

갑오일 역시 위의 갑인일과 마찬가지로 재투칠살(財透七殺)이 봉살이식신제살이생재(逢殺而食神制殺以生財)된 귀격(貴格)이다. 寅午 화국(火局)이 중(重)한 살(殺)을 제(制)했다. 호운(好運)이 도와야 한다는 것은 寅月 甲木이 수기(水氣)를 요(要)하기 때문이다. 대운에서 干支를 막론하고 계수를 보게 되면 부귀가 자연스럽다.

9. 地支金局을 이루었는데 庚辛이 투출하면 또한 불길한데 이를 **목피금상(木被金傷)**[25]이라 해서 만약 이때 丙

---

24)**패중유성(敗中有成)**: 자평진전의 용신론중 成格과 破格 설명 중에 나옴. 파격이 되었는데 구응(救應)이 있어 成格된 경우임.

25)**목피금상(木被金傷)**: 목은 목대로 아프고 금은 금대로 꺾이고 무디어짐.

丁으로 金을 破하지 않으면 잔병이 많게 된다.[26]

10. 地支火局을 이루면 설기가 태과하여 반드시 어리석고 나약하니, 항상 재앙과 질병이 따르며 결국 남이 알지 못하는 병이 있다.

=> 목화상관은 본래 총명하지만, 화국을 이루고 水의 배합이 없다면 목분화열이 되니 재앙과 질병을 겪는다.

11. 地支木局을 이루면 경금을 보아야 귀격을 이루고, 경이 없으면 필시 흉하니 승도가 아니라면 홀아비, 과부의 팔자가 된다.[27]

12. 지지수국에 무토가 투간하면 귀격을 이루고, 무토의 제지가 없으면 빈천해지고, 죽어서도 들어갈 관이 없다.[28]

13. 고서에 이르길, 뿌리가 없는 갑목은 오로지 申子辰

---

26) 압도되는 세력이 있을 때 차라리 從해버리면 貴命이 될수도 있는데 인묘월의 갑목은 陽干이 월령에서 12운성상 록지 왕지의 기를 얻어 종하는 바가 없으니 지지삼회성국이 되면 오히려 병이되어 무근한 천간은 전도(reverse) 되는 현상을 겪는다.

27) **남환여과(男鰥女寡)**: 록겁격은 월지의 정기를 득하여 매우강하여 수기를 발산해야하는데 오히려 비겁이 더하여 지지목국이되면 힘이 편중되어 아신(我身)에 그치니 고독하게 살게 된다는 뜻으로 남자는 홀아비, 여자는 과부라 함.

28) **지성수국,무투위귀,여무무제,불단빈천,차사무관목(成水局, 戊透為貴, 如無戊制, 不但貧賤, 且死無棺木)**: 수국의 병에 무토약신이 없으면 수범목부(水가 범람하여 木이 떠내려감)가 되니 사무관곽이라.(죽은후 들어갈 관곽도 없는 처지가 된다)

인수에 의지하니 이때 재살이 투간하면 평보로 청운에 오른다고 했다.[29]

14. 무릇 三春甲木이 庚을 用하면 土가 아내요, 金이 자식이다.[30] 丁을 用하면 木이 아내요 火가 자식이 된다.

=> 삼춘갑목이 귀격을 이루려면 경금을 용하여 토금의 재왕생살(財旺生殺)이 되거나, 정화로 목화통명(木火通明)됨이 정법이다. 까닭에 지지금국을 이루지 않는 한, 庚丁을 동시에 보아 귀격이 되는 경우는 발견하기 어렵다.

卯月 甲木

庚 戊己 총지정이월갑목, 유경무자상명. 여유정투, 대부대귀지명야

丙丁 總之正二月甲木, 有庚戊者上命. 如有丁透, 大富大貴之命也

29)뿌리 없는 갑목에 토금의 재살이 투간 하면 재왕생살의 귀격을 이루기 쉽지만, 갑목이 無根해 일원이 칠살의 위협에 직접 노출되므로 이때는 인수로 화살함을 요한다. 그런데 인수가 투간되지 않으면 申子辰각각에 암장된 수기가 인수로서 절처봉생이 되므로 꺾이지는 않는다는 것이다. 따라서 비록 成格시켰지만, 인수의 덕이 노출되지 않아 두터운 상태가 아니므로 평보로 청운에 오른다는 것이다.

30)난강망에서 用이 되는 글자의 오행은 子로, 그것을 보좌하는 글자의 오행은 妻로 육친에 비유해서 설명하는데 이는 육친의 실제상황이 하니고 팔자의 희용을 단지 처자의 육친관계에 비유해서 중요성을 논한 것임. 따라서 원시의 금을 자식으로 한다는 것은 토금을 쓰는 재왕생살격, 화를 자식으로 한다는 것은 목화통명의 격국 유형을 뜻하는 것이다.

1. 묘월갑목에 경금이 득소하면 양인가살(陽刃駕殺)[31]이 되어 少貴가 있고, 異途로 현달하는 바, 혹 무직(武職)을 갖는데 대저 財로 도와야 한다.

2. 양인가살에 재가 있으면 만인을 제압하는 영웅의 팔자가 된다. => 묘월은 갑목에게 양인으로 殺(경금)이 휴수되므로 財가 없으면 인왕살약(刃旺殺弱)이 된다. 이때 재가 가세해서 자살(滋殺)하면 살인양정(殺刃兩停)[32]을 이루어 격국이 크게 되므로 만인을 누르는 영웅이 된다는 것이다.

3. 만약 이때 癸水가 있으면 財殺을 약하게 만들어 빛을 잃게 되고, 印이 중하면 필시 흉액을 만나며 성정이 흉폭하다.

=> 재살을 쓰는 격국에서 印綬를 보면 빛을 잃기 쉽다. 官殺을 쓰는 격국에서는 財와 印의 위치가 중요하다. 가급적 재인이 서로 극하지 않도록 그 위치가 적절해야 좋다. 만일 戊癸가 합이 되면 殺만 남기므로 **인왕살약(刃旺殺弱)**[33]해지는 불리함이 있다. 印이 중하면 필시 흉액을 만

---

31) **양인가살(陽刃駕殺)**: 양인과 칠살을 가지고 있을 때 쓰는 용어로 모든격에 사용할 수 있다.
양인로살(陽刃露殺): 양인격에 칠살이 있어 제복할 때 쓰는 용어. 양인격에만 사용할 수 있다.

32) **살인양정(殺刃兩停)**: 칠살과 양인의 힘이 서로 균형을 이루어 격국이 크게 이루어짐. 만인을 누르는 영웅의 상

33) **인왕살약(刃旺殺弱)**: 양인은 너무 왕하고 살이 약해서 불리하다. 양인이 월령을 잡고 칠살이 제복하지 못하면 성격이 횡폭하며 형지에 이를 때 형벌이 따르는 수가 있다.

나며 성정이 흉폭하다.

4. 書에 이르길, **木旺한데 火가 있으면 추위(秋闈)에서 시험에 합격하고,**[34] 木이 춘월에 나면 처세가 안연하며 수명이 길다고 했다.

5. 日主가 無依하면 財運으로 흘러야 吉하다. => 무의(無依)하다는 것은 卯月 甲木이 庚金이나 丁火가 없이 신왕하기만 하고 의미 있게 쓰임이 없으니 이때는 부득이 재운을 기뻐하는데, 이것은 三夏로 進氣하는 시점에서 암암리에 火가 발생하니 財를 보아 食傷生財의 의미를 내포한다는 얘기다. 그러나 양인격(羊刃格)에 財를 쓰는 것은 부득이한 용법으로 귀격으로 볼 수 없는 것이다.

辰月 甲木

庚 壬 丁　　목기상갈. 선취경금, 차용임수.
　　　　　　木氣相竭。先取庚金, 次用壬水
　　　　　　경임양투, 일방감도.

---

34)**목왕의화지광휘,추위가시(木旺宜火之光輝, 秋闈可試)**: 가을의 대문(秋闈)이란 가을시험(주시:국가고시)을 가리키는데 이는 꼭 秋月이라기보다 행운에서 金을 보아 식상대살이 성립될 때 귀록을 득한다는 의미로 받아들이는 게 좋다. 가령 木旺한데 정화가 있으면 똑똑하긴 하나 국가고시합격까지 이루려면 庚金까지 있어야 된다는 말이다. 십간론상 甲丁庚의 관계가 벽갑인정(劈甲引丁)으로 지식의 흡수가 뛰어나고 두뇌의 명석함으로 특히 경쟁력이 강한 사람이 된다고 했다.

庚壬兩透，一榜堪圖

1. 진월갑목은 목기가 다 하는 때다. 먼저 경금을 취하고 임수를 다음으로 쓴다.

=> 진월 갑목은 먼저 庚을 취하니 재투칠살로 파격이 되니 印綬로 化殺하기위해 壬水를 취해 成格하게 되면 가장 좋다. 임수가 투하면 재격이 인수격으로 용신의 변화를 일으켜 인수용살격(印綬用殺格)으로 성격되는 것이다. 임수는 辰土가 墓宮이므로 重하지 않다.

2. 庚壬이 兩透하면 과거에 일방(一榜)을 이룬다.

=> 진월갑목 재격에 殺印이 투하여 성격되어 일방을 허락한다고 했다.

3. 다만 대운과 용신이 상생해야하고 **풍수(風水)**,[35] **음덕(陰德)**[36]이 있으면 가히 부귀를 허락한다.

=> 이때 대운과 용신이 상생해야 한다는 뜻은 庚金이 세력을 얻어 **신살균정(身殺均停)**[37]해짐을 말한다.

---

35)**풍수(風水)**: 지리적 조건을 의미함. 예를 들어 아프리카 오지(奥地)출생이냐 뉴욕출생이냐의 차이를 의미. 좋은 풍수면 척박한 환경보다 지리적으로 유리한 조건이 됨. 조상의 묘자리를 의미하는 것이 아님.

36)**음덕(陰德)**: 부모육친의 덕. 과거에는 출신성분으로 정해진 한계가 있었으므로 음덕의 영향이 더 컸었다.

37)**신살균정(身殺均停)**: 일원과 칠살의 힘이 균형을 이룸.

4. 혹 한둘의 경금을 보면 오로지 임수만을 취하여 쓴다.[38] 경임이 투하면 청수한 사람으로 재주와 학식이 있고 부명을 이룬다.

=> 경금이 가장 두려워하는 것은 정화인데 경임이 동시에 투하면 운에서 壬을 合去해도 여전히 재왕생살(財旺生殺)이 되어 두렵지 않다. 庚이 소멸되면 청수(淸秀)하고 재능은 있으나 귀는 다소 삭감된다. 다만 임수가 건재한 이상 재격투인이 되어 의록은 보증되는 것이다.

=> 辰月은 金이 약할 때라 丁火를 두려워함.

5. 혹 천간에 丙 두 개가 투출하고 庚이 암장되면 무딘 도끼와 같아 학문이 있어도 무용하고, 부귀를 얻어도 어렵게 얻는다.

=> 재격에 식상이 重하면 일원이 지나치게 약해질 우려가 있다. 또 진월 갑목은 늙어 반드시 금이 필요한데, 모춘의 금 또한 기운이 없으므로 무쇠덩어리에 지나지 않으므로 암장된 경금은 무용지물에 불과해진다. 따라서 이 경우 **식상생재(食傷生財)**[39]로 성격되어도 참다운 부귀를 논

38)**壬水만을 쓴다**라고 했는데 癸水를 쓰지 못하는 이유는 경금 때문이다. 진월 갑목은 庚金을 취하는데 경금과 계수와는 조합이 맞지 않으므로 경금을 용할 때는 반드시 임수를 쓴다

39) 월령이 재성인데, 식신이 재를 생하면서 신강하고 비견이 있거나, 혹은 인수가 투출하여 그 위치가 적절하여 재와 인수가 서로 극하지 않으면 재격이 성격이 된다.

하기 어렵다.

6. 만일 壬癸가 火를 破하면 뛰어난 학문과 덕행이 뛰어난 선비가 된다.

=> 이때 인수가 중한 식상을 제복하면 격국이 맑아진다. 이때는 인봉식상(印逢食傷)으로 성격되는 바, 식상생재의 富를 논하지 않고 **수사(秀士)**[40]를 거론하는 것이다.

7. 혹 사주에 수가 하나도 없는데 무기토가 투간 하고, 지지에 **토국(土局)**[41]을 이루면 **기명종재(棄命從才)**[42]가 되고 이러한 사주는 타인의 도움으로 부귀를 누리며 처자가 유능하다.

=> 辰은 水庫이며 모춘에도 목기는 남아 있으므로 水가 투간 하면 종재가 성립되지 않는데 地支土局으로 진종(眞從)을 이루면 자연 부귀가 따르는 것이다.

8. 혹 무기토를 보고 비겁이 많게 되면 **잡기탈재(雜氣奪才)**[43]라, 이러한 사람은 늙도록 고생하고, 가정의 권리를 쥐지 못한다. 여자는 남자의 권리를 가지고 내조를 잘하나,

---

40)**수사(秀士)**: 뛰어난 선비

41)**토국(土局)**: 全地支가 모두 土로 이루어진 것. 꼭 辰戌丑未가 모두 갖추어지지 않고 未未未未로 이루어져도 토국임.

42)**기명종재(棄命從財)**: 일간이 자기의 본 오행을 버리고 종재격이 되는 것

43)**잡기탈재(雜氣奪財)**: 군겁쟁재라고도 함. 財를 보고 비겁이 많아 서로 뺏고 뺏기는 다툼이 있음.

비겁이 많으면 음란하고 질이 나쁜 것을 감당키 어렵다.

=> 이 대목은 **재경비중(財輕比重)**[44]의 파격포맷을 거론하고 있다. 비겁이 혼재하고 재를 극하여 혼탈재신(混奪財神)이 되면 대개 무능하기 쉽다.

9. 혹 地支金局을 이루면 丁火를 쓰는데 그렇지 않다면 辰月에 丁을 쓰는 용법은 없다. 진월갑목은 오직 먼저 庚을 쓰고 다음에 壬을 쓴다.

=> 진월 갑목은 우선적으로 경임을 취하는 인경용살(印經用殺)의 격국을 높게 평가하고, 혹 지지의 금국으로 재격이 칠살로 인해 위협을 받을 경우, 정화상관으로 칠살을 제복하는 용법을 취한다. 즉 진월 갑목에 봉살이식신제살이생재(逢殺而食神制殺以生財)가 되는 경우는 地支 金局에 한해서다.

10. 書에 이르길, 甲乙이 寅卯月에 나서 庚辛을 보게 되면, 運이 남방에 이르면 부귀하며 북방에 이르러 흉하다고 했다.

=> 이때 남방운이란 정화를 만나 상관가살하는 것을 의미한다. 이미 팔자에서 火를 보고 상격을 이루었다면 비록 水運으로 흘러도 쉽게 영화를 잃지 않는다. 춘목에 관살이

---

44) 재가 경미하고 비겁이 많거나, 재가 투출하고 칠살이 있는 것은 모두 재격이 파격이 된다.

혼잡되면 응당 火로 제해야 한다.

三夏甲木

巳月 甲木

癸 丁庚 갑목퇴기, 병화사권, 선계후정.

甲木退氣, 丙火司權, 先癸後丁.

계정여경제투천간, 차명가언과갑.

癸丁與庚齊透天干, 此命可言科甲.

1. 사월갑목(巳月甲木)은 木氣가 물러나고 丙火가 권리를 잡으니 먼저 癸水를 쓰고 다음으로 丁火를 쓴다.

=> 자평진전에 "상관패인(傷官佩印)중에서도 夏木은 그 秀氣가 백배에 달하니 이는 모두 수화기제를 이뤘기 때문이다" 라고 했다.[45] **木火傷官이 印綬 水氣를 보는 것을 최상격으로 꼽는다.**[46] 그러나 癸水가 메마르면 下格에 지나

---

45)자평진전에 기후와 관련되어 언급함. "**상관패인,수시가용, 이용지하목,기수백배,화제수,수제화야(傷官佩印, 隨時可用, 而用之夏木, 其秀百倍, 火濟水, 水濟火也)**": 상관패인도 수시로 가용하는데 특히 여름철의 목은 그 수기가 백배에 달하니 이건은 모두 수화기제를 이뤘기 때문이다. 더불어 "**상관대살, 수시가용, 이용지동금, 기수백배.(傷官帶殺,隨時可用, 而用之冬金, 其秀百倍)**": 상관대살은 수시로 가용하는데 겨울철의 금은 그 수기가 백배에 이른다.

46)하목은 水의 배합이 있어야만 최상격을 이루고, 일단 水가 없

지 않는다. 무릇 제복지신은 세력을 갖추어야만 用을 다하기 때문이다.

이럴 때 生剋의 先後에 따라 길흉이 달라지는데 상신(相神)이 時에서 생왕(生旺)하면 만년이 유복하고 기신(忌神)이 시에서 생왕하면 만년이 처량하다고 본다. 이를테면 기사월 갑자일 임진시생이면 재격투인격인데 지지수국을 이뤄 상신의 세력이 현저하게 강해지면 능히 만년에 대업을 이룰 가능성이 한층 높아진다.

2. 庚이 태다하면 甲에게 오히려 병을 주는 격이다. 만약 壬을 얻으면 중화를 얻으니 성정이 청고한 것을 좋아하고 부귀를 가장한다. 곧 음덕에 힘입어 현달하고 종일 공연히 화란(禍亂)만 일으키고 교묘한 말이나 글을 짓기 좋아하니 그 이치를 징험한다.

=> 사월에 갑목은 기가 물러가는 때니 지나치게 제극함이 좋지 않다. 이때 임수로 중화하면 살인상생이 되어 명예를 얻는다. **같은 인수라도 그것이 편인일 경우에는 그**

으면 흉한 것이다. 자평진전에 **목화상관희견수(木火傷官喜見水)**라 했다. 목화식상은 좀체 수의 탈식(奪食)을 논하는 법이 없다. 하목은 인수 水氣를 보는 상관패인격이 일격임을 뜻하는 것이다. 목화식상은 財를 보아 식상용재격을 이루어도 귀를 논하지 않는다. 일말의 부는 기대할 수 있으나 재가 인수를 파하여 종래 재앙의 원천이 되기 때문이다. 팔자에 비겁마저 없으면 아우생아(兒又生兒)로 명주가 몹시 약해져 위태해지기 쉽다.

사람이 청고하나 있는 척을 잘하고, 언변이 수려하나 문제를 잘 일으키는 특징이 있다.

3. 만일 하나의 庚과 두 개의 丙이 있으면 약간의 부귀는 있다. 金도 많고 火도 많으면 下格이 된다.

=> 정화가 없음에 포커스를 둔다. 甲 丁 庚의 조화면 부귀가 더 크다. 그래도 巳중의 **장생을 얻은 경금**과 병화로 소귀는 있다. 水氣가 없이 살상(殺傷)이 지나쳐 일원이 심각하게 힘을 잃는 **극설교가(剋洩交加)**[47]의 명이 되면 자연 下格으로 분류되기 마련이다.

4. 혹 癸丁과 더불어 庚이 다 같이 천간에 투하면 과갑에 이르고 풍수가 천박해도 탁월한 재능이 있다.[48]

=> 巳月갑목에 癸丁庚 삼자가 투하면 살용식제봉인(殺用食制逢印)으로 발군의 재능을 지니게 되고 고시에 합격하여 등용문에 오른다.

5. 계수가 출간하지 않고 경금과 정화만 있어도 부중취귀하고 이도로 관직이 있다.

---

47)**극설교가(剋洩交加)**:일간이 무근한데, 칠살이 일간을 극하고 식상이 일간의 기운을 설기함.

48)**夏木에 金은 두 가지 역할**을 수행한다. 첫째는 水의 원천이 되고, 둘째는 巳午未月의 木이 병사묘지(病死墓地)에 해당하는 死木이므로 이것을 쳐내는 효용을 지닌다. 어쨌든 하목은 水를 보아야 한다. 水만 보면 하목의 수기(秀氣)는 백배에 달하니 자연 수화기제를 이루는 것이다.

=> 상관대살(傷官帶殺)로 귀격을 이룬다.

6. 임수가 투출해도 가히 부가 있으나, 일점 水가 없고, 庚丁도 없이 한 무리의 丙戊만 있다면 無用之人이 된다.

=> 목화상관희견수(木火傷官喜見水)라, 하목은 상관용재로 成格된 命이라도 적수(摘水)가 없는 한 귀격이 될 수 없다. 조토불심령수하기 때문이다.[49]

午月 甲木

癸 丁庚	목성허초 선계후정경금차지 木性虛焦 先癸後丁庚金次之

未月 甲木

癸 庚丁	상반월동오월용계. 上半月同午月用癸. 하반월삼복생한, 정화퇴기.

---

49)자평진전에 이르길, "**상관용재,본위귀격,이용지동수,즉사소부,역다불귀,동수불능생목야.상관용재,즉위수기,이용지하목,귀이불심수,조토불심령수야(傷官用財,本爲貴格,而用之冬水,卽使小富,亦多不貴, 凍水 不能生木也. 傷官用財,卽爲秀氣, 而用之夏木, 貴而不心秀, 燥土不甚靈秀也.)**": 상관용재는 원래 귀격이다 그러나 겨울철의 얼어붙은 물이 상관에 해당되면 소부는 될지라도 귀하기는 어렵다. 동수는 나무를 제대로 생할 수 없는 까닭이다. 상관용재는 수기가 빼어나다. 그러나 여름철의 나무는 그리 귀하지 못하다. 말라붙은 흙이므로 크게 수려한 작용을 하지 못하는 까닭이다.

下半月三伏生寒, 丁火退氣.

선정후경 무계역가.

先丁後庚, 無癸亦可。

1. 오월과 미월의 갑목은 목성이 허초(虛焦)하니 같은 이치로 추리하면 된다. 오월에는 癸를 먼저 쓰고, 다음으로 丁庚을 쓴다. 미월에는 삼복이 생한(生寒)하고, 丁火는 퇴기한다. 먼저 丁을 쓰고 庚을 다음으로 쓰며 癸는 없어도 무방하다. 혹 오월에 癸가 모자라면 丁을 쓰는 것도 可하나 운이 북방으로 흘러야 지위가 높아진다.

=> 오월과 미월의 갑목은 허하고 마르므로 계수의 자윤이 시급하다. 다음으로 丁을 써서 상관패인격을 이루어도 좋고, 더하여 경금으로 水를 生하면 더욱 좋다. 미월에는 **삼복생한(三伏生寒)**[50]하여 金水가 進氣하는 때에 이르니 癸水가 없어도 무방하다. 이때는 절기로 대서후(大暑後)를 말한다.

혹 오월의 염조한 때에도 계수가 없다면 부득이 정화를 취하기도 한다. 다만 이때는 운로가 필시 북방수운으로 흘러야 귀명이 된다. 따라서 핵심은 水氣의 조후에 있다. 비록 인수가 투하지 않아도 日時의 地支가 印綬 水의 글자면 목분화열(木焚火熱)은 면하고, 발전의 가능성이 높아진다.

---

50) **삼복생한(三伏生寒)**: 삼복(초. 중. 말복) 중에 이미 음기가 시작되어 금수의 계절로 향하니 계수가 없어도 무방함.

2. **정리하자면, 오월과 미월의 갑목이 정화를 용하면 운은 북방으로 향해야 죽음에 이르지 않는다. 운이 남방으로 흐르면 목이 재로 변해 필시 죽는다.** 운이 서방으로 흘러도 불길하니 상관이 殺을 만나면 불측의 재앙이 따를 수 있고 동방으로 흘러야 길하며 북방은 차선이 된다.

이상이 오월과 미월에 丁을 쓰는 법이다.

=> 기후론은 격국의 겉모습 이면에 내재된 참된 속성을 중시하여 팔자와 대운의 관계를 논한다. 하목은 이미 말라 붙었기 때문에 **생왕(生旺)한 방위**[51]만이 길하며, **사절지(死絶地)**[52]는 흉하다는 것이다. 오월 미월의 갑목이 정화를 용신으로 삼는다는 것은 곧 **진상관(眞傷官)**[53]을 뜻함인데, 진상관이 상관운을 만나면 **목화성회(木火成灰)**[54]가 되어 죽음에 이른다는 것이다. 또 서방운으로 흘러도 재앙을 예측하기 어려워진다. 다만 命중에 임계수가 투출해 있다면 化殺하니 무방할 것이다. 이상이 오월과 미월에 丁을 쓰는 법이다.

3. 무릇 용신이 지나치게 많으면 극제 하는 것은 마땅치

---

51) **생왕(生旺)한 방위**: 갑목의 장생지는 亥, 왕지는 卯이니 水木方向을 가리킨다.
52) **사절지(死絶地)**: 사지는 午, 절지는 申이니 火金方向을 가리킴
53) **진상관(眞傷官)**: 월령을 득한 상관. 가령 하월갑목에게 정화투간하면 진상관으로 인수수기가 꼭 필요하다.
54) **목화성회(木火成灰)**: 조후가 안 되고 목화로 치우쳐서 다 타버리고 재가 되어버림.

않으니 모름지기 설하는 것이 묘하게 된다.

=> 대개 **살상겁인(殺傷劫刃)**[55]의 격국은 우선 그것을 제복함이 마땅하지만 관살혼잡(官殺混雜)이나 식상혼재(食傷混在)하면 그것을 식상이나 인수로 제복하기보다 인수나 재로 설하는 용법이 타당할 때가 많다. 즉 제복지신(制伏之神)이 유력, 유정하지 못하다면 설신(洩神)을 쓰는 게 낫다는 얘기다. 오미월의 갑목에 병정화가 겹치면, 유력한 인수나 관살로 성격되는 경우가 아니면 차라리 財로 설하는 식상생재(食傷生財)가 낫다는 것이다. 괜히 일점 미약한 官을 보게 된다면 고목(枯木)이 되니 下格을 면할 수 없다.

인수 水를 용신으로 삼을 경우에는 특히 잘 살펴야한다 자칫 한 수레의 장작이 불에 타는데 한 잔의 물로 끄는 격이니 오히려 불꽃을 더욱 부추기게 되어 흉해질 수가 있다.

4. 오월과 미월의 갑목에 木이 성(盛)하면 먼저 庚을 쓰고, 庚이 성하면 먼저 丁을 쓴다.

5. 오월에 癸庚이 양투 하면 최상격을 이룬다.

6. 미월에 庚丁이 양투 하면 상관대살(傷官帶殺)의 최상격을 이룬다. 이때는 이미 金水가 進氣하므로 인수의 성분이 녹아들기 때문에 격국이 더욱 높아진 것이다.

---

55)살상겁인(殺傷劫刃): 四凶神으로 七殺, 傷官, 劫財, 羊刃을 가리킴./ 四吉神은 財官印食이다.

7. 용신이 이미 투했다면 목화통명(木火通明)이라, 자연 대부대귀(大富大貴)한다.

8. 혹 정화가 太多하거나, 계수가 많으면 평인에 지나지 않는다.

9. 만약 四柱중에 金이 많으면 살중신경(殺重身輕)[56]이라, 선부후빈(先富後貧)하게 되는데 이때 운이 돕지 않으면 가난하거나 요절하기 쉽다.

10. 혹 경이 많은데 병정의 제복(制伏)이 있고 또 임계가 투간하여 金氣를 설하면 선빈후부(先貧後富)하게 된다.

11. 혹 만주(滿柱)에 병화가 있는데, 또 정화를 더하고 관살이 없으면 **상관상진(傷官傷盡)**[57]이 되어 가장 기묘해지는 바, 이런 사람은 청귀하여 재능과 학문이 뛰어나므로 과갑이 유력하나 단 세운에서 수를 보는 것은 좋지 않다. 만일 이 사주에 임수가 있고, 다시 운에서 수를 보면 반드시 가난하거나 요절이 따른다. =>

---

56)**살중신경(殺重身輕): 관살의 과다로 일간이 극을 받아 신약함**

57)**상관상진(傷官傷盡)**; 상관이 태과하여 한점의 관성(정관,편관)도 없거나 있더라도 미미해서 금새 상관에 의해 파괴되는 것을 말합니다. 흉한상관이지만 도리어 상관을 살리고 관을 없애버리는 것으로써 통상 우리가 알고 있는 상관의 흉의를 제공하는 빌미를 아예 제공하지 않는다는 의미.

丁甲丙壬
□寅午戌

이것은 적천수 방국론(方局論)에 언급된 '성국간투일관성, 좌변우변공록록(成局干透一官星, 左邊右邊空碌碌)[58]의 현상으로 국(局)이 되어 있는 지지(地支)에 그 오행(五行)을 극(剋)하는 천간(天干)이 투(透)하면 일체가 공허한 것이 될 만큼 흉작용이 일어남을 뜻하는 것이다. 위의 命중에 壬水가 無根하게 간지배반(干支背反)[59]으로 透해 있어 地支水運에 運이 급기야 바닥을 치게 됨을 실감하기 쉽다.

외격이 방국과 기상으로 진종격으로 성립되면 대운(大運)과 세월(歲月)의 희기(喜忌)를 보는 방법이 같다. 그러나 가종격이면 대운(大運)과 세월(歲月)의 희기(喜忌)를 보는 방법이 달라진다. 예를 들어 亥月의 癸水일간이 지지목국과 갑을목 투간으로 진종아격(眞從兒格)[60]이 되었다면 대운이나 세월이 목화 동남운을 기뻐하나, 지지 목국이 아

---

58)**성국간투일관성, 좌변우변공록록(成局干透一官星,左邊右邊空碌碌)**: 지지의 합국을 배반하는 천간이 투하면, 한판에 주변에 아무것도 남지 않고 모든 것을 다 잃는 때가 있다.
59)**간지배반(干支背反)**: 지지에 삼회가 이루어질 때 그지지 합국을 배반하는 천간이 투하면 간지배반이 된다. 반대로 그 합국의 오행이 투할 때를 천복지재(天覆地載)라고 한다.
60)**진종아격(眞從兒格)**: 식상이 월령과 지지회국을 모두 얻어 투간하여 식상으로 종함.

닌 갑을목 투간만으로 가종(假從)이 되었다면 대운 희기는 일반內格과 마찬가지로 보고 세월희기만 木火를 기뻐한다.

12. 무릇 목화상관(木火傷官)은 대개 총명하고 지혜가 교묘하며, 겉과 속이 다르고 생각과 의심이 많으니 비록 사람을 해치지는 않으나 매사 불평불만과 시기, 질투의 상념이 많은데 이는 남녀가 동일하다.[61]

13. 혹 사주에 土가 많더라도, 天干에 乙木이 있으면 절대로 기명종재(棄命從財)[62]가 되지 않는다.

=> 미월 갑목에 토기를 거스르는 을목이 투간한 이상, 종재격을 이룰 수 없다.

14. 月時에 己土가 兩透하면 쟁합(爭合)이 되어 남자는 분주하고, 여자는 음천(淫賤)하다. 이때 갑목이 두 개 있으면 쟁(爭)은 아니나 역시 평범한 명에 불과하다.

15. 혹 사주에 辰이 있고 천간에 두 개의 己, 두 개의 甲이 있으면 名利가 雙全하고 대부대귀하게 된다.

=> 辰土를 진화(眞化)의 기본요건으로 간주한 것인데 진토가 화격(化格)의 필수적 성립요건이 되는 것은 아니다. 가령 미월 갑목이 기토를 보면 일단 化한 오행의 성분을 거

61)상관의 기본적인 성정이다.

62)**기명종재(棄命從財)**: 사주가 모두 재로 이루어지고 신약하여 무력한 경우에 나를 버리고 재를 좇아 종(從)하는 것.

스르는 세력이 없는 한, 화격(化格)은 성립된다.

16. 만일 未月이 辰을 보고 화합격(化合格)[63]을 이루면 癸水는 아내요, 丁火는 자식이 된다.

=> 정화가 출간하고 **계수가 암장된 화격(化格)이 一格**이 된다는 얘긴데 이는 화격이라도 화염토조(火炎土操)를 면하려면 조후를 배제할 수 없음을 말한다. **未月 甲木의 화격(化格)이 유독 진토의 중요성을 강조하는 이면에는 합화의 성립이전에 기후가 고려된 것이다.**[64]

17. 만일 己 두 개가 甲木 하나를 쟁합하면 지지에 비겁이 있어야 한다.

=> 이때는 甲을 요하므로 壬癸를 아내로 삼고 甲乙을 자식으로 본다. 재격투인(財格透印)으로 성격되는 상황을 의미한다.[65]

18. 그 외 庚을 용하면 토가 아내요, 金이 자식이 된다. 재왕생살(財旺生殺)로 성격되는 상황을 의미한다.[66]

19. 丁을 용하면 목이 아내요, 화가 자식이 된다. 목화상관이 상관상진(傷官傷盡)된 명의 유형을 의미한다.[67]

---

63)化合格: 합화의 조건에 부합하여 합화격이 된 것.
64) 辰에 암장된 계수
65)예: 계년 기미월 갑진일 갑시
66)예: 무년 기미월 갑진일 경시

20. 女命도 같이 보는데 妻를 夫로 보고, 用은 子로 본다. 이는 십간이 다 마찬가지다.

21. 혹 己土가 戊土를 보지 않으면 가종(假從)이 되어 이러한 사람은 가권(家權)을 쥐지 못하고 아내와 자식을 두려워한다. 만일 인수가 없으면 부옥빈인(富屋貧人)이라 일생 빈고(貧苦) 하다. 미월에는 그것이 가능하지만, 오월에는 결코 불가하다.

=> 원래 종격은 순수함으로 귀를 삼는다. 외격이 다 같은 이치다. 난강망이 정의하는 순수한 기상은 좀더 까다롭다. 무릇 **"양간(陽干)은 양(陽)으로 종(從)하고, 음간(陰干)은 음(陰)으로 종(從)해야 진종(眞從)이 된다"**[68]는 것이다. 따라서 미월 갑목은 간지가 모두 토로 구성된다 해도 진종이 될수 없고 가종이 된다. **월령에 을목의 뿌리가 있기 때문이다.** 따라서 재다신약(財多身弱), 부옥빈인(富

---

67)예: 정년 병오월 갑인일 병인시

68)**오양종기부종세, 오음종세무정의(五陽從氣不從勢, 五陰從勢無情義)**: 오양간중에 丙이 최양(最陽)하며, 오음간중에 癸가 가장 지극하다. 陽干은 사시계절의 氣에 따르니 월령에 좌우되지만, 陰干은 세를 따르니 월령의 중요성은 상대적으로 약해진다. 이 말은 일간의 강약을 조율할 때 양간의 경우에는 계절이 몹시 중요하지만, 음간일 때는 계절보다 타간지의 오행에 좌우되는 것으로 응용할 수 있다. 또 양간이 동일한 오행의 계절에 속하면 종격이 되는 법이 없지만, 음간은 종격으로 성립될 여지가 있는 것이다. 이를테면 진월갑목의 춘목은 종재가 성립되는 법이 없지만 진월 을목은 지지土局을 보아 기명종재(**棄命從財**)를 이루기도 한다.

屋貧人)에 불과하다. 이렇게 되면 재물로 인해 고통을 받고 아내를 두려워하기 십상이다.

그러나 인수 임계수를 본다면 재격투인(財格透印)으로 성격(成格)되어 능히 재를 희롱할 수 있게 된다. 같은 재다신약(財多身弱)이라도 未月 생이면 甲木의 근기(根氣)가 있어 그나마 흉의가 감(減가)하는 기미가 있지만, 午月은 수기(水氣)를 보지 않는 한 필패(必敗)의 흉의(凶意)를 감(減)하기 어렵다.

三秋甲木總論

1. 삼추갑목은 목성이 말라 죽게 되니 金土가 승왕(乘旺)하므로 丁을 먼저 쓰고 다음으로 庚을 쓴다. 丁庚을 모두 갖추면 甲은 창의 자루로 만들 수 있는 바, 丁火가 아니면 능히 庚을 다룰 수 없고, 庚이 아니면 능히 甲을 다룰 수 없는 바 丁庚이 양투하면 자연스레 과갑에 이른다.

=> 삼추갑목은 늙어 가지와 잎이 시드는 때로, 강금으로 다듬어야 동량의 재목을 이룰 수 있다. 즉 **추목이 금을 만나면 진신(眞神)이 용신이 되어 귀격을 이루기 쉽다. 이렇게 春木이 木, 夏木이 火, 冬木이 水를 만나기를 대개 꺼리는 바와는 다른 점이 있다. 그리고 경금은 정화로 단련해**

야 기물을 이룬다. 따라서 삼추 갑목은 丁庚으로 用을 삼게 된다.

2. 庚이 申에 거하면 살인상생이 되어 금수의 운으로 행하면 몸이 명군(明君)과 벗하게 된다.

3. 혹 庚이 투하고 丁이 없으면 일개 부자는 되나, 위인이 조심성이 많고 힘들게 노력만 하며 안락하게 지내지는 못한다. 혹 정이 투하고 경이 암장되면 청년기에 소부를 이룬다. 혹 경이 많은데 정이 없으면 잔병이 많으나, 출가하여 승도가 되면 재액을 면한다.

4. 혹 사주에 庚이 旺하고 지지에 水가 많으면 기명종살(棄命從殺)을 이루지 못한다. 토가 많으면 가히 종재로 보게 된다.

5. 庚이 많고 癸가 없거나, 壬水가 많고 戊己가 또한 많으면 오직 一點의 丁火를 취하여 金을 제하고 土를 배양하면 크게 부자가 된다. 丁이 암장되면 작은 부자에 그치며 현달하지 못한다. 丁이 노출되면 정히 부호가 된다. 두 개의 丁을 얻어 사절(死絶)되지 않으면 반드시 부귀가 쌍전하며 풍수가 따라 주지 않아도 부중취귀(富中取貴)하니 곡물을 바쳐 이름을 걸게 된다.

=> 삼추 갑목에 정화는 두 가지 역할을 수행한다. 먼저

경금을 단련하여 기물을 이루게 하니 귀를 받치고, 다음으로 무토를 생재하여 부를 가져오게 된다. 따라서 정화가 출간하고 건전하면 부명을 보장하게 되고, 정을 두 개를 얻으면 부귀를 동시에 취할 가능성이 높다는 얘기다.

6. 혹 癸가 많아 정화를 제복하면 학문이 뛰어나도 끝내 현달하기 어렵다. 火土運으로 향해 癸를 破하면 약간의 공명은 얻으나, 세운(歲運)이 모두 배반하면 도필(刀筆)을 다루는 부류에 불과해진다.

=> 무릇 귀는 팔자의 체신에서 정해져야 가장 확실하고, 운에서 성격되는 것은 차선에 불과하다. 격국에서 성격되지 않으면 세운에서 희운을 보더라도 제한된 일시적 성취에 불과하다. 난강망 역시 **주명보상(主命補相)**[69]의 원칙에서 벗어나지 않는다.

7. 지지에 水局을 이룰 때 戊己가 투간해서 癸水를 제거하고 丁火를 보호하면 과갑은 하지만, 위인이 교묘하고 간사하며 송사시비를 좋아하니 탐욕으로 화를 부르게 된다. 위태로운 일을 범하니 결코 안분하는 사람이 아니다.

=> 대개 印綬가 忌神으로 기능하면 위인이 간사하고 시비를 즐기는 경향이 짙다. 항시 주변이 시끄럽고 구설이 끊이지 않을 것이다.

---

69)**주명보상(主命補相)**: 命이 우선이고 相이 보좌한다

申月 甲木70)

庚　丁壬　　정화위존, 경금차지, 경금불가소.
丁火為尊, 庚金次之, 庚金不可少.

1. 신월 갑목은 정화를 으뜸으로 삼고, 경금을 차선으로 취하나 경금이 적어서는 안 된다.

=> 신월 갑목에 정경이 양투하여 상관가살(傷官駕殺)하면 상격을 이룬다.

2, 火가 水로 인해 격리되면 金을 녹일 수 없으므로 정화가 金을 녹이려면 필시 갑목의 조력에 의지해야 큰 용광로

70)申月에는 木이 絶地에 이르나 申중 임수가 있어 절처봉생한다. 그러나 가을의 水는 차가워 木을 도와도 빼어나지 못하니 溫土로 배양해야 목의 뿌리가 튼실해진다. 이것은 陰陽干의 氣質 차이를 구분하지 않고 일반을 논한 것이다. 예컨대 갑목과 을목은 귀격을 이루는 구조가 판이하게 다르고 여타의 干도 대개 마찬가지다. 초추에는 火氣도 남아 있지만 조기(燥氣)도 가세하므로 水氣를 요한다. 그런데 **갑목은 水가 없어도 얼마든지 庚金으로 귀격을 이룰 수 있고 계수로 인해 귀가 훼손될 우려가 있다. 반면 추월을목은 계수가 유력할수록 귀가 두터워진다.** 중추는 처서부터 상강에 이르는 기간을 말하는데, 이때는 과실이 익으니 강금으로 다듬는 게 마땅하다고 했다. 그러나 을목과 같이 음간의 경우에는 계질을 불문하고 종체 경신금을 용하는 법이 없다. 경금으로써 귀격을 이루는 경우는 있으나 辛金은 무조건 피하고 보는 게 상책이고, 칠살이 제복되지 않으면 몹시 흉해진다. 따라서 부근착삭(斧斤斲削)으로 동량의 재목을 얻는다는 말은 갑목에 한정되는 얘기다. 고서에 **"목이 금을 얻어 기물을 이루려면 필시 경신금이 필요하다."고 했는데 이것은 곧 中秋갑목을 가리키는 말이다.**

를 이룬다.

3. 만일 계수로 인해 막혀 서로 통하지 않으면 곧 정화는 소멸되고, 임수는 거리낌이 없으나 이 또한 丁을 합할 수는 있으므로 모름지기 무토를 보아 水를 제하고, 火를 남겨야 마땅하다.

=> 신월 갑목은 정화가 존귀하므로 인수 水가 火를 제하면 불리해진다. 이때 財로써 인수를 제거하고 火를 남기면 패중유성(敗中有成)이 된다.

酉月 甲木

庚 丁丙 목수금왕, 용정제살, 용병조후,

木囚金旺 用丁制殺, 用丙調喉,

일정일경 과갑정현. 계수일투 과갑부전

一丁一庚 科甲定顯. 癸水一透 科甲不全

1. 유월갑목은 木이 수(囚)하고 金이 왕(旺)하다. 정화를 先用하고, 병화를 次用하며 경금을 재차 쓴다.

=> 적천수 격국론(格局論)에 '상관견관과난변, 가견불가견(傷官見官果難弁,可見不可見)'[71]**이라는 구절은 秋木**

---

71)**상관견관과난변, 가견불가견(傷官見官果難弁,可見不可見)**:상관이 관을 보게되면 결과를 판단하기가 어렵다. 상관이 관을 만나는 것이 가능한 경우도 있고 불가한 경우도 있다. 원국의

이 정화상관을 보아 나쁘지 않고, 오히려 귀해지는 현상을 두고 이른 말이다. 또 상관견관으로 파격되지 않는 것으로 冬金의 金水식상이 官(火)을 보아 귀해지는 경우도 들 수 있다. 까닭에 유월 갑목이 정화를 보아도 상관견관으로 파격되지 않고 귀격을 이룬다.

=> **한편 '관살상혼래문아, 유가유불가(官殺相混來問我, 有可有不可'**[72] **라는 구절도 있는데, 보통 추금이 병정화를 함께 보아 관살이 혼잡해 있어도 귀격을 이루는 경우를 두고 이른 말이다.** 이때 丁은 연금(鍊金)하기 위해, 丙은 조후로써 각각의 역할을 수행하는 것인데, 이 같이 병정을 다 같이 용하는 경우가 더러 있다. 추목이나 동목이 병정을 같이 쓰는 경우도 거의 같은 이치다. 유월 갑목에 丁丙庚이 모두 透하면 최상격이 된다.

2. 하나의 丁, 하나의 庚이 있으면 정히 과갑을 하고 현달한다. 하나의 癸水가 투하면 과갑이 온전치 못하다.

=> 정경이 투하면 상관가살로 상격을 이루지만, 이때 계수가 투하면 정화가 상하므로 과갑을 보증할 수 없게 된다.

3. 丙庚이 兩透하면 부는 크나 귀는 적고, 丙丁이 없으

상황을 잘 살펴서 판단해야하는 것이다.

72)**관살상혼래문아, 유가유불가(官殺相混來問我,有可有不可)**:> 관살혼잡의 명을 물어온다면 가한것도 있고 불가한것도 있다.

면 승도(僧徒)의 팔자다. 丙이 투하고 癸가 없으면 부귀가 쌍전하나, 癸가 丙을 제(制)하면 평상인에 지나지 않는다.

=> 十干의 관계를 엄밀히 살펴보면 물상으로 격국을 성격시키는 동시에 기후 또한 완성하는 글자가 최선의 조합이 될 것이다. 前者의 조건을 충족시키면 貴, 後者의 요건만 충족시키면 富로 대별하는 관법도 유효하다. 가령 갑목이 경금을 존신으로 삼아 귀를 논한다면 丁을 用하여 상격을 이룬다. 丁은 없고 丙의 조후만 완성시킨다면 貴는 감하나 富는 자연스럽다.

4. 지지에 火局을 이루면 가귀(假貴)는 허락하고, 戊己 중 하나가 透하면 부옹(富翁)이 된다.

=> 지지화국을 이루면 관봉상극(官逢傷剋)이 되는데, 상관가살(傷官駕殺)이 작용하여 가귀(假貴)는 허락한다고 했다. 그러나 일단은 파격(破格)이므로 무기토의 재로 상관의 수기를 化한다면 상관용재(傷官用財)로 인해 비록 젊어서는 고생이 따르지만 호강할 수 있다고 했다.

5. 지지 金局을 이루고 경금이 투하면 木이 크게 상하므로 요절하거나 잔병이 따르며 丙丁으로 金을 파해도 노년에는 질병이 따르게 된다.

=> 격국용신이 태다하거나 지나치면 그것을 온전하게 제

복하기는 어려운 법이다. 이때는 설기하는 용법으로 격국을 성격시켜야 마땅하지만, 조후에 위배되므로 금국으로 태왕해진 금기는 연목(軟木)의 큰 위협이 된다. 丙丁이 透해도 **성국간투일관성, 좌변우변공록록(成局干透一官星, 左邊右邊空碌碌)**의 불리함을 면키 어렵다.

6. 지지에 목국을 이루고 천간에 비겁이 투하면 경금을 먼저 취하고 다음으로 정화를 쓴다.

=> 지지목국을 이룰 때 경정이 공히 투하면 상관가살(傷官駕殺)하여 귀격을 이루고, 경금만 쓰는 경우는 마치 살격봉인(殺格逢刃)과 흡사하다. 살격봉인은 양인(陽刃)이 일지(日支)나 시지(時支)에 있어야만 그것을 유용하게 쓸 수 있는데 지지의 목국은 日時에서 이루어지므로 그렇다는 얘기다.

戌月 甲木

庚 甲丁壬癸 토왕자용갑목 목왕자용경금 정임계위좌
土旺者用甲木 木旺者用庚金 丁壬癸爲佐

1. 술월 갑목은 木性이 시들고 영락(零落)하니 오직 정화와 壬癸의 자부(滋扶)를 사랑하므로 丁壬癸가 투하고 戊己 역시 투하면 배합으로 중화되어 가히 일방[73]을 허락한

다. 경금이 득소하면 과갑이 정연하다.

=> 술월 갑목은 정화가 투간한 가상관격(假傷官格)에 임계수를 써서 상관패인격(傷官佩印格)을 이루면 귀명이 된다. **술월에는 갑목이 시들고 상하므로 임계수의 자부가 요구되는 사항이 핵심이다.**[74] 이때는 인수가 혼잡 되어도 나쁘지 않고 오히려 기뻐한다. 이 때 무기토가 배합되면 재봉식상(財逢食傷)의 격국을 이룬다. 술월은 왕토(旺土)가 슈을 잡은 때이니, 財를 용신으로 삼으면 일방(一榜)은 허락한다. 庚丁이 공히 투하면 상관가살을 이루어 과갑을 이룬다.

2. 혹 한두 개의 비겁이 있고 경금을 얻지 못하면 평범한 사람이다. 이때 대운에서조차 돕지 않으면 송곳하나 꽂을 땅이 없을 정도로 가난하다.[75]

---

73)**일방(一榜)**:관리 등용시험에 급제한 사람의 전부를 방에 적는 것으로 과거급제 함을 이르는 말.

74)절기가 상강이나 한로에 이르면 가을이 깊었음을 뜻하는데, 원문은 이때 화염하면 목이 실해지는 것으로 비유하고 있다. **추월에는 금신이 사령하는데 이 때 사주에 목의 비겁이 많고, 화의 식상이 있다면 신왕살고유제(身旺殺高有制)의 上格이 성립되기 쉽다.** 토가 많아 자립심이 허약해짐은 재다신약, 부옥빈인의 명을 뜻하는 것이다. 목이 쇠퇴하는 가운데 재왕하면 소토할 힘이 없으므로 스스로의 짐을 감당할 능력이 없다

75)**-빈무립추(貧無立錐)**: 술월갑목이 군겁쟁재 하면서 운 또한 비겁운으로 흐를 때 송곳 하나 꽂을 땅이 없을 정도로 가난함을 이르는 말 (송곳 추). **-남환여과(男鰥女寡: 홀아비와 과부)**: 인묘월의 갑목이 또 목국을 보고 금의 제지가 없거나, 여름불에 수가 없이 화염토조가 될 때 몹시 고독함을 비유하는 말. **-사무관곽(死無棺槨): 죽어서도 들어갈 관이 없다**: 인월갑목이 수

=> 재격에 비겁이 쟁재하면 관살로 재를 보호해야 한다.[76] 이때 庚辛이 없으면 평범한 명이 되고, 운 또한 비겁운으로 흐른다면 재가 파극 되니 몹시 가난해진다.

3. 술월 갑목이 갑진년 갑술월 갑진일 갑술시 생이면 몸이 군왕과 같고 부귀와 수복을 누리는데, 이를 두고 천원일기(天元一氣), 또는 일재일용(一財一用)이라 한다. 이때는 비겁을 만나도 재를 용할 수 있으니 전적으로 사계의 토를 취한 것이다. 혹 庚丙을 얻으면 가히 입반하게 되며 자수성가한다. 火를 用하면 木이 아내요, 火가 자식인데 아내는 어질고 자식은 효도한다.

=> 지지토국을 이루면 비겁을 만나나 재를 용할수 있고, 관으로써 재를 보호하면 마치 재관격과 같으며, 식상을 보아도 식상생재와 같으니 술월갑목의 **천원일기격(天元一氣格)**[77]은 체용이 모두 청하여 부귀장수를 누리는 것이다.

4. 혹 사주에 木이 많으면 丙丁을 用하나 충족되지는 않으므로 이때는 경금을 써야만 묘하다. 무릇 모든 辰戌丑未月의 갑목은 경금을 도외시 할 수 없다. 비유하자면 木은

국을 만나 무토의 제제가 없으면 수범목부가 되어 죽어서도 들어갈 관이없다고 함.=>**이상 세 가지가 난강망의 대표적인 고빈명(孤貧命)이다.**

76)**관이호재(官以護財)**: 관으로써 재를 보호함. 재가 관을 생하면 관은 비겁을 극제 하여 재를 상하지 않게 보호함.

77)**천원일기격**: 年,月,日,時 천간의 오행이 한 가지로 모두 같음.

쟁기에 해당하여 능히 소토해야 하는데 경금의 쟁기 부리가 없으면 충분치 않으므로 비록 병정화를 쓰더라도 계수와 경금이 적으면 결정적으로 불가하다. 술월 갑목은 토처금자(土妻金子)를 취하지 않고, 응당 수처목자(水妻木子)로 한다.

=> 춘목과 달리 추목은 메마르니 병정을 취해도 상격을 이루기 어렵다. 목화통명이 성립되지 않으므로 추목은 경금과 배합되어야만 기물을 이루므로 좋은 것이다.

결국 추목이 귀격을 이루려면 여러 가지 조건이 충족되어야 함을 의미한다. 추목은 경금이 없으면 불령하니 경금이 적으면 불가하고 또 술월은 만추라 한기(寒氣)가 있으므로 병정화가 없어도 흉하다. 반면 火旺하여 土燥하면 목이 더욱 메마르니 임계수가 없어선 안 된다. 또한 水는 **인이호경(印以護庚)**[78]하므로 貴를 사수하는 것이다.

5. 무릇 갑목이 무기토가 많으면 정히 기명종재로 보게 된다. 종재격은 토를 자식으로 하고 화를 아내로 삼는다.

=> 술월갑목이 무기토를 많이 보면 기명종재격(棄命從財格)이 되기도 한다. 반면 **진월과 미월의 갑목은 좀체 종하는 법이 없다.**[79]

---

78)인이호경(印以護庚): 인수 수기로써 경금을 보호함. 경금이 水를 생하여 水는 火를 억제하니 金이 보호됨.

79)진월과 미월의 갑목은 좀체 종하는 법이 없다는 것은 辰과 未

6. 혹 한무리의 병정을 보아 金을 상하면 거짓 학문에 불과하고, 임계가 있어 병정을 파료(破了)해도 기예인에 불과하다. 임계가 화를 제하지 못하고 지지에 화국을 지으면 비고 썩은 나무이니 경금이 있다 해도 힘이 되지 못하니 필시 고빈하고 하천한 부류도 남녀가 다 마찬가지다.

=> 팔자술에 약한 官을 강한 傷官으로 견관(見官)하게 되면 사기(詐欺)가 있다고 했다. 특히 秋木의 관이 되는 金이 심하게 제복당하는 것을 반길 리 없다. 이때 임계수로 병정을 파료하면 기예인(技藝人)에 불과하다고 했지만 실은 그 학문이 참되고 뛰어나다고 볼 수 있다. 술월 갑목에 지지화국을 보게 되면 금은 소멸되므로 貴는 요원하게 된다. 이때도 임계를 용하여 격국을 이룬다면 능히 귀격을 이룰 수 있다.

7. 혹 가상관(假傷官)을 이루고 득지해서 생하면, 갑을추생귀원무(甲乙秋生貴元武)[80]라 했으니, 이는 水를 用하여 상관을 制하는 것으로 金을 아내로 水를 자녀로 삼는다.

=> 술월 갑목이 병정화를 보아도 당령하지 않아 가상관이 된다. **가상관으로 득지봉생(得地逢生)이란 지지에서 화국을 이루는 것을 말하고, 원무(元武)**[81]**는 북방 임계수를**

에는 乙木이 있기 때문이다.

80) **갑을추생귀원무(甲乙秋生貴元武)**:가을의 갑을이 지지화국을 만났는데 임계수로 조후가 이루어진 귀격

뜻한다. 금위처(金為妻), 수위자(水為子)' 란 곧 상관패인격을 말한다. 경금을 보면 살인상생을 이루어 부귀격을 이룬다.

8. 혹 丁戊를 갖추고, 水를 보지 않으면 상관생재격이 되어 또한 부귀를 논할 수 있는데 이러한 격국은 火를 아내로, 土를 자식으로 삼는다.

=>丁戊가 투하고 水를 보지않으면 상관생재가 되어 부귀격을 이룬다. 이때는 **戊宮에 丁戊가 모두 있으므로 이렇게 同宮에서 비롯되면 유정(有情)과 유력(有力)**[82]**을 겸한 셈이므로 상격이 되는 것이다.**

9. 무릇 갑목이 많고 경금이 투하면 大貴하다. 경이 암장되면 少貴하다. 만약 사주에 경금이 많고 정화를 얻으면 뛰어나므로 富貴하다.

=> 술월 갑목에 갑목이 많으면 응당 경금을 용하여 재왕생살(財旺生殺)하면 귀격이 된다. 경금 殺이 많으면 병정화의 食傷으로 제복해야 한다.

---

81)**원무(元武)**란 임계수를 가리킴. 남방의 주작, 서방의 백호, 동방의 청룡과 더불어 북쪽방위의 수기를 현무라고 하는데 여기서 원무는 북방의 현무에서 나온 것으로 임계수를 의미함.

82)**유정(有情)과 유력(有力: 여기서는 상관생재격에서 상관과 재가 동근월령임., 즉 하나의 지지에서 같이 힘을 얻었다는 의미에서 유력한 가운데 유정하다함.**

10. 가령 경신년 병술월 갑신일 임신시 생은 공명현달(功名顯達)하였는 바 문학이 뛰어났다. 만일 연월에 庚丙이 없고, 火가 투하지 않았다면 비록 학문을 좋아해도 명성을 얻지 못했을 것이다.

11. 술월 갑목은 애초에 丁癸를 용하니 戊가 투하면 필시 귀해진다. 가령 무술년 임술월 갑자일 갑신시 생이면 지지에 水局을 이루고, 천간에 임수가 있어 정히 貴元武의 說에 일치한다. 배합을 얻어 중화를 이루니 일방을 이루고, 가계가 풍족하였다. 다만 정경이 출간하지 않아 높은 지위에 오르지는 못했다.

=> **삼추 갑목의 귀는 丁庚으로 조율하는 게 원칙이다. 이 외의 술월 갑목 貴格의 모델은 丁癸의 상관패인, 丁戊의 상관생재, 戊癸의 재격투인이다.** 이때 임계수를 용하여 성격되면 갑을추생귀원무(甲乙秋生貴元武)의 설에 합당한 것이다.[83]

---

83)예: **무술년 임술월 갑자일 무진시**명은 재격투인으로 성격된 명이다. 귀원무가 되어 부귀를 보았지만 丁庚이 투출하진 않았고 지장간으로도 경금을 찾을 수 없어 일단의 귀는 삭감되어 높은 지위에는 오르지는 못했다.

三冬 甲木

亥月 甲木

庚　丁丙戊　경정양투, 우가무출간, 명왈거탁유청,
庚丁兩透, 又加戊出干, 名曰去濁留淸,
부귀지극. 즉핍정화, 역처유부귀.
富貴之極, 卽乏丁火, 亦稍有富貴.

1. 해월갑목은 庚丁을 필요로 하며 丙火는 그 다음이다. 壬水는 木을 뜨게 하므로 꺼리는 바, 필시 戊土로 制해야 한다.

=> 해월 갑목은 인수격인데 庚을 쓰면 인봉관살(印逢官殺), 丁을 쓰면 인용식상(印用食傷), 戊를 쓰면 인다용재(印多用財)로 격국이 성격된다. 병화를 용하면 한목향양(寒木向陽)하여 기후가 적합하므로 귀격을 이룬다.[84)]

---

84)**동목은 火土로 따뜻하게 해 주어야 한다.** 수성(水盛)하므로 土가 없다면 가지는 꼬부라지고, 뿌리는 썩게 된다. 응당 辰丑의 습토보다는 戊未의 조토가 합당하다. 오행의 일반적 理法으로 보자면 水는 木을 생해야 하지만, 冬水는 木을 얼게 하므로 생이 아니라 극이 된다. 이 외에도 氣學의 측면에서 오행을 고찰하면 생극제화의 일반적 법칙이 통하지 않는 경우가 적지 않다. 따라서 동목은 火가 아무리 많아도 그것을 반긴다. 한목향양(寒木向陽)이라, 예컨대 겨울철의 목은 印綬逢官으로 성격된 명이라도 火의 식상을 보아 격국이 파괴되는 법이 없다. 기후가 적합해지므로 특히 秀氣가 빼어난 명이 된다. 따라서 동목의 生旺方은 동남운을 가리키고 운이

2. 만약 庚丁이 양투하고 다시 戊가 출간하면 탁함이 제거되어 부귀가 극품에 이르는 즉, 정화가 없어도 역시 부귀하지만 약간은 훼손된다. 혹 甲이 많아 戊를 제하고 경금의 뿌리가 없으면 평상인에 불과하다. 만일 戊庚이 투하면 비록 비겁이 출해도 부자로 장수한다.

=> 해월갑목에 경정이 투하면 상관가살(傷官駕殺)[85]을 이룬다. 이때 무토가 투하여 당왕한 임수를 제하면 갑목의 뿌리를 배양하고 경금을 생하니 대부대귀격이 된다. 갑목이 경금을 용하면서 정화를 보면 상관가살이 되고, 무토를 보면 재왕생살이 되는데 해월갑목은 생궁으로 세력이 강하니 이상의 두 가지 경우를 모두 반기는 것이다. 격국의 겉모습은 인수용재로 성격된다.

3. 혹 비겁(比劫)이 많고 庚만 하나 출간하여 록(祿)에 앉아 봉생하면 丁을 버리고 庚을 쓰니 약간의 부귀만 있다. 혹 지지에 申亥를 보고 戊己를 얻으면 庚丁을 구하므로 과갑을 허락한다. 만약 기토 하나만 투하면 힘이 약하여 공감에 불과하다. 庚을 用하면 土가 아내요, 金이 자식이 된다. 丁을 用하면 木이 아내요, 火가 자식이 된다.

이곳으로 향해야 안태해진다.

85) **상관가살(傷官駕殺)**: 상관격도 칠살격도 아니지만 정경으로 격국을 이루어 상관가살이라고 함. 추목이 상관을 쓸때는 칠살용상,칠살봉상 이런 표현은 없으니 상관가살이라는 용어로 사용한다. 그러므로 추동목이 정경을 쓰면 상관가살이라고 한다. ~'격'을 붙이지는 않는다.

=> 해월 갑목이 경금을 용하여 인봉관살격(印逢官殺格)을 이루어도 정화가 없으면 부귀가 작다는 것이다. 지지에 申亥가 있으면 임수가 생록(生祿)을 얻어 水가 범람할 우려가 있으므로 반드시 무기토로 구제해야 한다. 해월 갑목의 부귀는 경정이 주관하는데 임수는 경금을 설하고, 정화를 상하게 해서 해를 입히기 쉽다. 따라서 해월 갑목에 임수가 출간하고 申亥를 보면 항시 위태로운데 재차 임운을 만나면 사망에 이르기도 한다. 임수의 범람은 무토로 구제해야지, 기토로는 힘이 약하다.

子月 甲木

丁　庚丙　정선경후, 병화좌지. 경정양투, 지견사인,
丁先庚後, 丙火佐之. 庚丁兩透, 支見巳寅,
과갑유준, 풍수불급, 선발유지.
科甲有准, 風水不及, 選拔有之.

1. 자월 갑목은 木性이 추우니 丁을 먼저 쓰고, 庚을 나중에 쓰며 병화로 보좌한다. 계수가 권리를 잡은 때니 火金의 病이 된다. 庚丁이 양투하고 地支에 寅巳를 보면 과갑에 견주고, 풍수가 미치지 못해도 선발됨이 있다. 만약 癸가 투하면 丁을 상한다. 이때 戊己로 보좌하여 구하지 못하면 잔질이 따른다. 혹 임수가 거듭 투했는데 정화가

全無하면 위인이 용렬하나 병화를 얻으면 묘해진다.

=> 자월 갑목은 한기가 있으므로 병정화를 쓰는 인용식상격(印用食傷格)이 貴局이다. 秋冬의 갑목은 모두 뿌리로 돌아가는 때에 이르니 다 같이 丁庚이 있어야 한다. 이때 지지 寅巳를 보면 병무가 암장되어 최상격을 이룬다. 동목에 계수가 투하면 정화를 상하게 하여 격국이 파격되기 쉽다.

이때 무기토로 구제하지 못하면 위인이 용렬하고 질병에 시달리게 된다. 임수가 중출(重出)하고 경금을 보면 **인중투살(印重透殺)**[86]의 파격포맷이 되므로 위태롭다.[87] 이때는 식신 병화를 보아야만 귀하게 된다. 한목향양이라, 동목은 인수봉관으로 성격된 명이 火식상을 보아도 파격 되지 않고 기후를 적합하게 하므로 오히려 좋은 것이다.

2. 혹 **지지 수국을 이루고 임수가 투하면 수범목부(水泛木浮)가 되어 죽어서도 들어갈 관이 없다(死無棺木).** =>

壬 甲 戊 乙
申 辰 子 巳

차명은 무토가 임수를 제하는 인다용재격이나 을목 겁재

---

86)인중투살(印重透殺): 동목이면 印이 重한데 金이 透하여 水를 도와주니 파격이다.

87)冬木이 관살을 보면 금이 차가워 물이 더욱 얼어붙는 격이니 凍水로는 生木이 불가하다.

가 재를 파극하므로 병은 중한데 약은 약한 격이다. 상인으로 약간의 재물은 모았으나 申運에 익사했다. **성국간투일관성, 좌변우변공록록(成局干透一官星,左邊右邊空碌碌)의 상황이다.**

3. 총론하면 子月 甲木은 추운 나뭇가지니 춘목의 청무(淸茂)함에는 비할 바가 아니므로 오로지 庚丁을 취해야 한다. 壬이 투하고 丙이 없으면 도필(刀筆)로 이도(異途)에 지나지 않으면 무직(武職)에 들기 쉽다. 庚을 用하면 土를 아내로, 金을 자식으로 삼는다. 火를 用하면 木을 아내로, 火를 자식으로 삼는다.

=> 보통 칠살이 투하여 인수를 생하는 인중투살격(印重透殺格)에 다시 財가 투하여 인수를 파괴하고 칠살만 남기면 인봉관살투재거인존살(印逢官殺透財去印存煞)[88]의 패(敗)로 귀결되기 쉽지만 동월 갑목에는 경금이 남으니 귀격이다. 用庚, 土妻金子[89]는 재왕생살(財旺生殺)을 의미한다. 用火, 木妻火子는 인용식상격(印用食傷格)을 뜻한다. 이때 정화가 아닌 병화를 본다면 부중취귀하는 것이다.

---

88) **인봉관살투재거인존살(印逢官殺透財去印存煞)**: 인이 중한데 관살이 있어 파격인데 재가 투해 인수를 극해 살만 남음. 일반적으로는 파격이지만 자월갑목에게는 경금이 진신이므로 경금만 남아 귀격이 된 경우다.

89) **용경, 토처금자(用庚, 土妻金子)**: 경금을 용하는자는 土가 相神이 되고 金이 用神이다. 相神의 **相**은 서로라는 뜻이 아니고 '**돕는다**'라는 의미로 쓰인 것이다.

동목은 병화로 격을 이루고 조후를 완성시켜 부귀격을 이룬다.

丑月 甲木

丁 庚丙 벽갑인정[90], 목화통명, 필수지견인사귀격.
劈甲引丁, 木火通明, 必須支見寅巳貴格.

1. 축월 갑목은 천지가 춥고 얼어붙으니 목성이 극히 추우므로 생의가 없는바 먼저 경으로 벽갑한 다음 정화를 이끌면 목화통명의 상을 이루므로 정은 차선이 된다.

=> 축월갑목은 벽갑인정하면 목화통명의 부귀격을 이룬다.[91]

2. 庚丁이 양투하면 과갑하여 은봉이 있다.(상관가살)
庚이 투하고 丁이 장(藏)되면 少貴하다.(재왕생살)
丁이 투하고 庚이 장되면 少富貴[92]하다.(상관생재)
庚이 없는 자는 빈천하다.
丁이 없는 자는 한유(寒儒)[93]에 지나지 않는다.

---

90)**벽갑인정(劈甲引丁)**: 경금으로 갑목을 쪼개어 引丁함. 십간론 중 庚+甲+丁의 관계를 칭하는 말로 지식의 흡수가 뛰어나고 두뇌의 명석함으로 특히 경쟁력이 강한사람이 된다.
91)**축월갑목의 벽갑인정**은 춘목의 목화통명과 달리 死木이 경금을 필수 요건으로 삼는 경우를 말한다.
92)**庚은 貴, 丁은 富를 조율**
93)**한유(寒儒)**: 가난한 선비

혹 丁이 투하여 重重하면 역시 부귀하며, 단 비견이 있어야 능히 丁을 불타게 할 수 있다. 경금이 없어도 정화만으로 부귀가 가능한 경우에는 벽갑(劈甲)이 되지 않아도 정화가 상당한 힘을 지닌 상황을 의미한다. 丁甲이 동시에 투한 **유신유화(有薪有火)**[94]의 명이다.

비견이 없으면 보통의 선비에 지나지 않고, 약간의 의식만 있을 뿐이다. 혹 지지에 水가 많으면 비견이 있더라도 평상인에 속한다. 水가 많으면 정화를 상하므로 비겁이 있어도 오행편경격(五行偏傾格)의 일종이 되는바 대개 고빈(孤貧)한 명이 된다.

=> 원시(原詩)가 말하는 부귀(富貴)의 정도는 喜用神의 透干여부로 계량하지만, 팔자의 부귀는 月別十干用神의 추이로만 정해지는 게 아니다. **보통 생극제화(生剋制化)의 이법으로 격국이 성격되면, 이후 조후용신(調候用神)의 분포로 귀천(貴賤)을 가리게 된다. 이때 팔자를 성격시키는 상(相神)신이나 조후용신 어느 것 하나라도 월령을 진신(眞神)으로 득하게 되면 격국이 자연 높아지는 것이다. 월별 십간의 희용(喜用)에만 얽매여 격의 고저를 분별하면 곤란하다.**

3. 총론해서 선달의 갑목은 비록 경금이 있어도 정이 없

94)유신유화(有薪有火): 장작에 불이 붙은 격. 십간론상 甲+丁의 관계로 매우 吉함. 학문이나 예술적 재능이 탁월함.

으면 불가하다. 庚이 결핍되면 대략은 쓸 수 있으나 丁이 결핍되면 무용(無用)하다. 경에 이르길, 갑목이 무근하면 남녀가 모두 요절(夭折)하기 쉽다고 했다.

=> 축월갑목이 庚이 없으면 貴가 없고, 丁이없으면 富가 없다. 따라서 庚丁은 응당 같이 있어야 한다. 이때 정화가 없으면 병화로 대신할 수 있으나 庚金을 辛金으로 대신할 수는 없다.

2. 乙木95)

95)乙木 (적천수 천간론): 을목수유,규양해우(乙木雖柔, 刲羊解牛): 乙木은 비록 柔하다고 하나, 未와 丑은 찌르고 가르는 힘이 있다. 乙木은 본성이 유약하여 土財를 감당하기가 쉽지 않으나 未와 丑의 藏干에는 乙木과 癸水가 있어 생의가 있다. 특히 未月 乙木의 핵심은 癸水가 되는데 굳이 財格透印으로 成格되지 않아도 八字에 丙火를 보면 丑宮 癸水를 用해 上格이 되는 경우가 적지 않다./ 회정포병,과계승후(懷丁抱丙, 跨鷄乘猴): 丁이나 丙을 품으면 鷄(酉金)을 타넘고, 猴(申金)를 업신여긴다. 古書에 이르길, 秋月 乙木이 金을 만나면 가난하거나, 요절을 면키 어렵다고 했다. 비단 秋月 뿐만 아니라 乙木은 대개 丙癸만을 반겨 貴格을 이룬다. 萬一 癸水가 없는데 火까지 없으면 病이 된다. 따라서 乙木은 늘 金에 傷할 염려가 있으므로 丙丁火는 최후의 보루가 되는 셈이다./허습지지,기마역우(虛濕之地, 騎馬亦憂): 地支가 습하여 뿌리가 썩을 정도면 馬(午火)에 올라도 역시 우환이 있다. 三冬 乙木은 丙火를 얻어 발영함을 기뻐하니 寒木向陽이 된다. 특히 丑月에는 一陽解凍이라 하는데 만일 丙火가 없으면 매우 춥기 때문에 木이 얼어붙으므로 빈천하거나 요절하기 쉽다. 丙을 보지 못하면 戊土로 水를 억제하여 뿌리를 튼튼하게 하는 것이 급선무다. 丙火가 出干하지 못하고, 暗藏되면 생원에 불과하고 끝내 빈한한 선비가 된다. /등라계갑,가춘가추(藤蘿繫甲, 可春可秋): 藤蘿(乙木)이 甲木과 연계하면 可春可秋라, 계절에 구애됨이 없이 뿌리가 뽑히는 법은 없다.

- 三春 을목은 지란이나 버들가지와 같이 쇠잔한 나무라서 병화와 계수를 보면 가지와 잎이 발생하여 자연 무성해진다. 금수가 많으면 음농습중하여 뿌리가 손상되고 잎이 시들어 버린다.

- 三夏 을목은 조후가 시급하므로 계수를 용신으로 삼는다. 목화상관은 인수가 없으면 흉하므로 임계수는 배합상 없으면 안된다. 병계의 상관패인격이 최선이다.

- 三秋 을목은 금신이 사령할 때라 병화로 제살하는 것이 가장 길하고, 계수로 화살하는 것이 좋다. 술월에는 필시 계수를 용하여 재격투인으로 성격되어야 한다.

- 三冬 을목은 병화를 용신으로 삼아 양화(陽和)를 얻어 발영함을 기뻐한다. 임수가 태왕하면 무토로 제하는 인다용재격이 합당하다.

-乙木은 지란(芝蘭)이나 화초(花草)의 상(象)으로 향양(向陽)하니 사시(四時)를 막론하고 丙火를 기뻐한다.

-甲木은 進氣하지만, 乙木은 退氣하니 癸水의 生扶를 요한다.

-乙木은 대개 丙癸로 명리통달하고, 柔하여 庚辛金을 用하지 않는다.

-申月에는 丙癸 이외에 필시 己土를 요한다.

-亥子丑月에는 丙火의 향양으로만 부귀가 성립된다.

三春乙木總論

1. 삼촌 을목은 지란이나 쑥과 같아 丙癸를 떼어 놓을 수 없으니 병화를 보면 초목이 향양(向陽)하고, 만상(萬象) 회춘(回春)하니 모름지기 계수로 자양하여 근기(根基)를 이룬다.

=> 갑목은 진기進氣하고, 을목은 퇴기(退氣)하므로 항시 계수로 생부(生扶)해야 한다. 사시에 따라 격국의 겉모습은 달라지겠지만 거의 모두가 水로 뿌리를 자윤하고 병화로 木氣를 따뜻하게 하면 영화로움이 따르는 것이다.

2. 丙癸가 같이 천간에 투하고, 화합(化合) 제극(制剋)됨이 없으면 자연 등과급제하는 바 고서에 이르길, 을목의 뿌리와 씨가 깊이 박히려면 단지 양지(陽地)여야 하고 陰은 마땅치 않으며 水를 많이 만나면 물에 뜨게 되므로 흉한 바 이때는 극제(剋制)해야 하는데 금을 쓰면 고(苦)하다 했다.

=> 삼춘 을목은 지란이나 화초의 상으로 병화를 보면 꽃잎이 양(陽)을 향하여 만물이 회춘하고, 계수로 뿌리를 적시면 명리통달(名利通達)하는 것이다. 을목은 늘 水를 기뻐하지만 태다(太多)하면 음습(陰濕)해지므로 병화를 요한다. 갑목은 양목으로 木이 盛하면 경금으로 가지치기를 해

야 하지만, 을목은 경금이 있으면 상합(相合)하여 뜻을 펴지 못한다고 했다. 따라서 을목이 盛하면 병화로 洩해야 마땅하고 火의 陽이 盛하면 계수의 자윤이 필요하다.

寅月 乙木

丙 癸 병계양투, 과갑정연, 혹유병무계문호천양

丙癸兩透. 科甲定然. 或有丙無癸門戶闡揚.

병다핍계, 명왈춘한, 탁부지인.

丙多乏癸, 名曰春旱, 濁富之人.

1. 인월 을목은 필수적으로 丙을 用해야 하는데 이는 천기(天氣)가 한기(寒氣)하기 때문이니 丙이 아니면 따뜻하게 할 수 없고 비록 계수가 있어도 한기를 두려워하는 바, 병화를 먼저 쓰고 다음으로 계수를 쓴다.

=> 을목을 태양으로 비추고 비로 윤택하게 되면 자연배양 된다. 火를 보아 능히 목화통명(木火通明)을 이루는 것은 인월의 갑을목이 마찬가지다.

2. 丙癸가 양투하면 과갑이 정연하고, 혹 丙만 있고 癸가 없어도 문호를 널리 떨친다.

=> 인월 을목은 丙癸로 상관패인(傷官佩印)의 격국을 이루면 최상격이 된다.

3. 혹 丙이 많고 癸가 결핍되면 춘한(春旱)이라 한다. 이때는 독양이 길지 않으니 독양부장(獨陽不長), 저속한 부자를 뜻하는 탁부지인(濁富之人)이 되기 쉽다.

=> 초춘(初春)에는 한기가 남아 있어 병화가 우선이며 癸가 없어도 귀격을 이루지만 병화 陽의 기세가 지나치면서 계수를 보지 못하고 상관생재(傷官生財)를 이루면 졸부에 불과하다.

4. 혹 丙이 적고 癸가 많으면 종내 추운 선비가 된다. 혹 癸己가 많으면 습토의 목이니 하격이 된다.

=> 습토(濕土)의 木은 하격(下格)이 되기 쉬운데, 계수가 많으면 음농습중(陰濃濕重)이 되어 목이 번성하지 못한다. 이를 고음불생(孤陰不生)이라 한다.

5. 丙을 用하면 木을 아내로 火를 자식으로 삼는다.

6. 火가 많아 계수를 用할 경우에는 金이 아내요, 水가 자식이 된다.

卯月 乙木

丙 癸 　양기점승, 목불한의, 이병위군,
陽氣漸升, 木不寒矣, 以丙為君,

계위신, 병계양투, 불투경금, 대부대귀.

癸為臣, 丙癸兩透, 不透庚金, 大富大貴

1. 묘월 을목은 양기가 점차 오르는 때니 木이 차갑지 않으므로 丙을 군(君)으로 癸를 신(臣)으로 삼는바 丙癸가 양투하고 경금이 투하지 않으면 대부대귀한다.

2. 혹 천간에 庚이 투했는데 지지에 진이 없으면 화금(化金)이 되지 않으므로 癸가 투하여 양목(養木)하면 역시 귀함이 있으나, 만약 수고(養木) 辰을 보면 가화(假化)가 되어 평상인이 된다.

=> 난강망은 辰을 보아야 간합으로 인한 화기(化氣)를 인정한다. 만일 일간의 합이 진토를 보고 화격을 이루지 못하면 가화로 격국이 불순한 것으로 간주한다.

3. 묘월 을목에 지지 목국을 이루었는데 癸가 투하면 귀명이 되고, 木氣를 洩하는 丙을 얻으면 상상지명(上上之命)인데 이때 필히 癸가 투해야 한다.

=> 묘월 을목은 지지 목국으로 **곡직인수격(曲直仁壽格)**[96]이 된다. **연해자평의 금성옥진부(金聲玉振賦)에 이르**

96)**곡직인수격(曲直仁壽格)**: 팔자전체가 다 木으로 되어 있다고 해서가 아니라 갑을목이 목국을 짜야 곡직격으로 일행득기격인 것이다. 병정화가 화국을 짜면 염상격, 경신금이 금국을 짜면 종혁격, 임계수가 수국을 짜면 윤하격, 무기토가 지지전체가 토면(모두 미토라 할지라도 무방)토국이 되어 가색격으

길, "곡직격(曲直格)은 반드시 인수(印綬)가 있어야 명리(名利)를 떨친다"고 했다. 다른 일행득기격(一行得氣格)도 印綬가 투해야 더욱 귀해지는데 특히 곡직격은 오행중 유일한 생명체라서 인수가 꼭 있어야 산다. 무릇 종왕(從旺)[97]의 유형은 인수(印綬)가 투해야 더욱 귀해진다.

4. 혹 水가 많아 丙이 곤(困)해지거나, 戊가 많아 癸를 합하면 다 같이 하격(下格)이 된다.

=> 인수 水가 많아 병화가 파괴될 정도면 **패인이상경신왕(佩印而傷輕身旺)**[98]의 파격(破格)이 된다.

5. 丙을 用하면 木이 아내요, 火가 자식이 된다. 癸를 용하면 金이 아내요, 水가 자식이 된다.

=> 목처화자(木妻火子)는 목화통명(木火通明)을, 금처수자(金妻水子)는 상관패인격(傷官佩印格)을 의미한다.

묘월 을목은 인월에 비해선 계수를 더욱 필요로 하지만 병화를 중심으로 삼는 것이다. 을목이 강하면 경금을 쓰지 않고 병화를 써서 설(洩)하므로 木火가 주(主)가 된다. 병

로 일행득기격임.

97) **종왕(從旺)**: 인수(印綬)가 왕할 때는 종강격이라 하고, 비겁(比劫)이 왕할 때는 종왕격보다는 강왕격(强旺格)이라 표현하는 것이 더 적합하다. 從이라는 말은 원래 身弱에만 사용하는 말이다.

98) **패인이상경신왕(佩印而傷輕身旺)**: 묘월을목이 당령하여 왕한데 인수 水氣가 더해 火를 破하니 木만 더 旺해짐.

화가 많으면 양의 기세가 왕성해져 메마르기 때문에 계수를 용신으로 삼는다. 이 때 경금이 투하면 격국이 불순해지기 쉬우니 좋지않다.

6. 甲乙이 亥卯未 모두를 갖추면 부귀를 의심할 여지가 없다. 木이 寅卯辰 방국(方局)이 완전하면 공명이 따른다. 활목(活木)은 金이 뿌리에 있는 것을 기피하니 地支에 庚辛이 있으면 그 뿌리에 손상을 입히고 해치므로 木은 썩게 된다.

=> 亥卯未나 寅卯辰 全局을 갖춘 곡직격은 庚辛金이 出干하지 않은 한 모두 부귀격으로 볼 수 있다. **곡직격은 지지의 장간에 금기를 보는 것도 꺼리게 된다.**[99] 金만 아니라면 己土를 보아도 곡직격으로 하자가 없고, 또한 癸水가 투하면 上格으로 손색이 없다.

辰月 乙木

99) **흉물심장, 성양호지환(凶物深藏, 成養虎之患)**: 적천수에 이르길 지지에 흉물이 심장되어 있으면 호랑이를 키우는 것 같이 화근으로 작용한나고 함. **지장간에 금기가 있으면** 대운간에서 경신금이 올 때 성국간투일관성이 되는데다 지지합국의 세력에 반하는 그 관의 뿌리가 되는 것이 지장간에 있어서 회복불능이 된다. 금만 아니라면 기토는 보아도 좋다. **계수는 투하면 상격이다. ->印綬가 있으면 정신기(精神氣)中 精에 해당되니 밑바닥에서도 다시 회복할 수 있게 힘이 되는 원조를 만나게 된다.**

癸　丙　　양기유치, 선계후병. 계병양투, 불견기경,
陽氣愈熾, 先癸後丙. 癸丙兩透, 不見己庚,
옥당지객. 견기경자, 평상지인.
玉堂之客. 見己庚者, 平常之人.

1. 진월 을목은 양기(陽氣)가 점점 성하므로 먼저 계를 쓰고 다음으로 병을 쓴다.

=> 인용식상(印用食傷)의 격국을 일격(一格)으로 삼는다.

2. 癸丙이 양투(兩透)하고 己庚을 보지 않으면 옥당에 오른다. 己庚이 있으면 평범한 명이 된다.

=> **을목은 음유하여 財官을 用하지 않는다.**[100] 즉 재왕생관격(財旺生官格)이 귀격이 되지 않고 거의 상관패인(傷官佩印)이나 인용식상(印用食傷)으로 상격이 된다. 진월 을목에 丙,癸 어느 하나라도 투하지 않으면 크게 발전하지 못한다.

3. 혹 하나의 乙이 庚을 보았는데 己가 없으면 소부소귀(小富小貴)하나 현달(顯達)하지는 못한다.

---

100) **陽干의 강(剛), 陰干의 유(柔)**한 속성에 따라 양간은 신강할 때 칠살을, 신약할 때 인수를 기뻐한다. 음간은 신강할 때 칠살로 극하기보다는 상관으로 설하는 것, 신약할 때는 겁재로써 방조하는 것을 기뻐한다. 예외로 정화는 음유하나 庚을 좋아함.

=> 진월 을목이 경금을 보면 辰중 계수가 상하지 않으므로 관인상생(官印相生)의 의미는 나타나 재왕생관(財旺生官)으로 소부소귀(少富少貴)는 한다.

4. 혹 水가 많은데 己를 보면 다만 재주가 뛰어날 뿐 급제는 어렵다. 水가 많으면 戊를 쓰되 이도(異途)로 발전한다.

=>지지 수국에 무토가 있어 재격투인으로 성격되는 경우를 일컫는 얘기다. 보통 財로 인수를 제복하는 명은 정도에서 비켜나는 특징이 있어 이도로 발전한다

5. 혹 庚己가 혼잡하면 丙癸가 온전해도 下格에 불과하다.

6. 혹 水局을 이루고 丙戊가 투하면 역시 과갑을 한다.

=> 상관생재격(傷官生財格)으로 무과(武科)에 급제하거나 부중취귀(富中取貴)하여 암도(暗途)로 공명을 이룬다.

7. 혹 사주(四柱)에 丙戊가 전무(全無)하고 지지(地支) 수국(水局)을 이루면 고향을 떠난다.

=> 수다목부(水多木浮)가 된다.

8. 혹 한 무리의 癸水가 있고 辛金이 있으면 수왕(水旺)으로 본다. 이때 戊己로 계수를 制하면 작은 부귀가 있다. 만일 한 무리의 임수를 보면 빈천하거나 요절이 따른다.

이때 戊己를 만나면 수(壽)는 얻으나 기예인(技藝人)에 불과하다.

=> 진월 을목이 辛金을 보게 되면 재투칠살(財透七殺)로 파격이 된다. 이때는 식신정화로 제살하거나 丙火로 합살(合殺)로 패중유성(敗中有成)하게 되지만, 辰月 乙木에 이 같은 팔자(八字)의 구성이 조합되지 않는다. 따라서 차선책으로 인수(印綬) 수기(水氣)로 화살(化殺)해야 최소한의 격(格)을 이루는 것이다.

진월 을목이 신금과 임수의 살인살생(殺印相生)으로 성격되어도 丙癸의 암장여부에 따라 격국의 고저가 가려진다. 그러나 원국에 이런 진신이 없더라도 살다보면 진신을 갖추는 때를 만나기도 하고 삼회(三會)를 짤 때도 만나게 되는데 삼회를 짤 때는 병(病)이 생긴 것이니 이런 평상시의 규칙인 진신에 앞서 병약용신(病弱用神)이 급하게 된다. 이때 병(病)이 있고 약(藥)이 있다면 오히려 속발(速發)할 가능성이 높다.

9. 혹 庚辰月, 庚辰時에 태어나면 두 개의 庚이 쟁합(爭合)하여 종내 빈천(貧賤)한 무리가 된다.

=> 쟁합이 이루어지면 化格이 성립되지 않기에 下格으로 판단하는 것이다. 庚辰月, 庚辰時가 되려면 庚年, 庚辰月, 乙日, 庚辰時의 조합이다. 구조적으로 乙이 庚에 얽매여

도무지 뜻을 펼칠 수 없는 형국이다.

10. 만일 年干에서 丁火를 얻어 庚을 파하면 종화(從化)하여 무직(武職)의 권한을 잃지 않는다.

=> 또 丁火를 얻어 제살(制殺)이 이루어지면, 辰月 乙木의 재격(財格)이 봉살이식신제살이생재(逢殺而食神制殺以生財)로 패중유성(敗中有成)이 된다는 뜻이다.

그런데 丁年의 庚辰月 팔자는 성립되지 않는다. 乙年이나 庚年에 한해 庚辰月이 세워지므로 원문의 年間見丁은 丁巳年 甲辰月 乙日 庚辰時로 볼 수 있다.

11. 癸를 用하면 金이 아내요, 水가 자식이 된다.

=> 재투살인(財透殺印)의 유형으로 금처수자(金妻水子)를 칭함.

12. 癸가 많아 丙을 용하면 木이 아내요, 火가 자식이 된다.

=> 인용식상격(印用食傷格)으로 목처화자(木妻火子)를 칭함.

三夏乙木 總論

1. 三夏乙木은 목성(木性)이 고초(枯焦)하다. 巳月에는 癸水를 전용(專用)[101]한다. 午月과 未月에는 丙을 먼저 쓰고 다음으로 癸를 쓰는데 하지(夏至) 전에는 癸水를 용(用)한다.

=> 삼하(三夏)에는 火旺하여 목성이 메마르고 탈지경이니 癸水가 존신이다. **특히 하목(夏木)은 목화상관희견수(木火傷官喜見水)라, 목화상관 (木火傷官)은 인수(印綬)가 없으면 요절(夭折) 따를 정도로 흉하다. 상관패인격(傷官佩印格) 중에서도 특히 목화상관(木火傷官)이 인수(印綬)수기(水氣)를 보는 것을 최귀(最貴)로 여긴다.** 계수가 없으면 상관용재로 성격되어도 별반 귀격으로 간주하지 않고 화생토조로 下格이 될 우려가 크다.

2. 먼저 병화가 투했는데 지지에서 다시 병화를 보면 목수화명(木秀火明)이라 한다. 이때 하나의 癸가 투하면 과갑에 이른다. 혹 두 개의 丙과 하나의 癸가 투하면 채근(採芹)은 허락한다.[102]

---

101) **巳속에 이미 丙이 있으므로 계수를 전용한다 함.**

102)**可許採芹(가허채근)**: 採芹이라는 한문 뜻을 옮기면 미나리를 캔다. 그런 뜻으로 보아 '가난한 생활을 한다.' 이렇게 번역되어 있는데, 여기에서는 그런 뜻이 아니다. 청나라시대 당시 진사시험에 합격한 자들이 입학할 수 있는 泮宮(반궁) 주변에 미나리를 많이 심었기에 **許採芹(가허채근)**이라함은

=> 丙火는 양광(陽光)이고, 癸水는 우로(雨露)인바[103] 하목(夏木)이 丙癸를 보면 불청불우(不晴不雨)[104]로 귀명(貴命)을 이룬다. 그러나 병화 두 개가 투하여 陽氣가 몹시 盛하면 계수 하나로는 木을 윤택하게 만들 힘이 부족하여 대귀격(大貴格)은 되지 못하지만 그래도 나라의 녹봉(祿俸)을 받는 정도의 중상명(中上命)은 된다.

3. 혹 한 무리의 癸水를 보고 丙은 없이 丁만 있으면 평상인이다.

=> 三夏乙木에 丙火가 아닌 丁火가 癸水를 보면 기후의 완성도 면에서도 떨어지지만, 생극(生剋)의 이법(理法)상으로도 격국(格局)이 파괴되므로 평범함을 면치 못한다.

반궁에 들어감을 허락한다는 뜻의 상징적인 표현이다. 반궁에서 공부하여 문과에 급제하면 나라의 록봉을 받으니 결코 빈천하다 해석할 수 없다. 그리고 하격에 '可許'라는 표현은 하지 않는다.

103) **丙癸의 특징**: 神功(하늘의 공)이다. 하늘에서 저절로 내려지는 것이라 뿌리가 없어도 상관없이 쓸 수 있다. 용신은 건전한 것이 좋으니 유근(有根)해야 하지만 丙癸는 예외다. 암장(暗藏)된 癸水는 지하수요, 투(透)한 癸水는 비다. 일반적으로 甲木은 땅이 비습한 것을 더 좋아하므로 지장간 물이 더 좋고, 乙木은 투한 계수가 더 좋다. 그러므로 삼하 을목의 투한 계수가 무근(無根)해도 쓸 수 있다.

104) **불청불우(不晴不雨)**: 뜨거운 여름의 이글거리는 해를 구름이 가려주니 온도와 습도상 적절하여 여름나무에게는 쾌적함. 병화와 계수의 조합과 같이 십간의 상호 관계는 좋지 않지만 효과적인 부억의 십간관계로 작용하는 경우가 있는데, 다음의 세 가지다. 1. 丙火가 태강할 때 癸水가 청운(靑雲)으로 작용할 때 2. 戊土태강에 甲木이 下固의 역할을 할때 3. 癸水태강에 己土가 옥토(沃土)의 역할을 할 때다.

丙癸의 상관패인(傷官佩印)과 丁癸의 식신봉효(食神逢梟)는 격국(格局)의 성패(成敗)로 구분될 만큼 격차가 큰 것이다.

4. 혹 하나의 癸가 투간하면 이도(異途)로 벼슬을 하게 되나 과갑을 기대하긴 어렵다. 癸가 子辰에 있으면 이로(異路)로 권한이 작은 직책에 머문다. 혹 丙이 장(藏)하고 년간(年干)에 癸가 투(透)했는데 월주(月柱)에 己가 출(出)하면 비록 과갑(科甲)은 아니라도 이로공명 (異路功名)한다. 또한 癸水가 중중(重重)하거나 혹은 지지(地支)에 癸水가 암장(暗藏)되면 군인(軍人)으로 공명(功名)을 얻는다.

=> 巳午未月은 모두 土가 암장(暗藏)되어 화염토조(火炎土燥)하여 목성(木性)이 탈 지경이니 癸水는 아무리 많아도 꺼리지 않는다. 계수를 거듭 보거나, 암장되어 목을 윤택하게 하면 공명이 따른다. 이때 병화가 출간하지 않으면 일선의 격국에 해당되지 않고 음양의 기제(旣濟)에 미치지 못하니 대개 무직(武職)에서 출세(出世)를 보게 된다.

巳月 乙木

癸 辛　　단취계수위존. 사월을목전용계수,
　　　　　耑取癸水為尊. 四月乙木專用癸水,

병화작용, 수이경신좌계, 수신투위청.

丙火酌用. 雖以庚辛佐癸, 須辛透為清.

1. 巳月 乙木은 자연 丙火를 갖추니 오로지 癸水가 존신(尊神)이다. 巳月 乙木은 癸水를 전용(專用)하고 丙火를 참작해서 쓰며 비록 庚辛이 癸를 보좌(補佐)한다 해도 모름지기 辛이 투(透)해야 청격(淸格)이 된다.

癸가 투(透)하고 庚辛이 또한 투(透)하면 과갑(科甲)이 정연(定然)하고, 일점(一點) 癸水만 있으면서 金이 없으면 水의 근원(根源)이 없는 것이니 비록 천간(天干)에 출(出)해 수재(秀才)라 해도 부(富)가 작으므로 필히 대운(大運)이 도와야한다.

=> 巳月 乙木은 癸水와 辛金이 투출(透出)한 살인상생(殺印相生)의 격국(格局)을 최선으로 본다. 금처수자(金妻水子)의 유형이다. 庚癸의 관인상생보다 辛癸의 살인상생이 더욱 청귀함은 庚이 乙을 탐합하기 때문이다.

2. 혹 土가 많아 癸를 곤(困)하게 하면 빈천(貧賤)해진다. 丙戊가 태다(太多)하고 지지(地支) 화국(火局)을 이루면 맹인(盲人)이 되기 쉽다. 癸를 용(用)하면 金이 아내요, 水가 자식이 된다.

=> 土가 많아 癸水를 파극(破剋)하면 비록 상관생재(傷

官生財)로 성격되어도 귀격이 되지 않고 탐재괴인(貪財壞印)[105]으로 재앙이 따르기 쉽다.

3. 을목이 金을 거듭 만나면 木이 상잔(傷殘)하니, 만약 辛金을 보면 수명(壽命)을 보증하기 어렵고, 이때 丙丁의 제복을 얻지 못하면 안락이 길지 못하다.

=> 원시(原詩)의 문맥상으로는 해석이 이러하다. 그러나 원시의 **"을봉쌍녀목상잔(乙逢雙女木傷殘)"에서 '쌍녀'(雙女)를 火를 거듭보는 것으로 보고 夏木이 설기(洩氣)가 심한 상태에서 신금칠살(辛金七殺)의 剋까지 받아 극설교가(剋洩交加)[106]로 몹시 불리하다**고 보아야 할 것 같다.

고서에 이르길, **을목이 이위(離位)[107]를 거듭 만나면 기산지문(氣散之文)[108]이라 했다**. 즉 을목이 巳午를 보고 水를 만나지 못하면 잔병이 많거나 빈천, 요절이 따르게 된다. 巳月 乙木이 살용식제(殺用食制)로 성격(成格)되어도 印綬水氣가 없어 조후가 되지 않으면 귀격을 속단할 수 없

---

105) **탐재괴인(貪財壞印)**: 재극인(財剋印)으로 財를 탐하다 인성이 무너지는 경우

106) **극설교가(剋洩交加)**: 일간을 극하는 오행(관살)과 설하는 오행(식상)이 겹쳐서 몹시 신약하여 인수가 필요하다. 3대 허약命으로 극설교가, 제살태과, 아우생아가 있다.

107) **이위(離位)**: 정남쪽 방향을 가리키는 말. 子-감위수(坎爲水)정북쪽 午-이위화(離爲火)정남쪽 卯-진위뢰(震爲雷)정동쪽 酉-태위택(兌爲澤)정서쪽

108) **기산지문(氣散之文)**: 기가 다 빠져나간 기진맥진한 상태. 울 힘도 없다. 완전히 정신이 나감.

다. 이때 대운이 돕는다면 성격(成格)된 명은 부귀를 보게 되지만 운이 배반하면 도리가 없다

午月 乙木

癸　丙　　상반월전용계수. 하반월속음,
上半月專用癸水. 下半月屬陰,
삼복생한, 병계제용.
三伏生寒, 丙癸齊用.

1. 午月 乙木은 丁火가 권리를 잡았으니 곡식이 가뭄을 만난 격이다. 상반월은 陽에 속하니 거듭 癸水를 用한다. 하반월은 陰에 속하여 삼복생한하므로 丙癸를 똑같이 用한다.

=> 오월 을목은 절기(節氣) 하지(夏至)를 경계로 삼아 하지(夏至) 전에는 癸水를 우선 취용(取用)하고, 후에는 丙癸가 모두 존신(尊神)이 된다.

2. 사주에 金水가 많으면 丙을 먼저 쓰고, 나머지는 모두 癸水를 用한다. **을목이 재차 火를 만나면 기산지문(氣散之文)이라, 지지화국을 이루면 목분화열(木焚火熱)**[109]

---

109) **목분화열(木焚火熱)**: 목화로 편중된 명식. 정신이상이 되기 쉬움. 기세가 편중되면 잔병이 많거나 요절가능성이 크다. 적천수의 정신론에 이르길, 五行은 대략 金水의 精氣와 木火의 神氣로 양분된다. 精은 금수, 神은 목화이니 金水는 응축(凝

되어 乙의 정신(精神)이 설기되니 필히 癸를 用하여 자양하여야 한다. 계수가 투하고 유근하면 부귀쌍전한다. 혹 年干에 庚辛이 있고, 時干에 癸가 투하면 정히 과갑을 허락하고 癸가 없으면 평상인에 지나지 않는다.

=> 결국 팔자에 金水가 많은 경우 이 외에는 모두 癸水로 용신을 삼는 것이다. 따라서 계수가 출간하고 뿌리가 건전하면 자연 부귀격을 이룬다.

3. 만약 丙이 투(透)했는데 지지(地支) 화국(火局)을 이루면 목성(木性)이 메말라 잔질(殘疾)이 있고 癸가 없으면 필시 요절(夭折)하며 壬이라도 보면 죽음은 면한다. 火土가 태다(太多)하면 위인이 천하며 어리석고 혹은 승도(僧道)의 문하(門下)로 받아들여진다.

=> **을목은 陽木인 갑목과 달라서 본성이 쇠갈(衰竭)하여 午月에 癸水를 보지 못하면 잔병이 많거나 요절이 따르게 된다. 임수도 해갈(解渴)하는 역할을 하나 癸水에 비할 바가 못 된다.** 이는 마치 여름철의 논밭에 저수지 물을 대는 것과 단비가 내리는 차이와 같다. 팔자에 癸는 없고 壬만 있다면 죽음은 면하되, 잔병을 떨치기 어렵다.

縮)하고, 木火는 발산(發散)한다. 팔자는 목화 혹은 금수 한쪽으로만 편중되는 것을 꺼린다. 동금은 금침수탕을, 목화는 목분화열을 기피하고 화염토조도 좋지 않다. 이것들은 빈천, 병약, 절사(絶嗣)를 암시한다. (절사: 자식이 없음. 끊을 절/ 이을 사)

未月 乙木

癸　丙　　윤토자목. 주다금수, 병화위존,
潤土滋木, 柱多金水, 丙火為尊.
계수투간, 대부대귀. 무계정작상인.
癸水透干, 大富大貴. 無癸定作常人.

1. 未月乙木은 목성(木性)이 또한 차가우므로 사주(四柱)에 金水가 많으면 丙火가 **존신(尊神)**[110]이다.

=> 대서(大暑) 후에는 水가 진기(進氣)하니 삼복생한(三伏生寒)이라 한다. 만일 팔자(八字)에 金水가 많으면 丙火를 용(用)하고, 그렇지 않으면 癸水를 용(用)한다. 따라서 하목(夏木)이 비록 삼복생한(三伏生寒)하는 때에 있어도 癸水가 없으면 흉하다. **재격투인(財格透印)**[111]이 귀격(貴格)의 전형이 된다.

2.지지 수국을 이루어도 을목은 상하지 않는다. 이때 계수가 투간하면 대부대귀한다. 계가 없으면 평상인에 지나지 않고, 북방운으로 흐르지 않는 한 일생 곤고하다.

3. 오월과 미월의 을목은 다 같이 기가 퇴하여 메말라 그을리므로 계수를 용하는 데 무기가 잡란(雜亂)하면 하격이

---

110) **존신(尊神): 일단 일차적으로 무조건 꼭 필요한 진신(眞神)**
111) **재격투인(財格透印)**: 재격에 인수가 투출하여 재와 인수가 서로 극하지 않으면 재격투인으로 成格이다.

된다. 혹 이때 갑목이 고투(高透)하여 토신(土神)을 제복(制伏)하면 **거탁유청(去濁留清)**[112]이 되어 준수(俊秀)함을 허락한다. 土가 많은데 甲이 없으면 수기(秀氣)가 빠져 모자라니 범인(凡人)에 그친다.

=> 하월 을목의 핵심은 癸水이므로 이것이 土에 의해 손상당하는 것을 두려워한다. 戊己土가 섞여 어지러우면 재격투인(財格透印)으로 成格되어도 귀격을 이루고 어렵고, 갑목으로 제복해야 손상된 貴를 회복할 수 있다.

4. 未月 乙木이 丙癸가 모두 투했는데 甲이 투하여 戊를 制하면 일방(一榜)은 이루므로 선발(選拔)됨이 있다. 만약 丙癸는 없는데 丁火가 있으면 평상인에 속하고, 壬이 있으면 의식(衣食)은 충분하다.

=> 乙木 음간(陰干)이 丙癸로 상관패인격(傷官佩印格)[113]을 이루면 대부대귀(大富大貴)하지만, 丁壬의 **식다용인(食多用印)**[114]으로 성격(成格)되면 귀(貴)가 크지 않고 의록(衣祿)으로 족하다. 癸水는 神功이라 자연적인 후원이지만, 壬水는 저수지의 물과 같으니 格의 차이가 크다.

---

112) **거탁유청(去濁留清)**: 사주에 탁기와 청기가 혼합되어 있다가 탁기는 去하고 청기(淸氣)만이 유존되어 있다는 뜻이다.

113) **상관패인격(傷官佩印格)**: 상관격에 인수를 본 것. 상관패인 중에서도 여름의 목은 수화기제를 이루어 그 수기(秀氣)가 더 뛰어나다.

114) **식다용인(食多用印)**: 식이 많아 일간의 설기가 심하니 인수를 용하여 일간을 돕고 식을 제복

5. 혹 사주에 水는 없고, 또 비겁이 出干하지 않으면 **기명종재(棄命從財)**[115]를 이루는데 현처를 맞이하게 된다. 富는 크고 貴는 작다. 종재격(從財格)은 火가 아내요, 土가 자식이다.

=> 未는 木庫로서 목의 기세는 절(絕)하지 않는다. 그러나 음간은 종세(從勢)하므로 갑목과 달리 토의 왕세(旺勢)에 종한다. 을목이 계수의 자윤을 얻지 못할 바엔 종재격을 이루는 게 최선이다. 외격이 순수하면 **화염토조(火炎土燥)**[116]**와 금한수냉(金寒水冷)**[117]과 같은 특별한 상황을 제외하고는 굳이 기후를 논할 필요가 없이 귀격을 짓는다.

다만 이때 암암리에 조후지신이 존재하면 부귀를 높이므로 전혀 무관하다고는 볼 수 없다. 팔자의 장간에 조후용신을 갖춘 경우와 그것이 全無한 경우 前者의 貴가 더욱 뚜렷하다. 기후는 궁극의 개념이기 때문이다. 未月 乙木이 종재격(從財格)을 이루면 납속주명(納粟奏名)이라 해서 재정(財政)이나 세무(稅務) 계통으로 진출하는 게 이롭다고 한다.

6. 미월 을목에 한 무리의 戊土가 출간했는데 비견을 보

---

115) **기명종재(棄命從財)**: 자신을 버리고 재를 따라 종함.

116) **화염토조(火炎土燥)**: 화가 너무 치열한 토는 열기를 받아 말라버리니 자신의 일을 못하게 됨.

117) **금한수냉(金寒水冷)**: 금은 차갑고 수는 냉함. 온기가 전혀 없고 금수로만 편중된 사주를 가리킴.

지 못하면 재다신약(財多身弱)이 되어 끝내 부옥빈인(富屋貧人)[118]에 그치고 만다.

=> 재격(財格)에 겁재(劫財)를 보면 재봉겁재(財逢劫財)로 파격(破格) 될 우려가 있으나, 재(財)가 지나치면 겁재(劫財)로 구제해야 한다. **'적천수'에 이르길 '등라계갑(藤蘿繫甲)[119], 가춘가추(可春可秋)'**라 했는데 未月에 일파(一派) 戊土가 출간(出干)하고 甲木이 나타난 경우를 말한다.

7. 혹 丙辛이 水로 화(化)하면 음탕(淫蕩)하고 도박을 즐겨 파가(破家)하므로 종내 가업을 잇지 못한다.

=> 미월 을목에 금수가 많아 병화가 존신일 경우, 이것이 합화되면 용신 상관이 칠살을 탐합하여 기신(忌神) 印綬가 된 것이다. 이른바 **생업의 창조신이 탈선하면 게으르고 무위도식하게 된다. 단순히 기반되거나 합화를 하거나 두 경우 모두 병화는 陽明한 성질을 잃게 되지만, 化水됨이 더욱 심대함을 논하는 것이다.**

---

118) **부옥빈인(富屋貧人)**: 부잣집의 재물을 관리하는 사람을 뜻한다. 재다신약이라도 재가 암합으로 합생을 많이 하고 있으면 재물을 많이 만지고 벌수도 있다.

119) **등라계갑(藤蘿繫甲), 가춘가추(可春可秋)**: **을목을 등나무와 담쟁이덩굴로 비유하여 갑목이 함께하면 계절에 구애됨이 없이 뿌리가 뽑히는 일이 없으니 봄이고 가을이고 좋다는 뜻으로 적천수 십간론의 을목 설명에 나옴.**

8. 혹 한 무리의 乙木이 있고 丙癸를 보지 못하면 난신무주(亂臣無主)라, 분주하며 고생과 파란이 따르고 또 지장간의 辛金이 더하면 승도의 무리에 지나지 않는다.

=> 未月 乙木은 丙癸가 없으면 부귀를 기대하기 어렵다. 이때 地支에 숨겨진 七殺은 외롭고 거만한 성질을 시사하는데 이런 경우에 대개 스스로만의 유아독존(唯我獨尊)으로 흐르게 된다.

9. 미월 을목에 한 무리의 갑목이 있는데 癸와 丙이 없고 또 경금도 없으면 일생이 허망하고, 성실치 못하다. 庚이 있어 甲을 제하면 교묘하여 염치가 없고, 품행이 단정치 못해 주색으로 몸을 망치는 데 남녀가 마찬가지다.

=> 미월 을목에 갑목이 투하면 재봉겁재(財逢劫財)로 파격(破格)되기 쉬우므로, 병화로 상관격을 이루거나, 계수로 재격투인(財格透印)의 격국(格局)을 이루어야 이를 면한다. 경금으로 갑목을 제하면 격국은 좋아지나, 음간이 재왕생살(財旺生殺)로 귀격을 이루는 법이 드물다.

10. 종합하면 미월 을목은 癸水로 用하여 실마리를 풀고, 丙火는 참작하여 用하며 그 다음은 庚金을 취한다.

=> 결론적으로 丙癸가 없으면 德이 없는 사람이 되고 衣食이 부족해진다.

三秋乙木　先丙後癸

삼추 을목은 金이 사령하니 먼저 丙을 쓰고 다음으로 癸를 쓰는데,

=> 즉 七殺을 제복하는 게 우선이고, 다음은 印綬로 화살하는 방법을 취한다. 丙癸가 兩透한 경우에도 丙火가 식신은 아니므로 인수가 **도식(到食)**[120]의 기능은 하지 않으므로 능히 귀격으로 성립된다.

다만 戌月에는 癸水로 시초를 삼는다 이는 丙이 戊를 데우면 병이 되기 때문이다. 술월에는 병화를 용하는 상관생재격(傷官生財格)이 귀격이 되지 못하고, 오직 계수로 메마른 목을 배양하는 재격투인(財格透印)으로 성격되어야 벼슬이 높아진다.

申月 乙木

丙　己　　경금사령, 선병후계. 칠월희기토위용,
　　　　　庚金司令, 先丙後癸. 七月喜己土為用,

---

120) **도식(到食)**: 밥을 엎음을 이르는 말. 식신을 극하는 것은 편인인데, 사주에 식신이 용신 역할을 할 경우에 편인이 식신을 극하면 용신이 깨어졌다는 의미로 사용한다. 다만 사주의 상황에 따라 편인이 식신을 극하는 것이 이로울 때는 이렇게 말하지 않는다.

혹불견병계, 기토필불가소, 이오금.

或不見丙癸, 己土必不可少, 以汚金.

1. 신월 을목은 경금이 우두머리에 오르니 비록 庚이 정을 을매(乙妹)에게 실어주지만, 천간 乙이 지지의 金과 합하기란 어렵다. 사주에 庚이 많으면 필시 乙은 수난에 처한다. 혹 丙이 투간했는데 더하여 己가 出하고 매금(埋金)되면 차격은 과갑에 이른다.

=> 乙庚이 상합(相合)하여 진화(眞化)를 이루면 부부금실이 좋다. 그러나 이 경우가 아닌 한 申月에는 경금이 매우 강하여 官이 殺로 작용하기 쉽다. 즉 경금이 출간하면 반드시 을목이 상한다. 따라서 병화로 상관가살(傷官駕殺)해야 귀격을 이룬다. 申宮에는 壬水가 長生되어 있으므로 癸水의 투출여부는 후차적인 사안이다. 그래도 팔자에 癸水를 보아 을목을 生하면 더욱 귀해진다.

2. 己가 투하고 丙이 있어도 역시 上命이다. 신월 을목은 己土를 기뻐하는데 혹 丙癸가 없어도 무방하다. 己土는 절대 적어선 안 되고 이 경우 土는 자식이고, 火는 아내가 된다.

=> 신월 을목은 기토가 가장 묘하다. 병계가 없어도 기토만 있으면 정관용재격(正官用財格)으로 부귀를 잃지 않는데, 실제 이것은 격국의 겉모습이 좋아서가 아니라 첫째, 기토가 오금하는 역할을 수행하고 둘째, 기토는 비습

한 흙이니 임수로 혼합하면 비옥한 땅이 되어 을목의 뿌리가 굳건해지므로 경금의 예리함을 꺾게 되는 것이다. 따라서 기토와 병화가 있으면 상격의 표본이 된다.

기토대신 무토를 보아도 같은 정관용재격이 되지만, 무토는 임수를 극하므로 을목의 뿌리를 배양할 수 없으므로 귀격을 단정할 수 없다.

3. 혹 癸가 투(透)하고, 丙이 암장(暗藏)되었는데 庚이 적고 己를 용(用)할 수 없으면 공발(貢拔)은 허락한다. 丙이 없고 癸가 투하면 도필문호(刀筆門戶)는 잃지 않는다. 지지(地支)에 庚이 많고, 癸 또한 암장(暗藏)되었는데 丙己 이신(二神)이 없으면 평상인에 지나지 않는다.

=>申月 乙木은 퇴기(退氣)하는 木으로 丙己로 乙木을 배식(培植)해야만 화초(花草)가 영화로움을 향하는 뛰어난 격국(格局)이 되는 것이다. 그러므로 己土가 없는 관인상생격(官印相生格)은 격(格)이 다소 떨어지므로 공감(貢監), 생원(生員)에 그치는데 이때도 지지(地支)에 丙火의 유무(有無)를 살펴 관직의 높낮이를 가늠하게 된다.

4. 申月 乙木이 辰時 생으로 종화(從化)를 이루면 부귀격(富貴格)이 된다. 무릇 화격(化格)은 생(生)하는 신(神)을 용(用)하게 된다. 화금(化金)하면 戊가 用神이 되고 특히 丙丁火로 金을 녹이면 파격(破格)이 된다.

종화(從化)하면 火가 아내요, 土가 자식이다. 이 외에는 모두 金이 아내다. 따라서 아내는 반드시 현미(賢美)하다. 이때는 水로 자식을 삼으니 자식은 반드시 불초(不肖)함을 면하고, 단지 형충(刑沖)을 기피한다. 대개의 명(命)이 그러하며 비단 이 경우만 특별한 것은 아니다.

=>申月 乙木이 辰時 생인데 천간(天干)이 상합(相合)하면 화기(化氣)의 원신이 투출하니 반드시 庚辰이 나타나게 된다. 이렇게 외격(外格)으로 화격(化格)를 제대로 성립시키면 대부대귀격(大富大貴格)을 이룬다. 申月 乙木이 庚辰時로 합화(合化)하면 득령(得令), 득시(得時)하여 귀(貴)를 이룬다.

5. **가을의 乙木이 金을 만나면 가난하거나, 요절(夭折)한다. 가을철 乙木은 뿌리가 마르는 것을 꺼리니, 뿌리가 말라 죽으면 늙도록 가난하고 고생한다.**

=> 乙木이 신궁(申宮)에 이르면 기(氣)가 절(絶)되어 왕금(旺金)의 극(剋)을 감당치 못하므로 관(官)을 취하기 어렵다.

酉月 乙木

丙 癸 상반월계선후병. 약추분후, 계화이개,
上半月癸先後丙. 若秋分後, 桂花已開,

선병후계, 병계량투, 과갑명신.

先丙後癸, 丙癸兩透, 科甲名臣.

1. 酉月 乙木은 지란(芝蘭)과 화가(禾稼)가 물러가는 때에 있다. **단계(丹桂)**[121]로 乙木을 삼는다. 백로(白露)가 지나도 단계(丹桂)가 우거지게 꽃을 피우지 않으므로 애초에 癸水를 용(用)하여 꽃술을 자윤(滋潤)한다. 만일 추분(秋分) 이후라면 계화(桂花)가 피어 양(陽)을 향하니, 응당 丙火를 용(用)하고 다음으로 계수(癸水)를 취하는바 丙癸가 양투(兩透)하면 과갑(科甲)에 이르고 이름난 신하가 된다.

2. 혹 지지(地支) 금국(金局)을 이루고 마땅히 丁火가 암장(暗藏)되어야 하고, 金을 제(制)할 丁이 없으면 木이 金에 의해 피상(被傷)됨을 두려워한다. 만일 水火가 없으면 이 사람은 고생하게 된다. 혹 癸水를 얻으면 자식이 엄마를 얻은 것이니 일생이 풍요로워진다. 또는 丙癸가 양투(兩透)하고 戊土가 잡출(雜出)하면 주로 이로공명(異路功

121) **단계(丹桂)**: 물푸레나뭇과의 상록 소교목으로 보통 금목서(金木犀)로 불린다. 꽃의 색은 짙은 노랑색이나 황금색, 등황색 등으로 양력으로 9월 하순 에서 10월경에 피고 향기가 매우 짙고 넓게 퍼진다. 이렇게 계화(桂花)가 피는 시점을 두고 백로(白露)와 추분(秋分)의 경계로 삼아 일선(一線)의 용신(用神)을 癸水와 丙火로 가른 것이다. 이렇게 절기를 나누어 세밀하게 살피다보면 굵직한 맥락을 놓칠 때가 있으므로 날짜를 따지기 보다는 酉月 乙木은 칠살(七殺)의 위력을 상관(傷官)으로 제(制)하고, 인수(印綬)로 화살(化殺)하면 최상(最上)의 격국(格局)이 된다는 큰 틀이 더 중요하다.

名)한다.

=> **고서(古書)에 이르길, 추을(秋乙)이 金을 만나면 가난하거나 요절하기 쉽다고 했다. 음간은 음유해서 재관을 쓰는 경우가 드물다. 더욱이 지지(地支) 금국(金局)을 이루는데 丁火로 제(制)하지 못하면 빈천노고(貧賤勞苦)를 면치 못하니 반드시 丁火로 제(制)해야 한다**. 식신제살격(食神制殺格)을 이루면 무직(武職)으로 출세하는 경우가 많다.

丙癸戊가 모두 투출(透出)하는 경우는 없다. 운(運)에서 戊癸가 합(合)하고 丙만 남겨도 상관가살(傷官駕殺)로 귀(貴)를 잃지 않는다.

3. 추분(秋分) 후에는 癸가 없고 丙만 있어도 대략 부귀(富貴)를 취한다. 만일 癸가 있고 丙이 없으면 명리(名利)가 허화(虛花)하다. 만일 사주(四柱)에 丙癸를 보지 못하면 하격(下格)이 된다.

=> **춘을(春乙)은 지란(芝蘭), 하을(夏乙)은 화가(花稼), 추을(秋乙)은 단계(丹桂)와 같은데 단계(丹桂)는 추분(秋分)이 지나 꽃을 피우므로 이때는 丙火가 중요하다**. 丙火로 상관가살(傷官駕殺)을 이루면 부귀(富貴)가 있다.

酉月 乙木에 癸水가 투(透)해 살인상생(殺印相生)되면

귀격(貴格)의 모습을 갖추지만, 추분(秋分)이 지나 태어난 팔자(八字)에 丙火를 찾을 수 없다면 한때의 명리(名利)에 지나지 않는다.

4. 혹 癸가 년간(年干)이나 월간(月干)에 나타나고 丙이 시간(時干)에 투(透)하면 목화문성(木火文星)이라, 크게 발달한다. 이 경우 추분(秋分)이후에 태어나면 더욱 아름답다. 혹 상반월(上半月)에 출생하고 癸가 없으면 부득이 壬水를 쓰는데 그렇지 않으면 고목(枯木)에 용(用)할 것이 없으니 반드시 가난하게 된다. 또 사주에 戊己를 많이 보면 하격(下格)이 된다.

=> 酉月 乙木이 추분(秋分) 전에는 반드시 癸水가 있어야한다고 했는데 그것이 없으면 壬水로 대신한다. 酉月은 금신(金神)이 당왕(當旺)하여 인수(印綬) 水를 보아야만 木이 상(傷)할 염려가 없다. 비록 癸水가 있어도 戊己土가 많아 재(財)가 인수(印綬)를 파(破)하면 칠살봉재(七殺逢財)로 파격(破格)되어 하격(下格)을 벗어나지 못한다.

5. 癸水를 용(用)하면 金이 아내요, 水가 자식이 된다.

=> 살인상생(殺印相生)

丙火를 용(用)하면 木이 아내요, 火가 자식이 된다.

=> 상관가살(傷官駕殺)

壬水를 용(用)하면 金이 아내요, 水가 자식이 된다.

=> 살인상생(殺印相生)

6. 甲乙木이 강한 金을 만나면 혼(魂)이 西土로 돌아가니 청룡(靑龍)이 태왕(兌旺)[122]을 만난 격이라, 또한 빈천(貧賤)해진다.

=> 특히 酉月乙木은 칠살(七殺)의 위력을 감당하려면 火로 제(制)하거나 水로 화(化)하지 않는 한 힘들어진다.

7. 酉月 乙木이 금국(金局)을 지으면 부귀는 감리궁(坎離宮)[123]에 있고, 빈궁함은 申酉에 있다. 木이 금왕(金旺)하면 상(傷)하는데 또 다시 금향(金鄕)을 만나면 온전하게 수명을 보존하기 어렵다.

=> 추을(秋乙)이 丙癸를 보지 못하면 불가하다는 얘기다.

戌月 乙木

癸　辛　　이계신금발수지원, 정주과갑.

以癸辛金發水之源, 定主科甲.

---

122) **태왕(兌旺)**: 역(易)의 팔괘중 金의 상징이며 西方을 의미함.
123) **감리궁(坎離宮)**: '감'이란 역의 팔괘중 천 번째로 水의 상징이며 北方을 의미함. '리'는 역의 팔괘중 火의 상징이며 南方을 의미함. 따라서 감리궁이란 북방과 남방이니 여기서는 유월 을목이 금국을 지으면 병계가 꼭 있어야 한다는 말.

견갑, 명위등라계갑, 가추가동
見甲, 名為藤蘿繫甲, 可秋可冬.

1. 戌月 乙木은 뿌리가 마르고 낙엽이 지니 필히 癸水의 자양(滋養)에 의지해야 한다.

=> 戌月 乙木은 癸水가 투(透)한 재격투인격(財格透印格)이 최상이다. 그러나 戌月은 조토(操土)가 당왕(當旺)하여 癸水가 쉽게 마르므로 辛金의 발원(發源)을 얻어야하고, 만일 金을 보지 못하면 戊土에 의해 항시 위협받게 된다.

2. 甲申時를 얻으면 이른바 등라계갑(藤蘿繫甲)이 되니 가을도 좋고 겨울도 좋다.

=> 甲申時 생(生)이면 土 재(財)가 아무리 지나쳐도 겁재(劫財)로 구제하므로 문제가 없다. **만일 음간(陰干)에 겁재(劫財)가 투출(透出)하고 지지(地支)의 록생(祿生)을 얻으면 기(氣)가 생왕(生旺)으로 변한다. 추동(秋冬)은 목기(木氣)가 쇠절(衰絶)한 때로 甲木에 의지하면 영화(英華)가 있다.**

3. 만일 癸水를 보고 또 辛金을 얻어 발수(發水)의 원천을 얻으면 정히 과갑(科甲)에 오른다. 혹 癸는 있으나 辛이 없으면 평상인이다. 辛이 있고 癸가 없으면 빈천(貧賤)하다. 혹 사주(四柱)에 壬이 많으면 水가 乙을 생(生)하기

어려우니 보통의 평상인에 지나지 않는다.

4. 혹 지지(地支)에 戊土가 많고 재차 천간(天干)에도 투(透)하면 종재(從財)로 보고, 이때 비겁(比劫)이 없으면 묘(妙)한데 하나의 비겹(比劫)을 만나면 부옥빈인(富屋貧人)이 된다.

=> 대개 종재격(從財格)을 이루면 부명(富命)이 되지만, 종재(從財)를 이루지 못하면 재다신약(財多身弱)의 빈명(貧命)이 되기 쉽다. **비겹(比劫)이 투(透)하면 진종(眞從)을 이루지 못하고, 성국간투일관성(成局干透一官星)이 되어 불리하다.**

원시(原詩)가 말하는 부옥빈인(富屋貧人)의 가능성이란 戌月 乙木이 온전한 토국(土局)을 이루어 종격(從格)을 이루기는 어려우므로 운(運)에서 재차 비겁운(比劫運)을 만나 간지(干支)의 물상(物象)결합으로 재다신약(財多身弱)으로 파격(破格)되는 상황을 염두에 둔 것이다.[124)]

5. 癸를 용(用)하면 金이 아내요, 水가 자식이 된다. 다만 자녀를 두기 어려운 것은 사계(四季) 土가 극제(剋制)

124) '신축년 무술월 을축일 을유시'라면 時干의 乙 때문에 가종이 되어 **寅卯 운(運)에 이르러 재다신약(財多身弱)**으로 파격(破格)되기 쉽다. 반면 '신축년 무술월 을축일 경진시'같이 온전한 진종(眞從)으로 성립된다면, 일봉비겁(一逢比劫)을 크게 두려워 할 바가 아니다.

하기 때문이다.

=> 술월 을목에 계용이니 재격투인격인데 왕토(旺土)에 자식성(子息星)인 金이 매립(埋立)될 가능성이 농후하므로 자식 농사가 어렵다는 얘기다. 또 癸水가 암장(暗藏)되고 辛金만 투(透)하면 재투칠살(財透七殺)의 파격(破格)이 되어 칠살(七殺) 기신(忌神)으로 인해 자식과의 인연은 두텁지 않을 가능성이 높다.

三冬 乙木

亥月 乙木

丙 戊	을목향양, 전취병화, 이임수사령, 乙木向陽, 專取丙火, 而壬水司令, 무토차지. 병무양투, 과갑정연. 戊土次之. 丙戊兩透, 科甲定然.

1. 亥月 木이 기(氣)를 받지 못하고 壬水가 사령(司令)하므로 丙을 취하여 용(用)으로 삼고, 다음으로 戊土를 쓴다. 丙戊가 양투하면 과갑(科甲)이 정연(定然)하다. 丙이 있고 戊가 없으면 과갑은 못해도 유림(儒林)에 들 수는 있다. 지지에 丙火가 많고 운이 火로 향하면 역시 현달(顯達)한다.

=> 亥月은 壬水가 왕성한 때로 먼저 丙火를 용신(用神)으로 삼아 乙木을 따뜻하게 해야 한다. 동목(冬木)은 양화(陽和)를 얻어 발영(發榮)함을 기뻐하니 한목향양(寒木向陽)으로 인용식상격(印用食傷格)이 귀격(貴格) 의 전형이다. 동목(冬木)은 火를 크게 기뻐하므로 인수봉관(印綬逢官)으로 성격(成格)된 명(命)이 상관(傷官)을 보아도 꺼리지 않고 오히려 귀하게 본다. 丙火는 亥月에 절지(絶地)가 되어 세력이 미약하므로 戊土로 壬水를 억제하여주면 火는 더욱 존귀해진다. 지지(地支)에 丙火가 암장(暗藏)되었는데 화토운(火土運)을 만나면 녹(祿)이 있다.

2. 혹 水가 많고 戊가 없으면 乙의 성질은 유랑하며 방탕을 일삼는 무리가 된다. 만일 丙巳가 없으면 처자식이 온전하기 어렵고, 혹 하나의 壬水와 戊土를 많이 보면 역시 묘(妙)하지 않으나 甲을 얻어 戊를 제(制)하면 가히 재목감은 되지만, 위인이 화란(禍亂)을 부르고, 시비송사를 즐기니 남녀 모두 그러하다.

=> 亥月 乙木에 水가 지나치면 乙木이 물에 떠서 탕자(蕩子)의 명(命)이 되기 쉽다고 했다. **축수도화(逐水桃花)**[125]란 이를 두고 이른 말이다. 丙과 巳가 없으면 아내와

---

125) **축수도화(逐水桃花)**: 임수가 을목에게 기신으로 작용할때를 이르는 말이다. 壬水는 乙木에 대해 희기가 극단적으로 작용하여, 壬水인성 희신으로 작용할 때는 출수부용이라하여 귀인의 조력으로 순식간에 상류사회에 진입하지만 기신으로

자식을 두기 힘들 정도로 丙火 용신(用神)은 세력을 얻어야 한다. 즉 亥月 乙木이 丙火 **존신(尊神)**[126]을 보지 못하면 의식(衣食)조차 갖추기 어렵다는 얘기다. 丙火는 십간(十干)의 특성상, 甲乙木의 부조(扶助)로 강해지는 법이 없다. 이보다는 寅巳의 지지(地支)를 갖추는 게 효율적인 생부(生扶)가 된다.

亥月 乙木이 戊土를 많이 만나면 좋지 않다. 보통 인수격(印綬格)이 칠살(七殺)을 기뻐하는 것은 인수(印綬)가 경(輕)할 때고, 재(財)를 기뻐할 때는 인수(印綬)가 중(重)해야 한다. 즉 인다용재투근경(印多用財透根輕)[127]이 이상적인데 따라서 재(財) 戊土가 많으면 귀격(貴格)을 이루기 어렵다. 이때 겁재(劫財) 甲木이 투출(透出)하여 戊土를 제복(制伏)하면 격(格)을 이루어 뛰어나지는 않지만 선비는 허락한다.

대개 **겁재(劫財)**[128]를 용(用)하는 위인들은 교제가 넓고

작용하면 주변의 도움이 없고 오히려 타인으로부터 곤혹스러운 일을 당하기 쉽다.

126) **병화는** 五陽中의 최고의 陽이라 天干끼리 힘을 더해주거나 ,힘을 빼거나 하지 않는다. 神功이라서 그렇다. 그러나 地支에 寅巳를 보면 병화가 生祿으로 坐하게 되니 더 효율적이라 하는 것이다. 사람이 순식간에 확 발전하는 것은 神功(하늘의 도움)없이는 힘들다. 자기노력만으로 되기는 어렵다.

127) **인다용재투근경(印多用財透根輕)**: 인수가 중하여 병이 될 때 재로 제하여 성격되려면 재가 투출하고 뿌리는 약해야 된다는뜻. 인수가 중하여 병이 되긴했어도 사길신에 해당하는 격국용신인지라 완전히 파괴되는 것은 바람직하지 않다.

말솜씨는 좋은 반면 화(禍)를 부르며 쟁송(爭訟)을 마다치 않는 특징이 있다.

3. 지지(地支)에 목국(木局)을 이루면 시절이 **소양(小陽)**[129]과 같으므로 춘목(春木)처럼 왕(旺)한데, 이때 癸水를 만나면 모름지기 戊土를 존귀하게 여기며 더하여 丙이 투(透)하면 과갑(科甲)에 이른다. 만일 丙戊 두 글자가 없으면 자성자패(自成自敗)하며 종내 가계를 이어받지 못한다.

=> 亥月 乙木이 지지(地支) 목국(木局)을 보면 응당 춘목(春木)과 같이 왕(旺)한 것이다. 이때 癸水를 만나 인수격(印綬格)을 이루면 戊土 재(財)를 용(用)하는 인수용재격(印綬用財格)이 상격(上格)이다. 丙戊를 함께 보면 과갑(科甲)을 허락하지만, 둘 다 없으면 크게 이뤄도 모래성과 같으니 종내 큰 뜻을 이루지 못한다.

子月 乙木

丙 戊 　　 한목향양, 전용병화. 기견계수.
寒木向陽, 專用丙火. 忌見癸水.

---

128) **겁재의 부작용**이 나타나는 경우는 겁재가 투했을 때와 겁재가 부억용신으로 작용할 때다. 주로 말로써 화를 부른다.

129) **소양(小陽)**: 易-四象의 하나로 陰가운데 陽氣가 있음을 小陽이라한다.

1. 子月 乙木은 화목(花木)이 차갑고 얼어붙는 때로 일양(一陽)이 돌아오니 丙火를 용(用)하여 해동(解凍)함을 기뻐한다. 화목(花木)은 양(陽)을 향하는 뜻이 있기 때문에 癸를 용(用)하여 화목(花木)을 얼게 하는 것은 좋지 않으므로 丙火를 전용(專用)한다.

=> 子月 乙木은 한목향양(寒木向陽)하여 丙火가 부족하면 좋지 않다. 인용식상격(印用食傷格)이 상격(上格)의 전형이다.

2. 한 두 개의 丙火가 출간(出干)하고 癸의 제(制)함이 없으면 과갑(科甲)을 허락한다. 丙이 지지에 암장(暗藏)되면 마찬가지로 선발되어 은봉(恩封)을 받으나 귀하지 않다면 풍수(風水)가 박(薄)한 탓이다.

=> 子月 乙木이 丙火를 보고 丙이 훼손되지 않으면 과갑(科甲)에 이른다. 즉 丙火가 출간(出干)했는데 壬癸水가 극제하지 않거나, 寅巳의 丙을 申亥가 파괴하지 않는 한 귀격을 이룬다는 얘기다. 특히 지지(地支) 巳에서는 丙戊가 祿地가 되므로 부귀(富貴)를 조율하는 중요한 글자라 할 수 있다.

3. 혹 壬癸가 출간(出干)하고, 이를 戊가 제하면 능력이 있는 사람이고 나아가 丙이 지지(地支) 내에 있으면 역시 준수하다. 만약 壬이 투(透)하고 戊가 없으면 빈천(貧賤)

한 사람이다.

=> 만일 壬癸가 출간하면 戊土로 구제해야 하고, 또한 丙火가 투출하면 귀격(貴格)을 이룬다.

4. 지지에 수국(水局)을 이루고 천간에 壬癸가 투했는데, 丙丁이 없으면 비록 戊의 제(制)가 있어도 늙도록 가난하며 운이 남방에 이르러 작게나마 의식(衣食)이 있다.

=> 戊의 제(制)가 있어 비록 물에 뜨지는 않아도 丙火가 없으면 생기(生氣)가 없으므로 평범 이상을 기대하긴 어렵다.

5. 丁火는 있어도 없는 것과 같으니, 丁火는 등촉(燈燭)의 火니 어찌 엄한(嚴寒)의 추위를 풀겠는가.

=> 또 丁火를 용(用)하는 인용식신격(印用食神格)이라도 귀(貴)를 보지 못한다. 丁火는 등불에 불과하니 엄동(嚴冬)의 추위를 풀 수 없기 때문이다. 따라서 丁火로 성격(成格)되려면 지지(地支)에서 寅巳를 보아 암장으로라도 丙火를 갖춰야만 한다.

6. 丙丁이 없이 戊土를 많이 보면 金水가 어지럽게 흐르니 하천(下賤)하다.

=> 子月 乙木이 戊己土를 용(用)하는 인수용재격(印綬用

財格)을 이루어도 火를 보지 못하면 빈한(貧寒)하거나 평범함을 면치 못한다.

7. 혹 戊己가 있고 火가 없으면 역시 평상인에 속하나 하천하지는 않다. 혹 한 무리의 丁火를 보면 대간대사(大奸大詐)한 무리가 된다. 만일 甲木으로 인정(引丁)하지 않으면 늙도록 고독한 홀아비가 된다.

=> 한 무리의 丁火를 보면 木火로 총명하나, 음목음화(陰木陰火)로 성격은 음침하니 역량은 있되, 몹시 간사한 무리가 되기 쉽다.

8. 丁火가 甲을 보면 필시 이름이 빛나고, 현명한 아내와 효자를 두게 된다.

=> 丁이 甲을 만나면 명리(名利)가 빛나고 처자(妻子)의 덕(德)이 두텁다. 乙木은 등라계갑(藤蘿繫甲)하면 甲木과 다름없는 것이다.

9. 혹 수국(水局)을 이루고 壬癸가 양투(兩透)하면 木이 뜨게 되므로 특별함이 없고 빈천(貧賤)하거나 요절(夭折)하기에 이르는데, 하나의 戊를 얻으면 구제(救濟)됨은 있다.

=> 子月 乙木이 지지(地支) 수국(水局)을 짓고 壬癸를 보면 부목(浮木) 되어 빈한요절(貧寒夭折)을 면키 어렵지

만, 이때 戊土가 있으면 최소한 구제의 의미는 지니므로 최악의 상황에서는 벗어나지만 丙火가 없는 한 귀(貴)와는 거리가 멀다. 즉 수국(水局)에 戊土를 쓰는 것은 부득이한 용법에 지나지 않는다.

10. 冬月 乙木은 비록 戊를 얻어 水를 제한다 해도 작용이 가(可)하지 않고, 오직 丙火를 취해야 가(可)한 것이다. 火를 용(用)하면 木이 아내요, 火가 자식이 된다.

土를 용(用)하면 火가 아내요, 土가 자식이 된다.

=> 子月 乙木의 핵심은 丙火고, 다음으로 戊土가 중요하다. 丙火가 없는 인다용재격(印多用財格)을 귀격(貴格)이 되지 않고 丙火를 보는 인다용재격(印多用財格)이야 말로 귀격(貴格)이 성립된다. 火를 용(用)하는 팔자(八字)는 인용상관격(印用傷官格)이고, 土를 용(用)하는 것은 인다용재격(印多用財格)을 말한다.

11. 乙木이 동지(冬至) 이후에 나서 좌하(坐下)에 목국을 얻고 丙이 투간한 자는 부귀명이다. 이때 丁火가 出干하면 의록(衣祿)이 있으나 모름지기 癸로 丁을 제하는 것을 꺼린다. 동월(冬月) 乙木에 己土가 투간(透干)하고 재차 丙이 투(透)하면 대부귀(大富貴)의 명(命)을 이룬다.

=> 乙木이 동지(冬至) 후에 태어나면 일양래복(一陽來復)으로 대한(大寒) 전과 보는 방법이 같다. 子月 乙木이

목국(木局)을 보면 동목(冬木)이 숲을 이룬 것과 같으므로 이때는 丙火 대신 丁火를 취해도 한목향양 (寒木向陽)하여 부귀(富貴)를 기약한다. 丙火의 역량에는 미치지 못해도 의록(衣祿)이 있다. 다만 癸水를 만나지 않아야 한다.

丑月 乙木

丙　　한곡회춘, 전용병화. 득일병투,
　　寒谷回春, 專用丙火. 得一丙透,
　　무계출파격, 불특과갑, 정주명신현환
　　無癸出破格, 不特科甲, 定主名臣顯宦.

1. 丑月 乙木은 木이 추우니 丙이 마땅하며 추운 계곡에 회춘(回春)하는 상(象)인바 하나의 丙이 투하고 癸가 出干하여 파격(破格)되지 않는 한 과갑이 자연스럽고 이름난 신하가 되지만, 丙이 지지에 장(藏)하면 의식만 족할 뿐이다. 干支에 丙이 없으면 일개 한유(寒儒)에 불과하다.

=> 丑月 乙木은 한목향양(寒木向陽)하니 丙火 하나를 보면 재봉식상(財逢食傷)의 귀격(貴格)을 이룬다. 그러나 癸水를 보면 파격(破格)된다. 지지에 丙火가 암장(暗藏)되면 대운의 흐름을 잘 살펴야 한다. 동남운(東南運)으로 흐르면 귀격(貴格)을 이루지만 운이 배반하면 끝내 빈한(貧寒)한 선비가 되기 쉽다.

2. 혹 사주에 己가 많고 비겁을 만나지 않으면 종재가 되어 부가 왕후와 견줄 정도나, 비겁을 보면 송곳 하나를 찌를 땅이 없을 정도로 가난하기 짝이 없다. 비록 한 무리의 戊己가 있어도 甲을 보면 약간의 의록(衣祿)이 있다. 丙火를 용(用)해야만 묘(妙)한 것이다.

=> 丑月 乙木이 戊己土를 보고 종재격(從財格)을 이루면 거부(巨富)를 이루기 쉽다. 그러나 비겁(比劫)이 재(財)를 파(破)하면 빈한(貧寒)해진다. 진종(眞從)을 짓지 못하고, 재다신약(財多身弱)이 되기 때문이다.

춘목과 동목은 설(洩)이 생(生)이 되니[130] 丙火를 만나면 약함을 두려워하지 않고, 비겁을 화(化)하여 생재(生財)하므로 부격(富格)을 이룬다. 한마디로 冬月乙木은 비록 성격(成格)된다 해도 팔자(八字)에 丙火를 보지 못하면 가난한 유림(儒林) 신세를 면치 못한다.

---

130) **춘목과 동목은 설이 생이된다는 말**은 병화가 목을 생하여 준다는 말이니 오행의 생극제화 이법과 달리 난강망만의 독특한 개념이다. 조후용신의 개념이 적용된 것이다. 氣學의 측면으로 본 것이다.

3. 丙火[131]

- 三春 병화는 양이 대지로 돌아와 설상을 업신여길 정노니 임수를 용신으로 삼아 인수용살격을 이루면 천화지윤이 되어 기제의 공을 이룬다.

---

131) **丙火(적천수 천간론): 병화맹렬, 기상모설(丙火猛烈, 欺霜侮雪)**丙火는 맹렬하여 눈과 서리를 얕보고 업신여긴다. 한마디로 丙火는 壬水를 만나면 貴가 된다. 겨울철에도 丙火는 능히 壬水를 用하여 格을 이룬다. **/능하경금, 봉신반겁(能煆庚金, 逢辛反怯)**능히 庚金을 녹이지만, 辛金을 보면 반대로 겁낸다. 夏月 丙火는 壬庚을 보면 문명의 象을 이루어 높은 벼슬에 오른다. 辛金을 반기지 않는 것은 庚金이 丁火를 기뻐하는 조합을 제외하고는 陽干이 모두 다 같다. **/토중성자, 수창현절(土衆成慈, 水猖顯節)**土가 무리를 이루면 자애가 있고, 水가 넘치면 절개를 나타낸다. 土는 火를 어둡게 하지만 土重해도 食多用印이나 食神生財, 혹은 食神帶殺로 成格되기만 하면 거부를 이룰 가능성이 높아진다. **/호마견향,갑래분멸(虎馬犬鄉, 甲來焚滅)**虎馬犬(寅午戌)이 있는 곳에 甲木이 오면 분멸된다. 甲木이 火를 用神(格局)으로 삼으면 반드시 北方運으로 흘러야한다. 火運으로 向하면 木化成灰라 해서 반드시 죽음에 이른다고 했다.

- 三夏 병화는 양기가 조열하니 반드시 임수를 용신으로 삼아야 한다. 록겁용살이나 양인로살로 성격되면 가하고, 양인합살되면 만리에 위세를 떨친다.

- 三秋 병화는 종재하거나 식상생재하면 부귀가 있어도 지나치게 호탕하여 좋지 않다. 임수가 많으면 무토로 제하는 살용식제로 귀격을 이룬다.

- 三冬 병화는 금이 수를 도와 범람하면 문제다. 갑목인수를 용하거나 무토를 써서 식신제살함이 타당하다. 비겁으로 신살균정을 이루어도 아름다운 명이 된다.

-丙火 태양이 강호(江湖) 壬水를 비추면 수정같이 빛나니, 壬水가 없으면 貴를 취할 수 없다.

-丙火는 壬水의 극을 두려워하지 않으며, 미약하지 않은 한 癸水도 해가 되지 않는다.

-丙火가 약하면 토의 회광(晦光)을 꺼리고, 甲木의 生을 반긴다.

-亥月에는 丙化가 실령(失令)하여 가장 약한 때로 壬水를 용하지 않고 甲木을 취한다.

三春丙火總論

1. 삼춘(三春) 丙火는 형상을 쥐고 지극히 위엄이 있는바 양(陽)이 대지로 돌아와 설상(雪霜)을 업신여기고 기

만하니 오직 壬水의 용(用)으로 부양(扶陽)하므로 천화지윤(天和地潤)이라, 기제(旣濟)의 공(功)을 이룬다.

=> '십간론' 에 丙火 일간(日干)에 壬水를 용(用)하면 **강휘상영(江暉相映)**[132]의 귀격(貴格)을 짜고, 더해서 甲乙木을 상신(相神)으로 하는 살격용인(殺格用印)으로 성격(成格)되면, **염양려화(艶陽麗花)**[133]라 해서 상당한 지위에 오를 수 있다고 했다.

丙火와 壬水는 대개 수화기제(水火旣濟)의 상(象)을 이룬다. 壬水는 수보양광(水輔陽光)[134]으로 丙火를 극(剋)하지 않고, 이때는 戊土 역시 丙火를 설(洩)하지 않는다.

2. 寅月에는 壬水를 용(用)하고 庚辛金으로 보조(補助)한다.

卯月에는 오직 壬水를 용(用)한다.

辰月에는 土가 중(重)하여 빛을 가리니 甲木을 취하여 보좌(輔佐)하면 묘(妙)하다.

=>삼춘(三春) 丙火는 모두 壬水가 존신이다.

---

132) **강휘상영(江暉相映)**: 병화와 임수의 십간관계로 충성심과 복종심이 두터우므로 조직이나 직장 생활에 적합함.

133) **염양려화(艶陽麗花)**: 병화와 을목의 십간관계로 아름다운 꽃이 찬란한 빛을 받아 빛나는 격. 재물을 득함.

134) **수보양광(水輔陽光)**: 태양(丙火)이 壬水을 보면 태양이 바다 위를 비추니 그 빛이 반사되어 더욱 반짝반짝 빛나 임수가 오히려 丙火을 더 빛나게 함.

寅月에는 壬水가 병(病)이 되어 甲木이 생왕(生旺)하므로 庚金이 유용하다.[135]

辰月에 토중(土重)하면 壬水의 흐름을 막을 우려가 있으므로 이때 甲木으로 구제(救濟)하면 수보양광(水補陽光)이 되어 귀격(貴格)을 이룬다.

3. 봄의 癸丙은 불청불우(不晴不雨)한 하늘이다. 삼춘(三春) 丙火에 시월(時月)에 癸水가 출(出)하면 구름과 안개가 끼어 가랑비가 올 듯 말듯하니 현달(顯達)하지 못하므로 壬水가 丙火를 보(輔)하는 것과 같지 않다.

=> 丙火는 보통 癸水로 인해 불청불우(不晴不雨)해짐을 두려워하지만, 춘월(春月)에 丙火가 강한 경우에는 癸水를 크게 겁내지 않는다. 그러나 월시(月時)에 함께 癸水가 투간(透干)하여 **흑운차일(黑雲遮日)**[136]의 상(象)을 지으면 구름과 안개가 태양을 가려 발전성을 찾기 어렵다. 따라서 癸水 두개를 중관(重官)으로 壬水 칠살(七殺)과 동일시하는 발상은 어불성설(語不成說)이 아닐 수 없다.

---

135) 寅月에 壬水는 병이되고 갑목은 장생지가 되니 경금으로 眞神의 임수의 힘이 되고 임수의 힘을 과하게 빼는 갑목을 눌러주니 서로 균형을 이룬다. 冬月에도 壬水는 필요한데 水가 너무 왕하니 무토가 있어야 한다. 따라서 병화는 상황에 따라 壬庚 또는 壬戊가 필요하다.

136) 흑운차일: 십간관계상 丙火 옆에 癸水가 오면 흑운차일(黑雲遮日)이라 하여 "구름이 태양을 가리는 형상"으로 꺼리는 경우가 많다. 직장생활이 맞지 않으며 조직 내에서 두각이 어려움.

또한 癸水를 대용(代用)하는 것이 壬水의 효용(效用)에는 미칠 수 없는 것이다.

寅月 丙火

壬 庚　삼양개태, 화기점염, 취임위존,
三陽開泰, 火氣漸炎, 取壬為尊,
경금좌지. 임경량투, 과갑정연.
庚金佐之. 壬庚兩透, 科甲定然.

1. 寅月 丙火는 삼양(三陽)이 열려 커질 때니 화기(火氣)가 점차 타올라 壬水를 취하여 존귀하게 여기고, 庚金으로 보좌(輔佐)한다. 壬庚이 양투(兩透)하면 과갑(科甲)이 자연스럽게 정해진다. 壬이 투(透)하고 庚이 암장(暗藏)되어도 역시 이도(異途)로 현달(顯達)한다.

=> 寅月 丙火가 壬水를 용신(用神)으로 삼으면 인수용살(印綬用殺)의 귀격(貴格)이 성립된다.

庚壬이 모두 투출(透出)하면 재(財)는 나타나고 인수(印綬)는 암장(暗藏)되어 재자약살(財滋弱殺)[137]의 최상격(最上格)을 이룬다. 재(財) 庚金은 암장(暗藏)되어도 좋은데 만일 庚金이 申金에 있어 寅木과 상충(相沖)하면

---

137) 재자약살(財滋弱殺): 재(財)庚金이 약한眞神 壬水七殺을 북돋아 줌

자살(滋殺)과 화살(化殺)의 효용을 잃게 되니 흉하다.

2. 만일 庚金 하나가 고투(高透)하고 지지(地支)에 한두 개의 丙火가 암장(暗藏)되면 **납속주명(納粟奏名)**[138]으로 위인이 강개심(慷慨心)이 있는 영웅(英雄)으로 재능이 몹시 뛰어나다.

=> 寅月 丙火에 庚金을 용(用)하여 인수용재격(印綬用財格)이면 납속주명(納粟奏名)으로 재무 계통에서 출세하는 경우가 많다.[139]

또한 정의감이 특출하고, 재지(才智)가 무척 뛰어난 **준매(俊邁)**[140]로 각광받는다. 이때는 丙火가 신왕(身旺)해야 함이 관건이므로 인수(印綬)나 겁재(劫財)의 글자가 투(透)해야 귀격(貴格)이 되기 쉽다.

3. 혹 한 무리의 庚辛金이 혼잡(混雜)하면 평범하다. 庚金이 시월(時月)에 양투(兩透)하고 辛金이 없는 사람은 청귀(青貴)하다. 혹 신년(辛年), 신시(辛時)로 탐합(貪合)하면 주색(酒色)을 즐기는 무리로 여명(女命)도 마찬가지다.

---

138) 납속주명: 재를 잘 다루어 귀보다는 부에 가까운 명으로 요즘세상에서는 경제적의미가 더 부각되니 납속주명의 기치가 높아졌다. 돈 만질 일이 많은 사람이니 재무계통에서 출세의 가능성이 높다.

139) 인월 병화는 陽干이므로 양간이 오는 것이 더 나으므로 財가 있어도 신금보다는 경금이 더 좋다. 투한 경금이 巳 地支로 長生을 득하면 庚도 강하고 丙도 강하니 일단 부자다.

140) 재주와 지혜가 뛰어난 사람

=> 월시(月時)에서 모두 庚金이 투출(透出)했다는 것은 경인월(庚寅月), 경인시(庚寅時) 생(生)을 말하는 것이다. 두 개의 병화가 암장된 납속주명이나 庚金 재(財)가 절지(絶地)에 이르니 청귀(淸貴)할 뿐이다. 庚辛의 재(財)가 혼잡해도 신왕(身旺)하면 능히 귀격(貴格)을 이룰 수 있다. 양신(兩辛)이 투출(透出)하면 丙火가 합(合)을 탐(貪)하므로 본성을 잃기 쉽다는 것이다.

4. 혹 丙火는 적고 壬水가 많은데 戊土로 제(制)하지 못하면 살중신경(殺重身輕)이 된다. 이런 사람은 웃음 속에 칼을 감추고 있는 사람으로 평소에는 악한(惡漢)의 모습을 찾을 수 없다. 혹 戊土가 壬水를 제(制)하면 도리어 부귀(富貴)하고 이때는 마땅히 한두 개의 비견(比肩)을 보면 바야흐로 묘(妙)해진다.

=> 寅月 丙火에 壬水가 많아 살중신경(殺重身輕)이 되는 경우는 비록 인수용살(印綬用殺)로 격국(格局)이 성격(成格)되는 구조지만, 경중(輕重)으로 인해 파격(破格)되는 무정(無情)[141]을 뜻하는 것이다.

이때 戊土로 壬水를 제(制)하는 식신대살(食神帶殺)[142]로 성격(成格)되고 더하여 비견(比肩)까지 가세하면, 이른

141) 인월이라 인수가 왕한데 살이 더해주니 한쪽으로 힘이 쏠려 중화를 상실하니 이를 무정이라함(자평진전 용신론)

142) 식신과 칠살이 있고 재가 없으면 식신대살 무재로 성격

바 **삼자개비(三者皆備)**[143], **삼자개균(三者皆均)으로 유정(有情)과 유력(有力)을 겸한 부귀격(富貴格) 을 이루는 것이다.**

무릇 식신(食神)으로 제살(制殺)하려면 응당 신왕(身旺)해야 한다. 그렇지 않으면 극설교가(剋洩交加)가 되기 쉽다.

5. 혹 한쪽의 戊土를 보고 甲木이 출간(出干)하지 않으면 종내 대기(大器)는 못되며 또 고빈(孤貧)함이 염려된다. 寅月 丙火는 戊土가 빛을 어둡게 하는 것을 꺼린다.

=> 寅月 丙火는 戊土의 회광(晦光)을 꺼리지만, 壬水만 있다면 귀격(貴格)을 이루는 예가 많다. 戊土가 두터우면 甲木으로 제복(制伏)하는 식다용인(食多用印)으로 성격(成格)되어야 빈한(貧寒)을 면하고 부격(富格)을 이룬다.

6. 혹 지지(地支)에 화국(火局)을 지으면 壬水를 취해 귀(貴)를 이룬다. 壬水가 없으면 癸水를 차용(借用)한다. 만일 壬癸를 갖추지 못하면 戊土를 취하여 화기(火氣)를 설(洩) 해도 다만 평상인에 지나지 않는다.

---

143) 日干 身과 用神(格局), 相神(喜神)의 三者가 모두 균등하게 强한 세력을 지니는 상황을 의미한다

***"자평진전, 난강망, 적천수 3대 고전으로 온고(溫故)하고, 형충회합과 36금수 등의 이론으로 지신(知新)하여 융회관통(融會貫通)할 수 있도록 공부하라" -수업中 말씀-

7. 혹 지지(地支)에 화국(火局)을 이루면 또한 염상(炎上)으로 간주하지만, 시(時)를 만난 것은 아니다. 만약 동남(東南) 세운(歲運)을 보지 못하면 반대로 고빈(孤貧)함에 이른다.

=> 寅月 丙火의 염상격(炎上格)은 계절을 얻은 것이 아니다. 이것은 같은 외격(外格)이라도 미세한 고저(高低)의 차이를 분별하는 단서가 된다. 그러나 이미 온전한 염상(炎上)을 이루면 대운(大運)의 흐름에 따라 차별 되는 법은 드물다. 원시(原詩)도 분명 세운(歲運), 즉 세월(歲月)을 거론하고 있으므로 대운(大運)의 동남운(東南運)을 기피하는 것으로 오역 (誤譯)하면 곤란하다. 다만 세월(歲月)에서 염상(炎上)의 세(勢)를 거스르는 금수운(金水運)을 만나면 급격하게 추락할 우려가 있다.

결론적으로 명백 타당한 외격(外格)이 성립되면 세운(歲運)에 비해 대운(大運)의 영향력은 축소된다. 또한 세월(歲月)의 희기(喜忌)에도 좌우되지 않을 정도로 청순(淸純)한 외격(外格)이 성립된다면, 그 자체로 부귀(富貴)가 보증된다고 볼 수 있다. 다만, 완벽한 외격(外格)의 팔자(八字) 자체가 희소(稀少)하므로 미약한 흠결이 본성을 거스르는 세월(歲月)의 운(運)에 의해 성패(成敗)의 부침을 실감케 하는 요인이 되는 것이다.

8. 혹 사주(四柱)에 甲木이 있고 庚金이 암제(暗制)하면 가히 수재(秀才)의 명(命)이 된다.

=> 甲木이 있고 庚金이 암제(暗制)하는 팔자(八字)는 甲庚이 투(透)한 인다용재격(印多用財格)과 맥락을 같이 하는데, 이런 사주(四柱)는 과시할 만한 부귀(富貴)와는 거리가 멀고, 다만 유림(儒林)의 수사(秀士)로 청귀(淸貴)함은 있다고 본다.

9. 壬水가 없고 癸水를 용(用)해도 대강 부귀(富貴)하지만, 관살(官殺)이 왕상(旺相)하고 유근(有根)함을 요(要)한다. 丙火는 壬水가 없으면 빈천(貧賤)한 경우가 많다는 사실이 누차 징험(徵驗)된다.

=> 丙火가 壬水를 보지 못하면 빈천(貧賤)한 경우가 많음은 자주 밝혀지고 경험되는 바다. 壬水가 없으면 癸水를 대용(代用)하는 인수용관(印綬用官)으로도 귀격(貴格)을 이룰 수 있다. 이때 癸水는 지지(地支)에 뿌리를 내려야 하고, 가급적 壬水가 암장(暗藏)되어야만 귀격(貴格)이 확연해진다.

10. 혹 火가 많고 水가 없으면 수향(水鄕)에 이르러 필시 죽음에 이르거나 아니면 재앙(災殃)이 따른다. 생각건대 午月 丙火로 염상격(炎上格)이 합당한즉 水를 기뻐하지 않고 파격(破格)됨을 꺼린다.

=> **'화다무수(火多無水), 수향필사(水鄕必死)'**[144]의 원시(原詩) 대목은 실은 子午 충(沖)의 특성에 연유하는 바가 크다. 午月 丙火의 염상격(炎上格)이 수운(水運)에 파격(破格)됨을 몹시 기피하는 것 또한 마찬가지다.[145]

이는 충(沖)으로 인한 개고(開庫)의 득실(得失) 상황을 염두에 두면 간단하게 풀리는 문제다.

이를테면 **子午沖은 子中 壬水와 午中 丁火의 合去상황으로 인해 子午의 두 기물(器物)은 그 자체로 손상된다. 이것은 팔자의 他干과 合去되는 상황이 아닌 한, 地支글자 자체에는 손상이 가지 않는 寅申沖과는 전혀 실감을 달리하는 문제다.**

따라서 寅月 丙火의 염상(炎上)과 午月 丙火의 염상(炎上)이 수운(水運)에 봉착해서 겪을 상황의 심각성은 경중(輕重)을 달리 한다. 또 팔자에 午火가 있어 子水를 보는 것과 午火가 없는 경우 또한 정도의 차이는 천차만별로 갈라진다. 까닭에 수향필사(水鄕必死) 내지 **정유재구(定有**

---

144) 鄕이나 向은 地支의 글자를 가리킴. 여기서 水鄕이란 水의 地支를 말함.

145) 火가 많고 水가 전혀 없으면 지지 水運의 글자를 만나면 죽는다. 뜨겁게 달아오른 가마솥에 물 한 컵을 부으면 강하게 튀기며 바로 증발해버리듯 오히려 화재사고, 신장병 등으로 화를 당하기 십상이다. 水가 지장간에라도 있어야 이런 경우를 피할 수 있다. 진술축미가 지지에 많은 사람이 골골거리며 등산가고 텃밭 가꾸며 오래 사는 이유가 여러 가지 잡기를 가지고 있어서 팔자에 전혀 없는 오행이 들어오는 일을 덜어주기 때문이다.

災咎)[146]는 午를 子가 沖하는 상황에 특별히 주목할 필요가 있다.

11. 癸水를 용(用)하는데 뿌리가 없으면 반드시 목질(目疾)이 있다.

=> 寅月에는 水가 병궁(病宮)에 임(臨)하므로 뿌리가 없으면 쉽게 마른다. 특히 癸水는 속히 메마르므로 안과(眼科) 계통의 질환이 따르기 쉽다. 또한 양간(陽干) 壬水가 아닌 음간(陰干) 癸水가 투간(透干)하면 寅申沖에도 개고(開庫)된 戊土와 합거(合去)되므로 地支의 기물(器物)이 파괴되어 불리하다.

12. 壬水를 용(用)하면 金이 아내요, 水가 자식이다. 庚金을 용(用)하면 土가 아내요, 金이 자식이다.

=> 금처수자(金妻水子)는 인수용살격(印綬用殺格)을, 토처금자(土妻金子)는 인다용재격(印多用財格)을 말한다.

이 두 격국(格局)은 신왕(身旺)해야 귀격(貴格)을 이루므로 부억(扶抑)의 관점에서 봐도 재살(財殺)과 식재(食財)의 희용(喜用) 관계가 일치한다.

卯月 丙火

146) 재앙재, 재앙구 재앙이 있는 것이 정해진 일이다.

壬 己 양기서승, 단용임수. 혹무임수,
陽氣舒升, 耑用壬水. 或無壬水,
기토고용, 주유재학, 수불성명, 의식충족.
己土姑用, 主有才學, 雖不成名, 衣食充足.

1. 卯月 丙火는 양기(陽氣)가 펼쳐 오르니[147] 오로지 壬水를 용(用)한다. 壬水가 투간(透干)하고, 丁火와 합화(合化)되지 않으며 또한 庚辛金과 己土가 투(透)하고 壬이 유근(有根)하면 과갑(科甲)한다.

=> 卯月은 양장(陽壯)하니 木이 메마르므로 반드시 壬水를 용신(用神)으로 삼는 것이다. 寅月과 卯月은 壬水의 병사지(病死地)이므로 庚金으로 생조 (生助)하면 좋다.

즉 卯月 丙火는 인수격(印綬格)을 축으로 壬水를 용(用)하는 인수용살(印綬用殺)에 庚辛金이 보좌(輔佐)하는 재자약살(財滋弱殺)이나 또는 己土의 상관가살(傷官駕殺)로 귀격(貴格)을 이룬다.

2. 혹 壬水가 없으면 일단 己土를 용(用)하는데 재능과 학식은 있으므로 이름이 나지 못해도 의식(衣食)은 충족하다.

---

147) 冬至에 밤이 가장 긴 때이니 陰이 至極하다 **子月 동지후 차차 陽이 生하니** 子月에 一陽, 丑月에 二陽, 寅月에 三陽, 卯月에 四陽, 辰月에 五陽, 巳月에 六陽, **午月 夏至後 다시 一陰,** 未月에 二陰, 申月에 三陰, 酉月에 四陰, 戌月에 五陰, 亥月에 六陰이 된다.

=> 삼춘(三春) 丙火에 壬水가 용(用)이면 귀(貴)가 보증되지만, 부득이 土로 火를 설(洩)하는 경우에는 귀(貴)는 작고 부(富)는 기대해볼만하다.

특히 卯月 丙火는 양기(陽氣)가 씩씩하여 己土로 설기(洩氣)하는 화토상관격(火土傷官格)을 이루면 총명하고 학문에 재능이 있고, 월령(月令)의 인수(印綬)와 투간(透干)한 상관(傷官)이 서로 방해하지 않는 인용상관격(印用傷官格)은 공명(功名)에는 이르지 못해도 의식(衣食)은 풍요로운 부격(富格)이 된다.

'십간론' 에 이르길 丙己의 조합은 **대지보조(大地普照)**[148]의 상(象)으로 학술, 종교, 교육, 서비스업 계통에서 장점을 발휘한다고 했다.

3. 혹 한 무리의 壬水가 있는데 戊土의 제(制)를 보면 비록 과갑(科甲)은 아니나 역시 은비(恩庇)한다.[149] 혹 戊가 투(透)하지 않은즉, 이를테면 辰戌丑未에 戊土가 있을 때 진궁 (辰宮)의 癸水는 탐합(貪合)하여 火를 성(成)하므로 土로 제(制)하는 것이 불능(不能)하여 평범한 명(命)으로 의록(衣祿)이 있을 뿐이다.

만약 지지(地支)에도 하나의 戊土가 없고 더하여 金이

---

148) 병화와 기토의 십간관계로 대지에 넓게 빛을 비추니 표현능력이 우수하고 학술, 종교, 서비스업에서 능력발휘가 잘된다.
149) 은덕과 감싸는 도움(의탁)은 있다.

많아 水를 생(生) 하면 하천(下賤)한 명(命)이 된다.

=> 卯月 丙火에 壬水가 많으면 戊土로 제(制)하는 **살용식제(殺用食制)**150)로 성격 (成格)되어야 출세(出世)를 기약할 수 있다. 칠살(七殺)을 제복(制伏)하지 못하면 떠돌이 팔자가 되고, 더욱이 재생살(財生殺)하면 하천(下賤)한 명(命)이 된다.

戊土가 투출(透出)하지 않으면 辰戌丑未의 土로 壬水를 제(制)해야 하는데, 戊土가 戊土에 버금가는 공(功)을 세울 수 있다. 다음으로는 未土를 들 수 있는데, 未 중의 丁火가 壬水를 암합(暗合)하는 작용력이 있기 때문이다. 다만 卯月에는 卯未 목국(木局)을 이루어 壬水를 설기(洩氣)하는 작용에 그치고 만다. 丑土는 癸水의 습기(濕氣)를 함유하여 壬水를 제(制)하기 어렵다.

원시(原詩)에서 따로 거론되는 **辰土**151)는 이미 글자 자체에서 戊癸 암합(暗合)을 이루고 있어 壬水를 제(制)하는 작용력이 거의 없다. 더욱이 子辰 수국(水局)을 짓기도 하므로 믿을만한 글자가 못된다.

---

150) 사흉신인 칠살은 식상으로 역용(억제)하여야 성격됨. 이때는 재가 있으면 오히려 식상으로 재를 생하고 재가 칠살을 생하면 흉신을 도우니 파격이다.

151) 辰의 지장간안의 戊와 癸가 서로 암합하는 것은 오직地支辰土만의 특징이다.

4. 혹 戊土가 무리를 지으면 또한 壬水를 용(用)하며 목운(木運)을 기뻐하고, 土를 보는 것을 좋아하지 않는다. 또 화운(火運)으로 나아가는 것도 이롭지 않다.

=> 卯月 丙火는 壬水를 용신(用神)으로 삼기에 일파(一派) 戊土가 壬水를 위협한다면 **살경제중격(殺輕制重格)의**[152] 파격(破格)이 되기 쉽다.

이때 대운(大運)이 목향(木鄕)으로 흐르면 인수용살(印綬用殺)로 성격(成格)되어 신(身)을 돌볼 수 있게 되므로 이로운 것이다. 그러나 근재묘선(根在苗先)[153]이니, 甲木이 없으면 동방(東方) 목운(木運) 으로 흘러도 크게 발전하지 못하고 다만 운(運)을 잃지 않을 뿐이다.

5. 혹 丙子日 辛卯時에 태어나면 종화격(從化格)이 될 수도 있으나 때를 만나지 못하면 탐재괴인(貪財壞印)이 될 뿐으로 조업(助業)을 승계하기 어렵다.

만약 丁火가 辛金을 파(破)하고, 壬水가 득위(得位)하면 역시 부귀(富貴)하고 비록 과갑(科甲)은 아닐지라도 이도(異途)로 군읍(郡邑)에서는 이름이 난다. 차격(此格)에 해당하면 처첩(妻妾)을 두고, 자식이 많다.

=> 辛卯月 丙子日은 화격(化格)을 지어도 실령(失令)한

---

152) 묘월이면 水의 死地라서 병화의 眞神인 壬水가 약한 때인데 戊土의 제지가 重하면 파격이다.

153) 운보다는 원명조가 중요하다는 말이다

것으로 그 자체로 귀격(貴格)이 되지 못한다.

원리부(元理賦)에 丙子와 辛卯는 상형(相刑)을 이루어 음탕(淫蕩)하다고 했다. **간지합형(干支合刑)**[154]**은 곤랑도화(滾浪桃花)**[155]로 주색(酒色)을 좋아하여 파가(破家)할 우려가 있다.

辛卯月 丙子日이 곤랑도화(滾浪桃花)라 해도 격국(格局)을 이루면, 비록 일간(日干)이 재(財)를 향하여 간사함이 있지만 녹(祿)을 얻고, 처첩(妻妾)과 자식을 많이 두게 된다.

6. 혹 월시(月時)가 모두 辛卯에 丙子日이면 쟁합(爭合)이 되고, 년(年)에 丁火가 투(透)하지 않아 辛金을 제(制)하지 못하면 위인이 혼미(昏迷)하고 주색(酒色)에 빠지니 년(年)에 丁火가 투(透)하는 것이 좋다.

=> 년간(年干)에 丁이 투(透)하면 월건(月建)은 癸卯月이 되는데, 丁火로 辛金을 극거(剋去)하면 쟁합(爭合)하지 않는다는 설명은 착오가 있어 보인다.

7. 혹 지지(地支)에 목국(木局)을 지으면 오히려 간사(奸邪)함으로 인해 재(財)를 구하고, 주색(酒色)으로 이름

154) 천간은 합하고 지지는 형을 하고 있는 형태

155) 천간이 합하고 지지 도화가 형에 걸리면 곤랑도화라 해서 색탐이 지나쳐 정사(情死)하기도 한다

이 난다.

=> 子卯 형(刑)은 卯의 글자가 형(刑)이 되므로 지지(地支)에 목국(木局)을 이루면 형(刑)의 위협은 해소된다. 모름지기 卯月 丙火는 관(官)을 향해야 하는데, 재탐(財貪)하므로 간교함으로 지위를 얻는 것이다.

8. 무릇 壬水를 용(用)하는 자는 金이 아내요, 水가 자식이 된다.

=> 卯月 丙火는 壬水를 용신(用神)으로 삼는 것이 정법(正法)으로 금처수자(金妻水子)의 재자약살(財滋弱殺)이 귀격(貴格)의 전형이다. 壬水가 없다면 己土를 用하는 **인용상관격(印用傷官格)**[156]의 부격(富格)이 차선인데, 이때는 화처토자(火妻土子)가 될 것이다.

辰月 丙火

壬 甲	임갑량투, 과갑정의. 유기경출제갑, 壬甲兩透, 科甲定宜. 惟忌庚出制甲. 즉수재이이. 무갑용경, 조임수설토기. 則秀才而已. 無甲用庚, 助壬水洩土氣.

---

156) 묘월 병화는 인수격인데 상관기토를 용하니 인용상관격이라 함.(**用神專尋月令:용신은 오로지 월령에서 구한다. -자평진전 논용신-**)

1. 辰月 丙火는 기세(氣勢)가 점차 불타오르는 때니 壬水를 용(用)한다. 혹 지지(地支)에 토국(土局)을 이르면 甲을 취(取)하여 보좌(輔佐)해야 하나 壬水를 떼어 놓고는 불가(不可)하다. 壬甲이 양투(兩透)하면 과갑(科甲)이 마땅하고, 오직 庚金이 출(出)하여 甲木을 제(制)함을 기피하므로 그러한즉 수재(秀才)로 그칠 것이다.

2. 甲木이 없으면 庚金을 용(用)하여 壬水를 생조(生助)하고 토기(土氣)를 설(洩)한다.

=> 甲木이 없으면 庚金을 기뻐한다. 토기(土氣)를 설(洩)할 때는 반드시 일주 (日主)가 왕상(旺相)해야 한다. 이것은 甲木이 土를 제(制)하여 壬水를 보호하고, 신왕(身旺)을 돕는 것과는 비교되지 않는 것이다.

3. 壬水가 투(透)하고 甲木이 암장(暗藏)되면 부(富)는 크나 귀(貴)는 작으며 甲이 있고 壬이 없으면 힘겹게 고생하여 재물(財物)을 모은다. 壬水가 암장(暗藏)되고 甲이 없으면 일개 추운 선비에 지나지 않는다. 壬甲이 모두 없으면 우매(愚昧)하고 빈천(貧賤)한 무리가 된다.

=> 辰月 丙火는 식신격(食神格)으로 먼저 인수(印綬) 甲木을 용(用)하여 **식다용인(食多用印)**[157]으로 성격(成格)되

157) 식신격이 身弱하고 식신이 旺할 때는 인수를 용하여 成格이 됨. **(식신격의 成格유형: 식신생재食神生財, 식신대살食神帶殺, 기식취살棄食就殺, 식다용인食多用印)**

면 壬水와 조화를 이루기 용이하다.

4. 乙丁이 잡란(雜亂)하면 필시 범부(凡夫)에 속한다.

5. 壬水를 용(用)하면 金이 아내요, 水가 자식이 된다. 甲木을 용(用)하면 水가 아내요, 木이 자식이 된다.

=> 금처수자(金妻水子)는 재자약살격(財滋弱殺格)을, 수처목자(水妻木子)는 살인상생격(殺印相生格)[158]을 말한다.

三夏丙火總論

1. 삼하(三夏) 丙火는 양기(陽氣)가 세차고 위엄(威嚴)이 있으니 오직 壬水를 용(用)한다.

2. 만약 해궁(亥宮)의 壬水라면 무력하여 회극설기(回剋洩氣)하니, 거듭 신궁(申宮)에서 장생(長生)되는 水를 용(用)한다면 바야흐로 부귀(富貴)를 말할 수 있다.

=> 삼하(三夏) 丙火는 반드시 壬水로 뜨거움을 식혀야 한다. 壬水가 출간(出干)하지 않으면 亥와 申에 암장(暗藏)된 壬水를 취할 수도 있을 것이다. 그러나 삼하(三夏)에 亥中 壬水는 회극설기(回剋洩氣)하여 申中 壬水와 같지

158) 칠살격이 인성을 用하여 격을 이룸. 흉신인 칠살이 인수로 화하여 오히려 일원을 돕게 됨.

않다. 巳月에는 巳亥가 상충(相沖)하고, 午月에는 午中 丁己가 亥中 壬甲을 상합(相合)하여 용신(用神)을 기반(羈絆)한다. 未月에는 亥未 목국(木局)의 가능성이 있어 수기(水氣)를 설(洩)하기 쉽다.

3. 巳月에는 오로지 壬水를 용(用)하고, 庚金으로 좌(佐)한다.

午月에 壬水가 투(透)하면 부귀(富貴)하다. 이때 丁火가 많으면 癸水를 겸해서 본다.

未月에도 壬水를 용(用)하지만, 庚金으로 좌(佐)해야 한다.

=> 삼하(三夏) 丙火는 壬水를 전용(專用)하고 庚金으로 보좌(輔佐)해야 한다. 까닭에 신궁(申宮)에 長生된 水는 녹왕(祿旺)한 庚金이 壬水를 生하여, 근원이 멀고 흐름이 깊으니 富貴格을 이루는 것이다.

4. 양인(陽刃)을 합살(合殺)하면 위권(威權)이 만리(萬里)에 미친다. 丁火와 양인(羊刃)이 태과(太過)하면 양인도과(羊刃倒戈)라 이르니 목이 잘린 귀신이 된다. 丙火가 壬水를 용(用)하는데 생왕(生旺)하고 좌실(坐實)하면 좋고, 壬水가 태다(太多)하면 살중신경(殺重身輕)이 되므로 이를 꺼린다.

= 午月 丙火는 양인(陽刃)이 사령(司令)했으니 천간(天

干)에 丁火가 투출(透出)하고 壬水가 출간(出干)하면 양인합살(陽刃合殺)이 되어 대귀격(大貴格)을 이룬다.

양인도과(羊刃倒戈)란 양인(陽刃)으로 인해 아신(我身)이 지나치게 왕성(旺盛)해진 것으로 만일 甲木이 화살(化殺)하여 인(刃)을 더욱 더 생(生)하면 오히려 자신을 해치는 것이다. 원문(原文)에 무두지귀(無頭之鬼)라, 머리가 잘릴 징조가 있다고 했을 정도다. 따라서 巳月과 午月의 丙火가 살인격(殺刃格)을 이루면 인수(印綬)를 쓰지 못한다.

그러나 壬水가 생왕좌실(生旺坐實)하면 도과(倒戈)의 염려가 없다. 삼하(三夏)에 水가 많으면 甲木이나 戊土가 있어야 살중신경(殺重身輕)을 면한다.

巳月 丙火

壬 庚癸 임경량투, 불견무토, 호왈호수왕양,
壬庚兩透, 不見戊土, 號曰湖水汪洋,
광영태양, 광휘현저, 문명지상.
廣映太陽, 光輝顯著, 文明之象.

1. 巳月 丙火는 巳에 건록(建祿)이 되어 화세(火勢)가 염염(炎炎)하니 마땅히 壬水를 전용(專用)해서 염위(炎威)를 해소(解消)하고 기제(旣濟) 의 공(功)을 이뤄야 한다.

만일 壬水가 없으면 고양실보(孤陽失輔)[159]하여 빼어나거나 밝게 빛나기 어렵다. 庚金이 수원(水源)을 발(發)하면 바야흐로 水의 뿌리가 있는 것과 같다.

壬庚이 양투(兩透)하고 戊土를 보지 않으면 호수왕양(湖水汪洋)이라 해서 태양(太陽)이 널리 비추는 상(象)이니 광휘(光輝)가 현저(顯著)한 문명지상(文明之象)으로 인격(人格)이 이에 부합하므로 과갑(科甲)이 쟁영(崢嶸)[160]함에 그치지 않고, 필시 은익봉영(恩謚封榮)이 있고, 만약 그렇지 않다면 반드시 음덕(陰德)이 암(暗)으로 낮은 것이다.

=> 巳月 丙火는 화왕(火旺)하여 염상(炎上)의 성질이 있다. 丙火는 壬水가 뜨거움을 풀어주지 않으면 기제(旣濟)의 공(功)을 이루기 어렵고 수정(水晶)의 상(象)이 나타나지 않는다.

다만 壬水가 巳에 이르면 절지(絶地)에 들어가니 庚金으로 수원(水源)을 발(發)하지 않으면 水는 쉽게 마른다. 따라서 壬庚이 모두 투(透)했는데 戊土로 제(制)하지 않으면 필시 재자약살(財滋弱殺)의 귀격(貴格)을 이루고, 이때 지지(地支)에서 申을 보면 더욱 묘(妙)해진다.

---

159) 보양(補陽)해주는 수(水)가 없이 외로운 병화
　　***병화의 귀격(貴格):수보양광 천격(賤格):고양실보**
160) 가파를쟁, 가파를영 (벼슬이 매우 높음을 이름.)

2. 혹 壬水가 없으면 癸水 또한 고용(姑用)할 수 있으므로 庚金을 보고 癸水가 투(透)하면 부(富) 아니면 필시 귀(貴)해지나 다만 심성은 괴팍하고 기교와 계략으로 착하게 말을 잘한다. 혹 壬癸가 모두 없으면 어리석고 둔한 무리에 지나지 않는다. 화염(火炎)하고 이를 제(制)하지 못하면 승도(僧道)의 계층으로 그렇지 않다면 요절(夭折)에 대비해야 한다.

혹 한 무리의 庚金이 있고 비겁(比劫)이 없으면 부(富)는 있으나 귀(貴)는 없다.

=> 癸水는 壬水와 작용은 같아도, 힘이 부족하다. 丙火와 壬水는 수정 (水晶)의 상(象)을 이루어 너그러운 영웅호걸(英雄豪傑)이 되지만, 癸水로는 귀(貴)가 삭감되고 말솜씨로 무리를 이끈다. 壬癸水가 전무(全無)하면 쓸모없는 사람이 된다. 이때 **화염토조(火炎土燥)**[161]하면 승도(僧徒)의 팔자(八字)에 지나지 않고, 빈천(貧賤)하거나 요절(夭折)한다.

巳月 丙火에 金은 있는데 水가 없고, 신(身)과 재(財)가 모두 강하면 화장하천금첩첩(火長夏天金疊疊)이라 해서 거부(鉅富)가 된다. 이때 습토(濕土)가 火를 어둡게 하고

161) 불은 타오르고 흙은 메마르니 생산이 불가함. 명리에서는 실제적 성과를 내지 않는 것을 매우 나쁘게 본다. 난강망에서 성과 없는 팔자를 일컬을 때 승도의 팔자라고 표현한다.

金을 생(生)하면 묘(妙)해진다.

3. 혹 丙午 일간(日干)인데 사주(四柱)에 壬水가 많고 戊土로 제(制)하지 않으면 음형중살(陰刑重殺)라 해서 곤장(棍杖)을 맞게 된다. 지지(地支) 수국(水局)을 짓고 더해서 壬水가 투(透)하여 중중 (重重)한데 이를 제(制)하지 못하면 도적(盜賊)의 명(命)이 되고 만일 己土를 봐도 하천(下賤)하고 인색(吝嗇)한 이에 지나지 않는다.

=> 팔자(八字)에 살인(殺刃)이 많고 격(格)을 이루지 못하면 도적(盜賊)의 명(命)이 되기 쉽다. 살인격(殺刃格)은 대개 살인(殺刃)이 하나씩 있어 서로 제(制)하면 위권(威權)이 나타나나 어느 것 하나가 특히 중(重)하면 흉폭하다.

4. 壬水를 용(用)하면 金이 아내요, 水가 자식이 된다.

=> 금처수자(金妻水子)란 재자약살격(財滋弱殺格)을 말한다.

午月 丙火

壬 庚 득임고투, 방위상명. 불투경임,
得壬高透, 方為上命. 不透庚壬,
혹유신궁장생지수, 지묘. 필입사림.
或有申宮長生之水, 至妙, 必入詞林.

1. 午月 丙火에 壬水가 고투(高透)하면 상명(上命)으로 인정한다. 혹 하나의 壬이 있고 庚이 없으면 공감(貢監)은 하고, 오히려 戊己가 출간(出干)하거나 丁壬 화합(化合)하면 평인(平人)에 지나지 않는다.

만약 庚壬이 투(透)하지 않으면, 혹 신궁(申宮)의 장생(長生) 水와 건록(建祿)의 金으로 구제(救濟)되는 지극한 묘(妙)가 있으니 필시 사림(詞林)에 든다. 또한 戊己의 잡란(雜亂)을 꺼리니 즉 이로(異路)로 간다.

=> 丙火는 화기(火氣)가 최왕(最旺)하므로 壬水 두 개와 庚金 하나가 투(透)하면 상격(上格)을 이룬다.

壬水 하나가 있고 庚金이 없다면 공감(貢監)이나 생원(生員)에 그치고, 戊己土가 출간(出干)했는데 丁火까지 투(透)하여 壬水를 합(合)하면 범인(凡人)에 지나지 않는다. 만일 壬水와 丁火를 보지 않고 戊己土만으로 화염토조(火炎土燥)가 되면 격(格)은 더욱 낮아진다. 지지(地支)의 申만 보아도 사림(詞林)에는 들 수 있다. 이때 戊己土가 혼잡(混雜)되면 이로(異路)로 은봉(恩封)이 있다.

2. 혹 화국(火局)을 이루고, 적수(滴水)[162]를 보지 못하면 승도(僧道)와 홀아비, 독신의 명(命)이 된다. 만약 한두 개의 癸水가 있고 火土를 많이 보면 용(用)이 무력하여

162) 반드시 있어야 하는 水.

소경이 된다.

戊己가 투(透)하여 화기(火氣)를 설(洩)하면 이 또한 형극고과(刑剋孤寡)하니 북운(北運)으로 행(行)하면 흉(凶)이 많다. 이른바 **조렬수격(燥烈水激)**163)하면 반대로 흉(凶)한 것이다.

=> 午月 丙火가 지지(地支)에 화국(火局)을 이루었는데 한 방울의 물도 보지 못하면 매우 조열(燥熱)하여 편고(偏枯)한 팔자(八字)가 된다. 이때는 한두 개의 癸水가 있어도 庚金으로 생(生)하지 못하고, 火土를 많이 만나면 적수(滴水)가 핍박을 받아 장님이 되는 것이다.

戊己土가 출간(出干)하여 화기(火氣)를 설(洩)해도 화염토조(火炎土燥)하여 생기(生氣)가 부족하니 형극(刑剋)이 많다. 그러나 화염토조(火炎土燥)한 국(局)도 부귀격(富貴格)을 이루는 경우가 적지 않으므로 무조건 형극고과(刑剋孤寡)를 논해서는 곤란할 때가 많다. 다만 편고(偏枯)하여 필시 부족한 것이 있을 뿐이고, 북방운(北方運)이 길(吉)할 때도 적지 않다.

3. 혹 염상격(炎上格)을 이루고, 팔자(八字)와 대운(大運)에서 庚辛을 보지 않거나 甲乙을 많이 보면 대부귀(大

---

163) 火土가 몹시 조열(燥熱)한데 물이 한 방울이라도 들어오면 오히려 불꽃을 격동(激動)시키는 상황. 그러므로 원명(原命)에 金水가 없는데 북방운(北方運)을 향하면 매우 흉(凶)하다.

富貴)하나 수운(水運)을 보는 것은 불가(不可)하다.

=> 팔자(八字)에 金水가 없고 지지(地支)에 화국(火局)을 이루는 염상격(炎上格) 또한 대부대귀격(大富大貴格)을 이룬다. 이때는 수운(水運)이 좋지 않다. 염상격(炎上格)을 土로 설(洩)하면 화염토조(火炎土燥)하여 부(富)는 크나 귀(貴)는 삭감된다. [164]

4. 혹 庚癸가 투(透)하면 의록(衣祿)이 충족(充足)하다. 지지(地支)의 火가 가벼우면 눈병이 없다.

=> 午月 丙火는 庚壬을 용신(用神)으로 삼는 것이 정법(正法)이다. 癸水는 丙火를 불청(不淸)하게 하므로 상대적으로 귀(貴)는 낮은 부격(富格)을 이룬다.

5. 지지(地支)에서 水를 보면 이도(異途)로 간다.

=> **지견수자(支見水者)**[165]란 子水를 말하는 것으로 이도(異途)로 귀(貴)가 따른다. 午月 丙火에 지지(地支) 토국(土局)을 이루면 설기(洩氣)가 심하므로 이때는 庚壬을 취하지 않고, 壬甲을 용(用)한다.

---

164) 보통 화토상관(火土傷官)의 유형으로 팔자(八字)가 조열(燥熱)하면 봉건적인 시각으로 볼 때 천업(賤業)과 인연이 깊다고 했다.

165) 투간하지 않고 지지에 있는 水를 보는 경우를 말함. 지장간에만 있다면 四庫(진술축미)에 있는 경우를 쳐주진 않고 四生(인신사해)과 四正(자오묘유)의 글자에 암장된 경우만을 가리킨다.

6. 혹 토국(土局)을 이루고 다시 설기(洩氣)가 태과(太過)한데 壬水로 자윤(滋潤)하고 甲木이 출간(出干)하면 土의 제(制)로 火는 생부(生扶)를 얻으니 필시 부귀수고(富貴壽考)한 격(格)이 된다.

=> 庚金으로 토기(土氣)를 설(洩)하면 귀격(貴格)을 이루지 못하고, 木으로 土를 제(制)하여 火가 생부(生扶)를 얻어야 부귀(富貴)와 복수(福壽)를 누리게 되는 것이다.[166]

未月 丙火

壬 庚　　임수위용, 취경보좌. 경임량투,
　　　　壬水為用, 取庚輔佐. 庚壬兩透,
　　　　첩신상생, 가운과갑명환.
　　　　貼身相生, 可云科甲名宦.

1. 未月 丙火는 퇴기(退氣)하고 삼복생한(三伏生寒)하여 壬水를 용(用)하고, 庚金을 취(取)해 보좌(輔佐)한다.

=> 未月 丙火는 己土가 당왕(當旺)한 때이니 壬水를 용신(用神)으로 삼은 다음 庚金으로 보좌(輔佐)해야 한다.

---

166) 午月병화에 지지土局을 이루어 설기가 과한데 경금이 있으면 병화의 힘을 너무 빼니까 갑목으로 土를 제하고 火를 生扶하니 이중역할로 균형을 이루니 바람직하다.

한 마디로 삼하(三夏) 丙火는 신궁(申宮)에서 장생(長生)되는 水를 용(用)해도 부귀(富貴)가 기약되는 것이다.

2. 庚壬이 양투(兩透)하고, 서로 붙어 상생(相生)하면 과갑(科甲)하여 이름난 신하가 된다. 만약 庚金이 없고 壬水만 있는데 戊土가 출(出)하지 않으면 소부소귀(小富小貴)하다. 戊土가 壬水를 제(制)하면 향현(鄕賢)으로 그칠 것이다.

=> 未月 丙火에 庚壬이 모두 투출(透出)하면 상격(上格)으로 부귀(富貴)가 다 있다. 만일 壬水는 있으나 庚金이 없다면 壬水의 근원이 없으니 부귀(富貴)가 모두 작고, 戊土가 壬水를 제(制)하면 발전을 기대하기 어렵다.

다만 壬水가 庚金의 생조(生助)을 얻지 못한다 해도 뿌리가 견고하여 유기(有氣)하다면 귀(貴)가 적지 않을 것이다. 격국(格局)의 겉모습은 상관대살(傷官帶殺)[167]이 이상적이기 때문이다.

3. 혹 己土가 출간(出干)하여 혼잡(混雜)하면 필시 **용부속자(庸夫俗子)**[168]에 불과하다. 혹 壬水가 천(淺)하고 己土가 출간(出干)하면 그 사람은 빈곤(貧困)하다. **壬水가 없으면 하격(下格)이고, 천(賤)하고 우완(愚頑)**[169]**하다.**

---

167) 未月이면 기토가 당령하니 상관격인데 임수칠살을 用하니 상관대살이라 함.

168) 변변하지 못하고 졸렬한 사내나 俗人.

이는 남녀(男女)가 다 마찬가지다.

=> 팔자(八字)에 庚金이 없고 壬水만 있는데 己土를 만나 水土가 혼탁해지면 속인(俗人)에 지나지 않고, 壬水가 없으면 하천(下賤)한 명(命)으로 어리석고 고집이 세다.

4. 혹 천간(天干)에 한 무리의 丙火를 보면 양극음생(陽極陰生)하므로 간지(干支)를 아울러 庚壬을 보면 등과급제(登科及第)한다.

=> 未月 丙火는 庚壬이 모두 투출(透出)하면 귀(貴)가 있으나 이때 인비(印比)가 돕고 동남운(東南運)을 향해야 길하다.

이는 또한 격국(格局)의 성패(成敗) 외형과 관련이 깊다. 이를테면 壬水를 용(用)하는 상관대살(傷官帶殺)이 財星 庚金을 보면 성격(成格)의 '포맷'에서 벗어난다. 이때 비겁(比劫)이 재(財)를 극(剋)하면 성격(成格)의 원형을 찾기 쉽다. 일파(一派) 丙火가 있으면 양극음생(陽極陰生)하여 이때는 필시 재살(財殺)이 있어야 하고, 서북운(西北運)으로 흘러야 길하다. 庚壬으로 귀(貴)를 얻는 것은 같으나 그 쓰임은 다소 다른 것이다.

5. 총론해서 未月 丙火가 壬水를 용신(用神)으로 삼으면

---

169) 어리석고 완고함, 우둔함.

여타의 월이 壬水를 용(用)할 때 운(運)이 서북(西北)으로 행(行)함을 기뻐하는 것과 달리 서남(西南)으로 행(行)하는 것을 기뻐한다.

=> 未月 丙火가 壬水를 용신(用申)으로 삼는 것과 巳月, 午月에서 壬水를 용(用)하는 것은 의미가 다르다. 未月에는 동남운(東南運)을 향하면 길하지만, 수운(水運)에는 상관격(傷官格)으로 파란(波瀾)이 일기 쉽다.

그러나 巳月과 午月은 서북운(西北運)이 길하다. 未月도 금운(金運)은 나쁘지 않다. 삼하(三夏) 丙火가 금운(金運)을 향하면 천석지기가 된다고 했다.

三秋 丙火

申月 丙火

壬 戊 모야광천, 고잉용임수, 보영광휘.
暮夜光天, 故仍用壬水, 輔映光輝.
유임투간, 우견무토출간, 가운과갑.
有壬透干, 又見戊土出干, 可云科甲.

1. 申月 丙火는 태양(太陽)이 전서(轉西)하므로 양기(陽氣)가 쇠(衰)한다. 해가 서산(西山)에 가까우니 土를 보면

어둡게 되므로, 생각건대 일조호해(日照湖海), 모야광천(暮夜光天)이니 거듭 壬水를 용(用)하면 보영광휘(輔映光輝)할 것이다.

=> 申月 丙火는 태양(太陽)이 서쪽으로 기울어 양기(陽氣)가 점차 쇠약해지는 때에 있다. 태양이 강과 바다를 비추면 날이 저물어 가는 경치가 마치 광채(光彩)가 불타오르는 것과 같으니, 壬水를 용(用)하여 태양의 광휘(光輝)를 도와야 한다.[170]

丙火가 申에 이르면 병(病)이 되니 식상(食傷)을 기뻐할 리 없다. 이때 丙火는 寅이나 巳에 통근(通根)하여 신강(身強)함을 요(要)한다.

2. 만일 壬水가 많으면 戊土를 취(取)하여 제(制)하면 묘(妙)해진다. 壬水가 있어 투간(透干)하고, 다시 戊土가 출간(出干)하면 가히 과갑(科甲)에 이른다. 만일 지지(地支)에 戊土가 암장(暗藏)되면 생원(生員)에 불과하다.

壬이 많고 戊가 없으면 평상인(平常人)에 지나지 않는다.

---

170) 申月 병화는 태양이 서쪽으로 기울어 노을이 질때다. 노을이 가장 아름다운 곳은 바닷가나 강가, 호숫가이다. 임수를 용하여 태양의 광휘가 더욱 빛난다. 십간간의 관계상 ***丙-壬: 강휘상영(江輝相暎)으로** 충성심과 복종심이 두터우므로 조직이나 직장 생활에 적합. ***戊-壬: 산명수수(山明水秀)로** 지능에 의해 대성공을 거둘 수 있는 우수한 두뇌의 소유자. ***壬戊丙: 산명수수휘영(山明水秀輝暎)**으로 조직생활에 잘 적응하며 직장근무로 성공하는 구조가 된다.

혹 戊가 많고 壬이 적어도 이 또한 상인(常人)에 속한다. 혹 壬이 많고, 하나의 戊가 출(出)하여 제(制)하면 이른바 중살창광(重殺猖狂)이 일인가화(一仁可化)하니 필시 현달(顯達) 하고 권직(權職)이 있다.

=> 申月 丙火는 壬水가 많을 때는 戊土로 제(制)해야 마땅하다. 만일 申中 壬水가 출간(出干)했는데 戊土가 또한 투(透)하면 과갑(科甲)에 이르지만, 이때 戊土가 辰戌에 암장(暗藏)되면 생원(生員)에 불과하다. [171)]

戊土로 제(制)하지 못하면 평범하다. 壬水가 많고 癸水는 없는데 戊土로 壬水를 제(制)하면 중살(衆殺)이 창광(猖狂)하나 일장당관(一將當關)하여 고위직에 오른다.

3. 한 무리의 辛金을 보면 기명종재(棄命從財)[172)]하니 기특(奇特)한 명조(命造)로 비록 과갑(科甲)은 아닐지라도 크게 은영(恩榮)은 득(得)하나, 다만 친척(親戚)에게 많이 의지하여 진신(進身)의 계단(階段)을 삼는다. 종재격(從財格)은 水가 아내요, 木이 자식이 된다.

=> '조화원약'에는 申月 庚金의 종재격(從財格)을 두고 "或見一派庚金, 不見比印及辛金者, 又爲棄命從財"로 서술되어 있는데, 아마도 庚申月 상황을 염두에 둔 것으로

---

171) 만약 水局을 짰다면 약신인 무토가 가장 긴급하고 중요해진다.

172) 나를 버리고 재를 좇아 종(從)하는 것이다

사료된다. '난강망' 의 원시(原詩)는 일파신금(一派辛金)을, '조화원약' 은 일파경금(一派庚金)에 불견신금(不見辛金)을 기명종재(棄命從財)의 첫 요건으로 삼았는데 '조화원약' 의 입장이 타당하다고 생각된다.

辛金은 丙火와 합(合)하여 화격(化格)을 짓기 쉽다. 아무튼 申月 庚金의 종재격(從財格)은 과갑(科甲)이 아니어도 이도(異途)로 발전하는데, 이는 재왕(財旺)하여 관(官)을 생(生)하기 때문이다. 또한 처덕(妻德)이 두터우며 친척들의 강력한 원조를 입게 된다.

원시(原詩)의 종재자이수처목자(從才者以水妻木子)는 잘 납득이 가지 않는 대목이다.

비록 기명종재(棄命從財)라고는 하나, 丙火 일주(日柱)가 여타의 오행(五行)으로 화(化)하는 법은 없는 것이다.

따라서 이 또한 '조화원약' 의 '用木者, 水妻木子, 妻必賢能' 가 타당한 설명이다.

丙火의 재격(財格)으로 출간(出干)한 壬水를 보지 않고 庚金을 보면 신강재강(身强財强)이든, 종재(從財)든 간에 대개 큰 부자(富者)가 되기 쉽다.

酉月 丙火

壬　癸　병화지여광, 잉용임수보영. 다병,
丙火之餘光. 仍用壬水輔映. 多丙,
일임고투위기, 정주등과급제. 부귀쌍전.
一壬高透為奇. 定主登科及第. 富貴雙全.

1. 酉月 丙火는 해가 황혼(黃昏)에 가까우니 丙火의 여광(餘光)이 광호(光湖)에 있으므로 거듭 壬水를 용(用)하여 보영(輔映)한다.

=> **丙火의 남은 빛이 있는 한 강호(江湖)가 있어야 하므로 酉月 丙火도 壬水를 용신(用神)으로 삼아 비추는 것을 도와야 한다.** 그러나 이때는 丙火의 기(氣)가 쇠하므로 가급적 팔자(八字)에 인비(印比)가 있어야 좋다.

2. 사주(四柱)에 丙火가 많고 하나의 壬水가 고투(高透)하면 뛰어나므로 정히 등과급제(登科及第)하고 부귀쌍전(富貴雙全)한다. 하나의 壬水가 지지(地支)에 암장(暗藏)되면 수재(秀才)가 된다. 혹 戊土가 많아 水를 곤(困)하게 하면 겉으로나마 유림(儒林) 행세를 한다. 만약 壬水가 없으면 癸水 또한 가용(可用)하나 공명(功名)이 오래가진 않는다.

=> 酉月 丙火가 사주(四柱)에 丙火가 많은데 壬水 하나가 투(透)하면 부귀(富貴)가 무궁(無窮)하고 壬水가 암장(暗藏)되면 秀命이 된다. 다시 말해 申月과 酉月에는 壬水

를 용(用)할 때 丙火가 많을수록 좋다는 얘기다. 土가 많으면 水가 곤(困)하여 선비에 불과하고, 壬水가 없으면 癸水를 용신(用神)으로 쓴다.

3. 혹 辛金이 투(透)했는데 종화(從化)에 미치지 못하면 늙어서 빈고(貧苦)해진다. 혹 하나의 丁火로 辛을 제(制)하면 위인이 간사(奸詐)하고 위아래를 분간하지 못한다. 여명(女命)도 마찬가지로 말이 많고 음천(淫賤)하다.

=> 酉月 丙火에 辛金이 많이 출간(出干)하면 대개 조부대(祖父代)의 덕(德)이 있다. 그러나 종화격(從化格)을 이루지 못하면 부모(父母)가 세상을 떠난 후부터 재물을 잃고 늙도록 빈고(貧苦)해질 우려가 깊다.

이때 丁火가 辛金을 제(制)하면 여자는 말이 많고 음탕(淫蕩)하며 천박해진다. 酉月 辛金은 상관(傷官) 도화(桃花)로 丙火의 뿌리가 없고 쇠약하면 대개 남녀 모두 색(色)을 좋아하고, 음란(淫亂)해지기 쉽다.

그러나 丙火 일주(日柱)가 뿌리를 얻어 신강(身强)하고 금재(金財)도 강하여 격(格)을 이루면 부자(富者)의 가능성이 높다. 위에서 丙火가 재격(財格)으로 출간(出干)한 壬水를 보지 않고 庚金을 보면 신강재강(身强財强)이든, 종재(從財)든 간에 대개 큰 부자(富者)가 되기 쉽다고 했다.

4. 혹 지지(地支) 금국(金局)을 이루고 辛金이 출간(出干)하지 않으면 종재(從財)가 아니므로 곧 주문아표(朱門餓莩)[173]가 된다. 만일 辛金이 출간(出干)하고, 비겁(比劫)을 보지 않으면 종재격(從財格)이 되어 반대로 부귀(富貴)하며 친척(親戚)이 같이 성하고, 처(妻)는 어질며 내조(內助)한다.

=> 酉月 丙火에 辛金이 출간(出干)하지 않으면 겁인(劫印)의 글자가 투(透)하여 종재격(從財格)을 이루지 못하고 부옥빈인(富屋貧人)의 팔자(八字)가 되기 쉽다.

酉月 丙火가 진종(眞從)이 성립되면 부귀격(富貴格)을 이룬다. 재격(財格)이 진국(眞局)으로 바르면 반드시 발전하는 것이다. 이런 사주는 귀인(貴人)이나 친지(親知)들의 도움이 적지 않으며 아내가 현명하여 내조(內助)의 공(功)이 있다.

5. 水를 용(用)하면 金이 아내요, 水가 자식이 된다. 종재명(從財命)은 水가 아내요, 木이 자식이 된다.

---

173) 원시(原詩)는 이를 두고 지위(地位)가 높은 벼슬아치의 집에 비유(比喩)한 주문(朱門)에다 굶주린다는 아표(餓莩)의 다소 원색적인 표현을 가하고 있는데, 모두 그렇지는 않다. 가령 지지(地支)에 금국(金局)을 짓고 겁재(劫財)가 투(透)하여 신강재강(身强財强)하기만 하면 곧 부명(富命)이 된다. 다만 丙火가 뿌리를 잃어 신약(身弱)한 상태에서 지지(地支) 금국(金局)에 종재(從財)로 성격(成格)되지 않으면 재다신약(財多身弱)의 파격(破格)을 면할 수 없는 것이다.

=> 원시(原詩)의 '종재자(從才者), 수처목자(水妻木子)'는 이치에 잘 부합되지 않는다는 점을 이미 설명한 바 있다. 따라서 이 대목은 '조화원약'의 "用水者, 金妻水子, 用木者, 水妻木子"로 대체하는 것이 무난하다.

酉月 丙火가 신강(身强)하면 壬水가 용신(用神)이고, 이때 재왕생살(財旺生殺)하면 상격(上格)이 된다. 壬水가 출간(出干)하고, 丙火가 뿌리가 없이 신약(身弱)할 때는 인수(印綬)가 없으면 불가(不可)하다. 특히 酉月은 火의 사지(死地)로 甲木이 없으면 壬水를 화(化)할 수 없으니 丙火를 生하기 어렵다. 따라서 수처목자(水妻木子)는 재격투인(財格透印)하여 임수를 목으로 화살(化殺)하여 火를 生하는 유형을 의미하는 것이다.

戌月 丙火

甲 壬 화기유퇴, 소기토회광화, 필수선용갑목,
火氣愈退, 所忌土晦光火, 必須先用甲木,
차취임수. 갑임량투, 부귀비범.
次取壬水. 甲壬兩透, 富貴非凡.

1. 戌月 丙火는 화기(火氣)가 점점 더 물러가니 土로 인해 火가 회광(晦光)됨을 기피하므로 甲木을 선용(先用)하는 것이 필수고 다음으로 壬水를 취(取)한다. 甲壬이 양투(兩透)하면 부귀(富貴)가 비범(非凡)하다.

만약 壬水가 없고, 癸水가 투간(透干)해도 역시 가(可)하므로 비록 과갑(科甲)은 아닐지라도 이로공명(理路功名)한다. 壬癸가 지지(地支)에 암장(暗藏)되면 공감(貢監)으로 그친다. 甲木이 암장(暗藏)되고, 壬水가 투(透)했는데 庚金이 甲木을 파(破)하지 않으면 가히 수재(秀才)는 허락한다. 혹 庚戌가 水木을 곤(困)하게 하면 보통의 재능에 머무른다. 甲壬癸가 없으면 하격(下格)이다.

=> 戌月 丙火는 묘지(墓地)의 火니, 土가 빛을 어둡게 한다. 壬水가 있으면 태양(太陽)이 지평선 아래로 떨어지는 것과 같으니 남은 빛이 강호(江湖)의 물결을 따라 위로 비추는 것처럼 나타나 광휘(光輝)가 살아난다. 丙火는 빛이 가려지는 것을 가장 꺼리니 먼저 甲木을 용신(用神)으로 삼아 土를 제(制)하는 식다용인(食多用印)으로 성격(成格)되어야 壬水와 조화를 이루기 용이하다.

戌月은 土가 건조(乾燥)하여 木이 메마른다. 따라서 甲木은 있는데 壬水가 없으면 흉(凶)하다. 壬癸水를 취하는 이유는 같으나 壬水는 丙火의 광휘(光輝)를 돕지만, 癸水

는 甲木의 자윤(滋潤)에 그친다.

2. 혹 한 무리의 火土가 있으면 비록 태왕(太旺)하지 않아도 스스로 메마른다. 고향(故鄕)을 떠나지 않아도 계승(繼承)하지 못하고, 분주(奔走)하며 더해서 庚辛壬癸가 출간(出干)하지 않으면 필시 요명(夭命)이 된다.

=> 戌月 丙火에 일파(一派) 火土가 있으면 고향을 떠나거나 혹 고향을 떠나지 않아도 조업(祖業)이나 가계(家系)를 이어가지 못하므로 양자(養子)의 운명(運命)이 되기 쉽다. 여기에 庚辛金이나 壬癸水가 출간(出干)하지 않으면 가난해지거나 요사(夭死)하는 경우가 많다.

3. 혹 지지(地支)에서 화국(火局)을 이루어도 염상(炎上)이 실령 (失令)하여 만약 운(運)이 남방(南方)으로 들면 가난해지고 철골이 된다.[174]

=> 戌月에는 丙火가 입묘(入墓)하여 염상(炎上)이 실령(失令) 했다고는 하나, 팔자(八字)가 염상격(炎上格)을 이루었다면 동남운(東南運)이 대길(大吉)한 것이다. 그러므로 원시(原詩)는 비록 지지(地支)에 화국(火局)을 지었으나 염상격(炎上格)을 이루지 못한 경우를 말한다.

이때 화운(火運)을 향하면 팔자(八字)는 더욱 메말라 가

---

174) 일빈철골(一貧徹骨): 몹시 가난하여 뼈만 앙상하면서 오히려 수명은 길어진다.

난해지고, 병(病)을 얻어 재기(再起)가 불가(不可)하다.

'조화원약' 에는 "或支成火局, 炎上失令, 運入西方, 貧乏異常, 不顧妻子"이라 해서 염상격(炎上格)이 서방운(西方運)에 들면 몹시 가난해지고, 처자(妻子)를 돌보지 않는다고 했다. 즉 격(格)을 이루어도 서방운(西方運)으로 흐르면 발전하기 어려운데, 하물며 실령(失令)했으니 말로 다 표현하기 어려울 정도로 힘든 상황이 펼쳐진다는 얘기다.

4. 甲木을 용(用)하면 水가 아내요, 木이 자식이 된다. 壬水를 용(用)하면 金이 아내요, 水가 자식이 된다.

三冬 丙火

亥月 丙火

甲　戊庚　태양실령, 득견갑무경출간,
太陽失令, 得見甲戊庚出干,
가운과갑, 주위인성호청고, 사문령수.
可云科甲, 主為人性好淸高, 斯文領袖.

1. 亥月 丙火는 태양(太陽)이 실령(失令)하니 甲戊庚이 출간(出干)하면 과갑(科甲)에 이르고, 위인(爲人)이 청고

(淸高)함을 좋아하며 **사문(斯文)**[175]의 영수(領袖)가 된다. 만일 辛金이 투(透)하고, 辰土를 보면 **화합봉시(化合逢時)**[176]하니 대귀(大貴)하다.

=> 亥月은 丙火의 절지(絶地)로 휴수(休囚)가 극(極)에 달하니 먼저 甲木을 용신(用神)으로 삼아 생(生)해야 한다. 이때 甲木은 습목(濕木)으로 戊土가 壬水를 제(制)하면 더욱 목왕(木旺)해져 丙火를 생(生)하고, 또 丙火의 귀(貴)를 상징하는 壬水가 戊土의 제(制)를 당하면 庚金으로 도와야 하므로 甲戊庚 삼자(三者)가 모두 투(透)해야 부귀격(富貴格)을 이룬다는 것이다.

그러나 이 같은 설명은 별반 설득력이 없다. 얼핏 이현령비현령(耳懸鈴鼻懸鈴)같은 느낌을 지울 수 없기 때문이다. 또한 亥月에는 팔자(八字) 원국(原局)에 甲戊庚 세 글자가 공히 투(透)할 수가 없다.

亥月은 유일하게 壬水를 용신(用神)으로 삼지 않는 때다. 가령 子月 丙火만 해도 동지(冬至)에는 양(陽)이 생(生)하여 丙火는 약(弱)한 가운데 생왕(生旺)해지므로 壬水를 용(用)한다. 그러나 亥月이라 해도 丙火의 근기(根氣)가 튼튼하고 신강(身强)하면 壬水를 쓰지 못하는 법이 없다.

---

175) 유학자의 경칭

176) 합화할 수 있는 때를 만남.

따라서 亥月 丙火는 甲庚의 인다용재(印多用財)로 성격(成格)되거나, 庚壬의 칠살봉재(七殺逢財)라 해도 파격(破格)이 아닌 부귀격 (富貴格)을 이루게 된다. 丙火가 寅巳에 뿌리를 내리고 신강(身强)한 이상 壬水는 곧 귀(貴)를 의미하여 살(殺)이 아닌 관(官)의 작용을 수행하므로 칠살봉재(七殺逢財)가 아닌 정관용재(正官用財)와 같은 것이다.

오양간(五陽干) 중에 庚金을 빼고 나머지는 모두 칠살(七殺)의 극(剋)을 기뻐하여 격(格)을 이룬다.

亥月 丙火에 辛金이 투(透)하고 壬辰時 생(生)이면 진화격(眞化格) 이 되어 대귀격(大貴格)을 이룬다. '적천수'에 丙火가 최양(最陽)이라고 했다. 까닭에 쉽게 화(化)하지 않는다. 지지(地支)에 수국(水局)과 북방(北方)이 있으면서 辰을 보아야 진화(辰化)가 성립된다.

2. 혹 壬이 많고 甲이 없으면 이에 기명종살(棄命從殺)을 이루어 과갑(科甲)은 아니더라도 환료(宦僚)는 된다. 혹 壬이 많은데 甲이 있고 戊가 없으면 도리어 종살(從殺)이 되지 않고, 이때는 己土를 용(用)하여 혼임(混壬)함이 마땅하다.

=> 亥月 壬水가 종살격(從殺格)을 이루면 역시 귀(貴)하다. 문제는 두 번째 구절로, 원시(原詩)는 마치 亥月 壬水

에 甲木이 있어도 戊土만 있으면 종살격(從殺格)이 될 수 있는 것처럼 상황을 묘사하고 있으나 甲木이 있는 한 종살격(從殺格)은 성립되지 않는다.

이 대목이 시사하는 내용은 **己土가 壬水를 혼합(混合)하는 격국(格局)으로, 亥月 丙火의 존신(尊神)이 되는 甲木을 생(生)하는 반생(反生)의 공(功)이다.** 다시 말해 丙火가 亥月에 태어나 **절처봉생(絶處逢生)**[177]이 되면 대귀격(大貴格)을 이룬다.

그런데 해궁(亥宮) 壬水는 당왕(當旺)하여 충분(沖奔)하는 水니 木을 생(生)하기 어렵다. 이때 己土가 출간(出干)해서 壬水를 혼합(混合)하면 甲木을 배양(培養)하고 丙火를 생(生)한다.

이것은 申月 乙木이 丙癸를 보지 않고, 己土를 보아 부귀(富貴)를 잃지 않는 것과 마찬가지다.

보통 壬水가 己土를 보아 혼탁(混濁)해지면 흉하지만, 니토 (泥土)가 비옥(肥沃)한 땅이 되어 甲乙木의 뿌리를 배양(培養)하는 반생(反生), 즉 일정한 틀이 없는 병약법(病弱法)의 묘수(妙手)를 팔자술(八字術)의 '마스터'라면 놓치는 법이 없다. 亥未가 모여도 己土가 壬水를 혼합(混

177) 일원(日元)이 12운성의 절(絶)을 만나나 절지에서 장생(長生)으로 좌(坐)하는 절지의 지장간 인수(갑목)를 보니 봉생한다 함.

合)하는 이치와 같다.

3. 총론해서 亥月 丙火는 木이 왕(旺)하면 庚金이, 水가 왕(旺)하면 戊土가 마땅하고 火가 왕(旺)하면 壬水를 용(用)하므로 팔자(八字)의 상황을 잘 참작(參酌)해서 용(用)을 정해야 한다.

=> 이상은 모두 팔자(八字)에 병(病)이 있으면 약(藥)이 되는 것을 용신(用神)으로 삼아야 한다는 의미다. 팔자(八字)의 쇠왕(衰旺)과 중화(中和)를 모르면 병약용신(病弱用神)은 전혀 알 수 없다. [178]

子月 丙火

壬　戊己　동지일양생, 약중부강, 임수위최,
冬至一陽生, 弱中復強, 壬水為最,
무토좌지. 임무량투, 과갑가허.
戊土佐之. 壬戊兩透, 科甲可許.

1. 子月 丙火는 동지(冬至)에 일양(一陽)이 생(生)하니 약(弱)한 가운데 다시 강(强)해지므로 壬水를 제일로 용

178) **병약용신(病弱用神)은 십간론(十干論)의 틀에 가장 부합되며 체신(體身)의 범주에서 운용되는 것**인데, 즉 원명과 대운에서만 적용됨. 이를 부억(扶抑) 일반의 용법과 대동소이하게 인식하거나, 부억용신(扶抑用神)의 일부로 여기는 오류를 범하지 말아야한다.

(用)하고, 戊土로 보좌(輔佐) 한다.

=> 子月 丙火는 살용식제(殺用食制)[179]가 귀격(貴格)의 전형이지만, 중동(仲冬)은 천한지동(天寒地凍)하여 대개 쇠절(衰絶)된 火가 당왕(當旺)한 水를 만나면 극제(剋制)를 당하기 쉬우므로 신중하게 잘 살펴야 한다. 까닭에 살용식제(殺用食制)보다는 甲木을 쓰는 **살격용인(殺格用印)**[180]이 한결 안전하다. 子月 丙火는 戊土의 **회광(晦光)**[181]을 몹시 꺼리게 되므로 戊土는 용(用)인 동시에 병(病)이 된다. '서락오'는 壬水가 용신(用神)이거나, 戊土가 용신(用神)일 때를 막론하고 모두 甲木이 없으면 불가(不可)하다고 했다. 이것은 매우 중요한 사항이다.

2. 子月 丙火에 壬戊가 양투(兩透)하면 과갑(科甲)을 허락하고, 戊土가 없는데 己土가 있으면 **이로공명(異路功名)**[182]한다. 혹 壬水가 없고, 癸水가 출간(出干)하면 金으로 자양(滋養)해야 상(傷)함이 없고, 또한 丙火가 투(透)해야 해동(解凍)하여 의금(衣衿)을 허락한다.

=> 子月 丙火가 사주(四柱)에 인비(印比)가 많아 신왕(身旺)하면 壬水가 없이 귀격(貴格)을 이룰 수 없다. 만일 壬水가 없으면 癸水를 취하나, 중동(仲冬) 癸水는 설상(雪

179) 칠살격에서 식신으로 제복하는 역용으로 격을 이룸.
180) 칠살격에 인수를 용하여 화살함.
181) 병화의 빛을 어둡게 함.
182) 다른 길로 공명을 이룸.

霜)과 같으니 丙火 비견(比肩)으로 해동해야 의금(衣衾)[183]이 있는 것이다.

만일 壬癸水가 모두 투(透)하지 않으면 지지(地支)에 癸水가 있는 것이니 이때도 마찬가지로 金의 도움을 받아야 상(傷)하지 않고, 丙火가 투(透)하여 火金이 모두가 강(强)하면 능히 부격(富格)을 이루는 것이다.

3. 혹 한 무리의 壬水가 있으면 오직 戊土를 용(用)하는데 이 사람은 비록 명리(名利)는 없으나 문장(文章)은 보통을 초월한다. 왜냐하면 戊土가 회광(晦光)하기 때문인데 이때는 甲木이 약(藥)이 된다. 혹 壬水가 없으면 癸水 또한 가용(可用)하나 드러나게 현달(顯達)하지는 않는다. 혹 사주(四柱)에 壬水가 많고 甲木이 없으면 기명종살(棄命從殺)을 이루어 역시 운로(雲路)가 있다.

=> 子月 丙火는 수왕화쇠(水旺火衰)를 몹시 두려워한다. 까닭에 일파(一派) 壬水가 있고 戊土가 있다면 壬戊를 보아 귀격(貴格)을 이루는 게 아니라 오히려 가난하고 고생하기 쉽다.

子月 丙火가 甲木을 보지 않으면 기명종살격(棄命從殺格)이 될 수 있다. 이때 지지(地支)에는 수국(水局)이 있거나 북방(北方)이 완전해야 진종(眞從)으로 아름다운 명

---

183) 옷과 이부자리

(命)이 된다.

4. 혹 水가 많은데 甲木이 있고 戊土가 없으면 종살(從殺)이 되지 않으니 이때는 己土를 용(用)하여 탁임(濁壬)이 마땅하니 子月 丙火는 亥月과 자못 동일하다.

=> 子月 丙火가 인수(印綬) 甲木을 보면 종(從)하지 않는다. 己土로 壬水와 혼합하는 격국(格局)은 亥月 丙火와 이치가 같다. 다만 亥月에는 해궁(亥宮) 甲木이 유기(有氣)하여 甲木이 출간(出干)하지 않아도 쓸 수 있지만, 子月에는 甲木이 투(透)해야만 니토(泥土)의 효용(效用)이 있다.

丑月 丙火

壬　　甲　　기진이양, 희임위용. 기토사령,
氣進二陽, 喜壬為用. 己土司令,
토다우불가소갑. 임갑량투, 과갑감의.
土多又不可少甲. 壬甲兩透, 科甲堪宜.

1. 丑月 丙火는 이양(二陽)이 진기(進氣)하여 설(雪)을 업신여기고, 상(霜)을 기만하니 壬水를 기뻐하여 용(用)한다. 己土가 사령(司令)하여 土가 많으면 甲木이 적어서는 불가(不可)하다.

壬甲이 양투(兩透)하면 과갑(科甲)을 능히 감당(勘當)하고, 甲木이 암장(暗藏)되면 수재(秀才)로 그친다. 혹 甲木이 없고, 하나의 壬水만 투(透)하면 부중취귀(富中取貴)한다.

=> 丑月은 己土가 영(令)을 잡는 때로 丙火를 회(晦)하고, 壬水를 탁(濁)하게하니 甲木이 없으면 귀격(貴格)을 이루기 어렵다. 다만 甲木이 없고 壬水만 투(透)해도 부격(富格)을 이룬다.

이것은 삼춘(三春) 丙火와 이치가 같은 것이다. 결론적으로 丑月 丙火는 상관패인격(傷官佩印格)을 제일로 치는 것이다.

2. 만일 한 무리의 己土를 보고 甲乙木을 보지 않으면 가상관격(假傷官格)이 되어 사람은 총명(聰明)하고 오만(傲慢)하지만, 명리(名利)는 헛되고 실속이 없다.

=> 丑月 丙火가 일파(一派) 己土를 보면 甲乙木을 용(用)하여 화토상관패인격(火土傷官佩印格)을 이뤄야 귀격(貴格)을 짓는다.

3. 혹 한 무리의 癸水를 보고 己土가 출간(出干)하면 필시 창업(創業)한다. 만약 己土의 제복(制伏)이 태과(太過)하면 辛金을 취(取)해 작용(作用)한다. 癸水가 투(透)하면

명성(名聲)을 얻지 못해도 청아(淸雅)한 문필가(文筆家)로 묵사(墨士)라 할 수 있다.

=> 축궁(丑宮)에는 己癸辛이 있다. 이중에 己癸가 투(透)하면 자수성가(自手成家)하고, 辛金이 나란히 투(透)하면 己土를 설(洩)하여 癸水를 도우므로 우아한 기풍(氣風)이 있다

4. 丁火184)

184) **적천수 천간론 정화: 정화유중,내성소융(丁火柔中,內性昭融)**:丁火는 부드러운 가운데 內性은 昭融하다. 丁火는 여타의 陰干과 달리 剋制하는 힘이 있으므로 능히 庚金을 녹일 수 있으므로 身强하면 대개 財를 用하는 것을 기뻐한다. **/포을이효,합임이충(抱乙而孝,合壬而忠)**:乙을 품어 孝하고, 壬을 合해 忠한다. 乙木이 旺金을 만나면 빈천해지기 쉬운데 이때 丁火로 金을 제복하면 貴가 있다. 壬水는 淸해야 하는데 己土가 있으면 泥沙가 잡되어 간사한 위인이 된다. 이때 丁은 壬을 合하여 암암리에 木氣를 띠므로 己土의 害를 방지하는 역할을 한다. **/왕이불렬, 쇠이불궁(旺而不烈,衰而不窮)**:旺해도 剛烈하지 않고 衰하여도 窮하지는 않다. 丁火는 陰柔하므로 旺地에 임해도 여간해서 比重으로 보지 않는다. 특히 火長夏天金疊疊格의 財旺身强을 높은 格局으로 보는 것도 같은 맥락이다. 冬月의 丁火라도 甲木이 있으면 金水가 많아도 上格을 이루고, 비록 科甲이 아니어도 선비의 우아함과 풍류는 잃지 않는다. 丁火는 거의 계절과 무관하게 庚金이 없으면 벽갑할 수 없고, 甲木이 없으면 인정할 수 없어 木火通明이 되지 않는다. **/여유적모,가추가동(如有嫡母,可秋可冬)**: 만일 親어머니가 있으면 可秋可冬하다. 丁火가 甲木을 떠날 수 없는 것은 본성이 衰竭하기 때문이다. 丁日 生이 甲木을 보면 대개 富貴功名을 이룬다.

- 三春 정화는 갑목과 경금을 취해 정화를 도우면 자연 발전하고 부귀가 따른다. 辰月에 수국을 짓고 임수가 출간하면 살중신경이 되어 요절하는 수가 있다.

- 三夏 정화는 甲庚을 용한다. 午月은 경임을 쓰고 지지화국을 지으면 대발한다. 未月에 갑목이 투하고 亥卯가 있으면 암암리에 水의 뿌리가 있어 문명기상이다.

三秋 정화는 음유하여 물러나는 기로 인수 갑목의 생부를 요한다. 경금으로 벽갑하여 引火하고 병화로 갑목을 말려야 한다.

三冬 정화는 약하고 차가우니 필시 甲庚이 있어야 한다. 경금이 없으면 벽갑할 수 없고, 갑목이 없으면 인정할 수 없으니 목화통명을 이루지 못한다.

-丁火는 등촉으로 겉은 밝아도 속은 쇠갈(衰渴)하여 모성 갑목이 반드시 있어야 한다. 甲木은 경금의 벽갑으로 인화하므로 대개 정화의 부귀는 甲庚의 짝으로 완성된다.[185)]

---

185) 정화는 경금으로 갑목을 쪼개어 불을 지펴주는 것을 좋아한다. 그래서 정화가 가장 싫어하는 것이 첫째. 가을에 계수로 갑목을 적시는 것이다. (濕甲, 濕木기피) 둘째. 지저분하게 을목이 같이 있으면 연기가 너무 나서 싫어한다. 팔자를 흐려놓는다. 을목이 괜찮을 때가 있다. 가을이다. 단 바짝 말려서 써야하니 병화가 반드시 있어야 한다. 이를 고초인등격이라 한다. 사시를 막론하고 갑목이 전혀 없으면 할 수 없이 을목이라도 병화로 말려서 쓴다. 꼭 酉月에만 고초인등격이 성립되는 것은 아님. 그러므로 정화가 갑목을 쓸 때는 경금이 있어야 되고 을목을 쓸 때는 병화가 있어야 된다. **결론: 1.정화일간에게 갑목경금 있으면 일단 OK. 2.을목 없고,

-乙木은 引丁도 못하고, 戊土를 파하지도 못하므로 많이 있어도 이롭지 않다.

-정화는 병화겁재를 병탈정광(丙奪丁光)이 되어 싫어한다.

-午月에는 火旺하여 丁火가 令을 잡았으므로 함부로 甲木을 취하면 안된다.[186]

-申月과 酉月에 甲木이 없으면 乙木을 취하는데, 이 때는 을목이 습목인 이유로 丙火로 말려 고초인등(枯草引燈)한다.

三春 丁火

寅月 丁火

庚 甲	갑목당권, 내위모왕, 용경금벽갑인정.
	甲木當權, 乃為母旺, 用庚金劈甲引丁

1. 寅月 丁火는 甲木이 당권(當權)하여 **모왕(母旺)**[187] 한

계수 안보여야 좋다. 3.丙이 없어야한다.(가을겨울에는 병화가 있는 것이 좋다.)

186) 火가 너무 강하여 목분화열 되어 정신이상이 되기 쉽다. 이때는 癸水로 식혀줘야 한다. 午月丁火는 신왕하다. 영웅이 되려면 신왕살왕이 대표적인 케이스다. 身殺兩停이라한다. 산불이 나면 강물이 아니라 비가 필요하다. 계는 뿌리가 없어도 된다 했는데 뿌리가 없으면 신살양정이 안되니 따로 獨殺當權이라 칭한다. 독살 한 개만으로도 일격을 짰다해서 이렇게 칭함.

바, 庚金이 아니면 벽갑(劈甲)할 수 없어 인정(引丁)이 어려우니 庚金을 고용(姑用)한다.

=> 원문(原文)는 庚金의 고용(姑用)을 말하지만, 임시방편의 뜻을 지닌 고(姑)보다는 전(專)이나 존(尊)의 표현이 적합하다고 생각된다. 丁火는 반드시 甲木이 있어야 한다. 甲木이 없으면 의지할 곳이 없는 셈이다. 다음으로 庚金으로 甲木을 쪼개야 인정(引丁)할 수 있다. 寅月에는 이미 甲木이 있으므로 먼저 庚金을 쓰는 것이다. 寅月 丁火는 인수용재격(印綬用財格)을 이루면 일단 귀격(貴格)을 성립시킨다.

2. 혹 한 무리의 甲木이 있는데 庚金이 없어 이를 제(制)하지 못하면 가난하거나 요절(夭折)에 이른다. 혹 단지 하나의 甲木과 여러 乙木이 있으면 필시 고향(故鄕)을 떠나므로 처아(妻兒)는 물어 볼 것도 없다. 혹 甲乙을 보고, 庚子時에 태어나면 일찍 처자(妻子)를 두고, 채근(採芹)은 가(可)하다.

=> 寅月 丁火에 甲木이 태다(太多)하면 **목다화식(木多火**

---

187) 이 본문의 母旺의 母는 印綬를 가리키는 말이 맞지만 다음은 구분을 잘 해야함.
母衰子旺=子旺母衰, 母旺子衰=母衆子孤 =>여기서의 母는 日干을 가리키는 것임. 子는 食傷.
子衆母衰=子衆母孤, 母慈滅子는 印星이 너무 많아 比劫은 적어 財星이 吉함. =>여기서의 母는 印綬, 子는 日干임.

熄)[188]이 된다. 이때는 반드시 재(財)로 인수(印綬)를 파(破)해야 한다. 또 乙木이 많으면 효신(梟神)의 흉의(凶意)가 나타나므로 庚金이 乙木을 제거(除去)하지 않으면 아내와 자식이 온전하기 어렵다. 그러나 庚子時 생(生)은 시(時)의 간지(干支)에 재관(財官)을 놓아 아내와 자식과의 인연이 두터운 편이다. 다만 귀격(貴格)에 해당되지는 않고 유림(儒林)의 선비에 불과할 뿐이고 가업(家業)을 잇는 것은 가능하다. 이때는 壬癸水가 투(透)해야 귀(貴)를 논할 수 있는 것이다.

3. 寅月 丁火가 壬水를 얻어 **화목격(化木格)**[189]을 이루면 차명(此命)은 필히 대귀격(大貴格)에 부합(附合)하고, 庚金을 보지 않아 파격(破格)되지 않아야만 묘(妙)한 것이다.

=> 寅月 丁火가 화격(化格)을 이루면 필시 부(富)가 있다. 화격(化格)을 짓지 않으면 일반 내격(內格)에 준하여 용(用)을 구하면 된다.

4. 혹 庚金과 壬癸水가 있고 己土가 출간(出干)하면 차명(此命)은 과갑(科甲)과는 인연을 맺지 못해도 이도(異途)는 있다.

=> 寅月에는 한기(寒氣)가 있어 재왕생살(財旺生殺)하

188) 木(목)이 많아 火가 꺼짐.
189) 丁壬合化木으로 합화격을 이룬 것.

면 식신(食神)으로 제살(制殺)해야 귀격(貴格)을 이룬다. 보통 음간(陰干)이 칠살(七殺)을 보아 귀격(貴格)을 이루기란 쉽지 않다.

5. 혹 한 무리의 壬癸水를 보고 寅時를 얻지 못하거나, 또는 庚金이 없으면 필시 곤궁(困窮)해진다.

=> 寅月 丁火가 寅時 생(生)이면 壬水를 보는 것이고 이것은 화격(化格)의 성립을 예고한다. 이때는 癸水가 용신(用神)인데 화격(化格)을 이루지 못하면 빈천(貧賤)해지기 쉬운 것이다.

6. 혹 丁年, 壬月, 丁日, 壬時 생(生)이라면 남자는 대귀(大貴)하나 여자는 마땅치 않다. 차격(此格)은 土를 아내로 삼고, 金이 자식이다. 다만 자녀(子女)는 간난(艱難)하다. 여명(女命)이 이와 같으면 음천(陰賤)하고 형부극자(刑夫剋子)한다.

=> 寅月 丁火의 팔자(八字)가 화목격(化木格)을 이루면 아름다운 명(命)이 된다고 했다. 다만 이때 관(官), 金은 불리하므로 자식을 키우기가 쉽지 않다.190) 여명(女命)이라면 관(官), 金이 남편이므로 부궁(夫宮)에 애로사항이 나타나고, 원래의 남편 壬水가 기반(羈絆)되어 좋지 않다.

---

190) 合化되어 木이 된경우를 상정(想定)할 때를 가리킴. 이때 官은 金이 되고 男命에는 자식, 女命에는 夫星이 된다.

음천(陰賤)을 논한 것은 합다(合多)하기 때문이고, 지지(地支)에 동방(東方)을 이루지 않는 한, 진화(眞化)가 아니므로 결함이 나타나는 것이다.

7. 혹 지지(地支)에 화국(火局)이 있고, 적수(滴水)의 해갈(解渴)이 없다면 승도(僧道)의 팔자(八字)다. 이때 甲木이 출간(出干)하면 대략 가(可)하다. 총론해서 水가 없으면 불가(不可)하다. 水가 많아도 또한 마땅치 않다.

=> 寅月 丁火에 지지(地支) 화국(火局)을 이루고 水가 없으면 대개 고빈(孤貧)하고 용렬(庸劣)한 위인이다. 다만 甲木이 출간(出干)하면 가염상격(假炎上格)을 이루어 약간의 귀(貴)함이 있다. 丁火는 본성(本性)이 쇠갈(衰竭)하여 자체로는 염상(炎上)을 이루지 못하고 甲木의 도움이 없으면 쓰임새가 없다. 그러나 乙木은 같은 쇠갈(衰竭)한 기(氣)로 생부(生扶)가 어렵다. 이때 水가 없거나 많으면 좋지 않다.

卯月 丁火

庚　甲　　습을상정, 선경후갑, 비경불능거을,
　　　　　淫乙傷丁, 先庚後甲, 非庚不能去乙,
　　　　　비갑불능인정. 경갑량투, 과갑정연.
　　　　　非甲不能引丁. 庚甲兩透, 科甲定然.

1. 묘월 정화는 습을이 정화를 상하게 하므로 먼저 경금을 쓰고 다음으로 갑목을 쓰는데, 庚이 아니면 乙을 제거(除去)할 수 없고, 甲이 아니면 인정(引丁)하지 못하기 때문이다. 庚甲이 양투(兩透)하면 과갑(科甲)이 정연(定然)하다.[191] 庚金이 투(透)하고, 甲木이 암장(暗藏)되면 생원(生員)이나 공감(貢監)에 이른다. 甲木이 투(透)하고, 庚金이 암장(暗藏)되면 이로(異路)로 공명(功名)이 있다.

=> 乙木은 훼목(卉木)과 같아 불이 잘 붙지 않으므로 습을(濕乙)이라 한다. 卯月 丁火에 庚甲이 모두 투(透)하면 과갑(科甲)을 한다.[192]

庚金이 투(透)하고, 甲木이 암장(暗藏)되면 **생원(生員)이나 공감(貢監)**[193]은 하고, 甲木이 투(透)하고, 庚金이 암장(暗藏)되면 이로(異路)로 공명(功名)이 있다.[194] 庚金이 있으나 甲木이 없으면 청아(淸雅)한 선비가 되고 甲

---

191) 과갑정연은 오늘날에는 국가고시합격 등으로 일찍 출세함을 의미.

192) **습을상정(濕乙傷丁)이란 한 마디로 乙木은 인정(引丁)하지 못하는 속성을 뜻함.** 그렇다면 甲木이 있어야 한다. 또한 庚金이 甲木을 벽갑(劈甲)해야 인정(引丁)한다. 원문(原文)은 庚金의 효용(效用)을 乙木의 제거(除去)에 '포커스'를 두고 설명하지만, 실제로는 벽갑인화(劈甲引火)의 작용이 우선이다.

193) **생원이나 공감이 과거에는 낮은벼슬이나 현대에는 공인회계사등을 의미함.**

194) 정점으로 가는 길이 가령 국가고시를 거쳐 변호사, 국회의원으로 가는 일반적 케이스가 아니고 회사경영을 하거나 상인을 하다가 국회의원이 되는 경우가 이로공명의 예이다.

木이 있으나 庚金이 없으면 범명(凡命)에 속한다.

2. 혹 庚乙이 함께 투(透)하면 庚金은 필시 乙木에게 정(情)을 주므로 탐합(貪合)을 면(免)치 못하니 金水 운(運)으로 가면 가난으로 몰골이 앙상해진다. 혹 庚金이 투(透)하고 乙木이 암장(暗藏)되면 탐합(貪合)하지 않으므로 乙이 오히려 인정(引丁)하는 셈이니 乙木을 용(用)해도 무해(無害)하고, 운(運)이 木火로 들어가면 자연 부귀(富貴)한다. 乙木을 용(用)하면, 水가 아내요 木이 자식이 된다.

만약 甲木을 보지 못하고 乙木으로만 그친다면 부귀(富貴)가 장구(長久)하지 못하고, 탐욕(貪慾)으로 인해 화(禍)에 달하고 교묘하게 희롱하지만 반대로 졸렬(拙劣)해진다. 또한 선인(先人)의 업(業)을 계승하지 못한다.

=> 卯月 丁火에 乙庚이 동시에 투(透)하면 탐합망극(貪合忘剋)하여 庚金 용신이 무용지물이 되니 빈한을 면키 어렵다.[195] 그러나 乙木이 암장(暗藏)되면 오히려 乙木이 丁火의 불꽃을 이끌게 되므로 이롭다. 동남운(東南運)에는 인다용재(印多用財)로 성격(成格)되어 부귀(富貴)를 보는 것이다.

목처수자(木妻水子)는 인수용살격(印綬用殺格)을 의미

---

195) 용신이 아예 없으면 그냥 평범한 인물인데 용신이 드러나서 무용지물이 되면 빈한하다.

한다. 그러나 丁火는 甲木을 보지 못하면 수명(壽命)이 길지 않으므로 부귀(富貴)가 길지 않다. 즉 丁火는 甲木이 있어야만 목화통명(木火通明)이 되어 庚金을 극제(剋制)할 수 있다는 얘기다.

3. 혹 지지(地支)에 목국(木局)을 이루고 庚金이 투(透)하면 청귀(淸貴)하다. 그러나 庚金을 보지 못하면 상인(常人)에 머문다. 卯月에는 乙木이 사권(司權)하여 필수적으로 庚金이 있어야 하는데 乙木이 있고 庚金이 없다면 빈고(貧苦)하여 의지(依支)할 곳이 없다. 庚金을 용(用)하면, 土가 아내요 金이 자식이 된다.

=> 한 마디로 卯月 丁火는 乙木이 권리를 잡은 때이니 庚金이 없으면 흉하다. 다만 지지(地支)에 목국(木局)을 이루면 가염상격(假炎上格)으로 金을 용납하지 않을 때가 있으므로 가려 취해야 한다.

乙木 편인(偏印)이 당왕(當旺)했으므로 재(財)로 인(印)을 손상시켜야 한다. 토처금자(土妻金子)란 인수용재격(印綬用財格)으로 부억(扶抑)상 식재(食財)가 희신(喜神)인 경우를 말한다.

4. 인왕살고(印旺殺高)하면 대부대귀(大富大貴)한다. 혹 한 무리의 水가 있는데 戊土의 제(制)가 없으면 빈고(貧苦)하여 의지(依支)할 데가 없다. 혹 乙木이 적고 癸水

가 많아 戊土로 이를 제(制)하면 도리어 길(吉)하다. 土를 용(用)하면, 火는 아내요 土가 자식이 된다.

=> 卯月 丁火의 인왕살고(印旺殺高)는 甲癸가 투(透)한 경우다. 일파(一派) 水가 있으면 戊土로 제(制)해야만 귀(貴)를 이룬다. 화처토자(火妻土子)는 戊土가 많은 癸水를 제살(制殺)하는 유형을 말한다.

辰月 丁火

甲　庚　　무토사령, 설약정기, 선용갑목인정제토,
　　　　　戊土司令, 洩弱丁氣, 先用甲木引丁制土,
　　　　　차간경금. 경갑량투, 정주과갑.
　　　　　次看庚金. 庚甲兩透, 定主科甲.

1. 辰月 丁火는 戊土가 사령(司令)하여 정기(丁氣)는 설기(洩氣)되어 약(弱)하니 먼저 甲木을 용(用)하여 인정(引丁)하고 제토(制土)한 다음 庚金을 같이 본다. 庚甲이 양투(兩透)하면 정히 과갑(科甲)에 이른다.[196] 혹 하나가 장(藏)되고, 하나가 투(透)하면 종내 백정(白丁)은 되지 않는다.

---

196) 대개 정화의 부귀는 갑경의 용으로 완성된다. 진월에는 갑목의 효용이 크다. 引丁과 制土 두 가지 역할을 모두 수행하므로 그렇다.

=> 대개 丁火의 부귀(富貴)는 甲庚의 용(用)으로 완성된다. 辰月에는 甲木의 효용(效用)이 크다. 인정(引丁)과 제토(制土)의 두 가지 역할을 모두 수행하기 때문이다. 甲庚 둘 중 하나는 투(透)하고, 나머지 하나가 암장(暗藏)되면 수사(秀士)다.

2. 혹 지지(地支)에 목국(木局)을 이루면 庚金을 먼저 취(取)한다. 庚金이 투(透)하고 丁癸가 투(透)하지 않으면 역시 이로(異路)로 공명(功名)이 있다.

=> 辰月 丁火가 지지(地支)에 목국(木局)을 이루면 인왕(印旺)하여 재(財)가 용신(用神)이 되니 **취재파인격(取財破印格)**[197]이다.

이때 癸水 관살(官殺)이 나타나면 재(財)를 설(洩)하여 귀격(貴格)을 이루지 못한다. 재(財)가 있으면 부(富)한 가운데 귀(貴)가 있다. 이것이 납속주명(納粟奏命)이고, 이도(異途)인 것이다.

3. 지지(地支) 수국(水局)을 이루고 壬水가 투(透)하면 살중신경(殺重身輕)하니 필시 요절(夭折)한다. 혹은 흉사(凶死)를 당한다. 혹 戊己가 양투(兩透)하면 **랑묘지객(廊廟之客)**[198]이 된다. 만약 하나의 甲木이 土를 파(破)하면

197) 인다용재격을 말함. 인왕하여 재를 용하여 인을 눌러줌.
198) 왕실을 드나들 정도의 귀격. 묘는 宗廟의 준말(왕실의 사당)

상인(常人)에 불과하다.

=> 辰月에는 火가 진기(進氣)하고, 木의 여기(餘氣)가 있어 종살(從殺)이 어렵다. 따라서 지지(地支) 수국(水局)을 보고 진종(眞從)이 성립되지 않으면 살중신경(殺重身輕)으로 요절(夭折)에 이른다. 이때 식상(食傷)으로 살제(殺制)하면 귀격(貴格)으로 벼슬길에 오른다.

辰은 丁火의 관대지(冠帶地)로 식상(食傷)을 용(用)할 수 있다. 甲木이 있으면 제살(制殺)을 성립시키지 못하므로 파격(破格)이 된다. 무릇 용신(用神)이 손상되면 발전하기가 어려운 것이다.

4. 甲木을 용(用)하면, 水가 아내요 木이 자식이 된다. 庚金을 용(用)하면, 土가 아내요 金이 자식이 된다.

=> 수처목자(水妻木子)는 상관패인(傷官佩印)을, 토처금자(土妻金子)는 상관용재(傷官用財)로 성격(成格)된 팔자(八字)를 말한다. 甲庚이 같이 있으면 庚金이 벽갑(劈甲)하나 甲木이 없으면 金이 토기(土氣)를 설(洩)하여 토중(土重)으로 어두워진 火를 밝히는 것이다.

三夏 丁火

巳月 丁火

甲　庚　　　수취갑인정, 필용경벽갑. 벌갑,
雖取甲引丁, 必用庚劈甲. 伐甲,
방운목화통명. 갑다, 우취경위선.
方云木火通明. 甲多, 又取庚為先.

1. 巳月 丁火는 승왕(乘旺)하니, 甲木을 취(取)해 인정(引丁)해도 반드시 庚金을 용(用)하여 벽갑(劈甲)해야 한다. 甲을 벌(伐)하면 목화통명(木火通明)이 된다. 甲木이 많으면, 먼저 庚金을 취(取)한다.

단 사주(四柱)에 癸水를 보면 좋지 않다.[199] 癸水로 金을 설(洩)하면 습갑(濕甲)이 되어 丁火를 상(傷)하므로 癸水가 병(病)이 된다. 혹 癸水가 암장(暗藏)되었는데 壬水가 출간(出干)하여 丙火를 제(制)하면 丁火의 빛을 빼앗지 않고 스스로 안탑(雁塔)의 맨 앞머리에 이름을 올리니 옥당(玉堂)에 청귀(淸貴)함이 있다.[200]

---

199) 이 말을 잘 이해해야 한다. 보통은 여름에 조후 때문에 癸水가 있어야 되는데 이 경우는 정화의 진신인 갑목을 습목으로 만들기 때문에 계수를 기피하는 것이다. 단 巳月丁火가 갑목이 투하지 않고 계수하나만 투하면 독살당권으로 무방하다. 그러나 庚癸甲 이렇게 모두 투하면 매우 불리한 조합이다. 계수 때문에 경금은 녹슬고 갑목은 습목된다.

=> 巳月에는 丙火가 임관(臨官)하니 丁火가 丙火의 위력에 의지하므로 더 할 수없이 염열(炎熱)하여 스스로 왕(旺)해진다. 그래도 甲木은 필요하다. 丁火는 음유(陰柔)하므로 왕지(旺地)에 임해도 기(氣)가 바르지 못하기 때문이다.

丙火가 출간(出干)하지 않으면 甲庚을 쓰는 용재파인(用財破印)으로 성격(成格)시키고, 이때 癸水가 나타나면 庚金이 엉켜 甲木을 습(濕)하게 만들므로 흉하다. 그러나 丙火가 투(透)하면 화왕(火旺)하여 인수(印綬)가 생(生)하지 않아도 무방하고 甲木은 오히려 병(病)이 되며 癸水가 나타나도 두렵지 않다.

화왕(火旺)하면 水火가 기제(旣濟)를 이루어야 아름다운 팔자(八字)가 된다. 壬丙이 같이 투(透)하면 병탈정광(丙奪丁光)의 불리함을 논할 필요가 없고, 스스로 청귀(淸貴)함이 있어 극품(極品)에 이른다.

乙木은 등라계갑(藤蘿繫甲)을 기뻐하지만, 丁火는 병탈정광(丙奪丁光)을 꺼린다.[201] 그러나 乙木이 甲木을 만나

---

200) 임수출간제병, 불탈정광, 자시안탑제명(壬水出干制丙, 不奪丁光, 自是雁塔題名)

201) 대개 음간이 신약할 때는 겁재가 도움이 되는데 정화는 예외이다. 夏節에 丙火가 太旺하면 丙火는 태양이요, 丁火는 별빛이나 달빛에 비유되니 丙火에게 권한을 뺏기게 되어 **丙奪丁光(병탈정광: 丁火의 공적이 丙火에게 돌아감)**이라 하여 丙火를 대기한다

면 甲木으로 논하고, 丁火가 丙火를 만나면 丙火로 논하는 이치는 같다. 이것은 기(氣)가 생왕(生旺)함을 따르는 원리에서 비롯된 현상이다. **안탑제명(雁塔題名)이란 고위(高位) 벼슬아치를 일컫는 말인데 보통 재관(財官)이나 재살(財殺)을 기뻐하는 명(命)을 가리키는 말이다.**

2. 혹 庚金이 있고 甲木이 없이 戊土가 투간(透干)하면 상관생재(傷官生財)가 되어 戊土를 용(用)하면 필시 부귀(富貴)해진다. 戊土가 출간(出干)하고 甲乙木을 보지 않으면서 또 水를 보지 않으면 상관상진(傷官傷盡)이다. 이때는 팔자(八字)가 청고(淸高)하나 대귀대부(大貴大富)는 아니다. 水가 많고 木이 많으면 상인(常人)에 속한다.

=> 巳月 丁火가 상관생재격(傷官生財格)을 이루면 부(富)가 천금(千金)에 이른다. 팔자(八字)에 戊土가 많은데 인수(印綬)와 관살(官殺)이 없으면 상관상진(傷官傷盡)으로 출중(出衆)한 수재(秀才)가 되나 부귀(富貴)는 재능에 미치지 못한다.

이것은 상관(傷官)이 태중(太重)하여 설기(洩氣)가 지나치므로 丁火의 빛을 어둡게 하기 때문이다. 이때 水와 木이 많으면 평범한 명(命)이 된다.

3. 혹 사주(四柱)에 丙火가 많고 壬癸水를 보지 않으면 탈료정광(奪了丁光)이 되어 빈고(貧苦)한 사람이 된다.[202)]

혹 丁年, 巳月, 丁巳日 丙午時 생(生)이면 하나의 丙火가 두 개의 丁火를 탈(奪)하지 못한즉 현달(顯達)하지는 못하나 사방(四方)에 이름은 전파(傳播)한다. 고서(古書)에 이르길, 丁火는 음유(陰柔)한 등불이니 丙火 태양(太陽)을 만나면 광명(光明)을 빼앗기나, 만일 사주(四柱)에 甲木이 투(透)하면 안복(安福)이 절로 임(臨)한다고 했다.

=> 巳月 丁火가 丙火를 보고 壬癸水가 丙火를 파(破)하지 않으면 병탈정광(丙奪丁光)에 신왕무의(身旺無依)로 빈고(貧苦)해져서 의지(依支)할 데가 없다.

그러나 壬癸水가 丙火를 파(破)하면 이로(異路)로 발전한다. 丁年, 巳月, 丁巳日 丙午時 생은 일병불탈이정(一丙不奪二丁)이 되어 염상격(炎上格)의 변형으로 득시(得時)하고 득지(得地)하여 도읍(都邑)에 명성을 떨친다.

午月 丁火

壬　庚癸　　시귀건록, 불의란용갑목,

時歸建祿, 不宜亂用甲木,

---

202) 사주가 丙火가 많으며 壬癸水를 보지 못하면 丁火가 丙火에게 丁光을 완전히 빼앗기고 편고하여 이 사람은 가난하고 고생하는 사람이 된다. 그러나 巳月에 甲庚이 없을 때에는 壬癸水가 드러나야 한다. 丙癸가 함께 透해도 여름에는 黑雲遮日이 되지 않고 오히려 不淸不雨를 반긴다.

화다이경임양투위귀. 무임용계,
火多以庚壬兩透爲貴. 無壬用癸,
위독살당권.
爲獨煞當權.

1. 午月 丁火는 때가 건록(建祿)으로 돌아오니 甲木을 혼란(混亂)스럽게 용(用)해선 마땅치 않다.

=> **午月 丁火는 염상격(炎上格)이 아닌 한 甲木을 용(用)하는 법이 거의 없다.** 한 마디로 화왕(火旺)하여 金水의 조후(調候)가 급한 것으로 이해하면 무난하다.

2. 年에 壬水가 떨어져 투(透)해 丁火와 합(合)을 탐(貪)하지 않으면 충직(忠直)하고 후덕(厚德)하다. 혹 지지(地支)에 화국(火局)을 이루고 천간(天干)에 火가 출간(出干)했는데 庚壬이 양투(兩透)하면 과갑(科甲)이 자연스럽다. 土가 투(透)하여 壬水를 제(制)하면 상인(常人)이다.

壬水가 지지(地支)에 암장(暗藏)되어도 종내 백정(白丁)은 되지 않고, 서북운(西北運)을 요(要)하며 이로써 발달(發達)한다. **하나의 癸水가 투(透)하면 독살당권(獨殺當權)으로 출중(出衆)한 우두머리가 된다.** [203]

---

203) 세상 사람들의 출중한 두목이 된다.. .壬水는 正官이고 癸水는 七殺이다. 정관보다 칠살을 용할 때 대귀한 경우가 많다.

=> 午月 丁火에 壬水가 떨어져 합(合)되지 않으면 충효(忠孝)가 나타나고, 丁火가 합(合)되어 정(情)을 주면 관(官)을 향해 기운다. [204)]

지지(地支)에 화국(火局)을 이루었는데 천간(天干)에 火가 투출(透出)하고 庚金과 壬水가 모두 투(透)하면 과갑(科甲)에 이른다. 이때 土가 水를 제(制)하면 평범한 명(命)이 된다.

壬水가 지지(地支)에 암장(暗藏)되면 서북운(西北運)으로 흘러야 부귀(富貴)가 있다. 午月 丁火에 癸水 하나가 투(透)하면 독당일면(獨當一面)하니 대중(大衆) 위에 군림한다. 대귀격(大貴格)은 관(官)을 취하지 않고 살(殺)을 취하는 유형이라 할 수 있다. 癸水는 庚金의 생(生)을 논하지 않는다.

3. 만약 寅辰亥卯木의 글자가 있어 木이 火를 생(生)하면 평범한 인물(人物)이지만 의식(衣食)은 풍족(豊足)하고 중년에 부(富)가 있으나 다만 자식(子息)을 형극(刑剋)하고 노력(勞力)이 無功해진다.

혹 丙午月, 丁未日, 辛亥時 생(生)으로 亥中 壬水가 丙火를 제(制)하면 빈고(貧苦)함에 이르지는 않는다. 만약

---

204) 년에 임수가 떨어져 투해 정화와 합탐하지 않으면 충직하고 후덕하다. 군이 떨어지지 않아도 상관없다. 떨어지라는 것은 화기가 너무 세 질까봐 꺼리는 염려함이다.

丙午時 생(生)이라면 적수(滴水)가 염화(炎火)를 구하기 어려우니 승도(僧道)의 팔자(八字)가 된다. 만약 년지(年支)에서 子水를 보면 비록 과갑(科甲)은 아니나 의금(衣衿)이 있다.

=> 午月 丁火에 지지(地支)의 木이 강해 인수(印綬)가 수기(水氣)를 설(洩)하여 火를 생(生)하면 해염(解炎)하지 못하여 끝내 평범한 명(命)이 된다. 그러나 팔자(八字) 전체가 木火로 왕(旺)하면 화기(火氣)를 설(洩)하는 게 낫다. 즉 木은 많고 金은 없는데 화목(化木)도 불가(不可)하면 土로 火를 설(洩)하는 부득이한 용법(用法)을 쓸 때가 있다.

팔자(八字)에 금기(金氣)가 없고 子午의 충(沖)으로 壬水의 근기(根氣)가 상(傷)한 경우에는 壬水를 용(用)하지 않고, 土의 설기(洩氣)를 기뻐한다.

한난조습(寒暖燥濕)의 처리는 간지(干支)에 구애됨이 조절(調節)이 가(可)하다고 했다. 따라서 팔자(八字)에 亥水가 있어 丙火를 제(制)하면 고빈(孤貧)함에 이르지는 않는다.[205)]

년지(年支)에 子水가 있어도 청귀(淸貴)하여 과갑(科

205) 그러므로 조후지신이 천간에 없으면 지지에라도 있어야 한다.

甲)은 아니어도 의금(衣衾)이 적지 않고 도읍(都邑)에 명성을 전한다.

4. 만약 지지(地支)에 화국(火局)이 없고 水가 투간(透干)하면 마땅히 甲木을 용(用)하는데, 이때는 庚金의 벽갑(劈甲)이 있어야만 밝아진다. 즉 목화통명(木火通明)으로 대부귀(大富貴)하다. 혹 木이 적고 火가 많으면 목성(木性)이 불살라져 빛이 구천(九天)에 미치지 못하니 영화(榮華)가 장구(長久)하지 못하다.

=> 午月 丁火는 가염상격(假炎上格)이 아닌 한 甲木을 용(用)하는 경우가 드물다. 다만 庚壬이 양투(兩透)하면 甲木을 용(用)하여 상격(上格)을 이룰 수 있다. 이것은 관(官)을 재인(財印)으로 보좌(輔佐)한 것으로 水火가 양정(兩停)하여 대부대귀(大富大貴)한 것이다. 그러나 壬癸水가 없다면 木이 불살라져 丁火는 의지할 곳이 없게 되므로 빛이 하늘 끝까지 미치지 못하고 영화(英華)가 길지 못하다.

5. 혹 생월(生月)에 녹(祿)이 있는데 지지(地支)가 모두 생왕(生旺)한 국(局)에 합(合)하고 더해서 火가 출(出)하면 적수(滴水)가 해염(解炎)하지 못하며 신왕무의(身旺無依)하므로 고빈(孤貧)한 팔자(八字)가 된다. 여자는 필시 비구니(比丘尼)가 된다. 만약 운(運)이 북지(北地)로 흘러도 반대로 흉위(凶危)하다.

=> 午月 丁火는 염상격(炎上格)을 이루어도 丁火는 가염(假炎)으로 지지(地支) 수기(水氣)의 해염(解炎)이 없으면 결국 신왕무의(身旺無衣)에 지나지 않아 기복(起伏)이 있게 된다. 따라서 팔자(八字)에 丙火와 水가 없으면 서북운(西北運)으로 흘러야 길하다. 만일 甲丙이 있어 염상격(炎上格)을 이루면 동남운(東南運)이 길하고, 서북운(西北運)은 흉하다.

6. 壬水를 용(用)하면, 金이 아내요 水가 자식이 된다. 甲木을 용(用)하면, 水가 아내요 木이 자식이 된다.

=> 금처수자(金妻水子)는 재관격(財官格)을, 수처목자(水妻木子)은 관인격(官印格)을 말한다.

未月 丁火

甲　壬　　음유퇴기, 단치삼복생한, 정약극의,
陰柔退氣, 但値三伏生寒, 丁弱極矣,
전취갑목, 임수차지.
專取甲木, 壬水次之.

1. 未月 丁火는 음유(陰柔)하고 퇴기(退氣)하니 무릇 삼복생한(三伏生寒)이라 丁火는 약(弱)함이 극(極)에 달하여 오직 甲木을 취(取)하고, 다음으로 壬水를 쓴다.[206)]

=> 丁火는 소융(昭融)하니 하지(夏至) 후에는 화기(火氣)가 다하는 때로 극성(極盛)하면 쇠(衰)하는 본성이 있다. 未月 丁火는 기세(氣勢)가 발설(發洩)되어 쇠락(衰落)을 향하고, 대서(大暑)가 지나면 金水가 진기(進氣)하므로 甲木으로 생조(生助)하지 않으면 영화(英華)를 기대하기 어렵다. 또 염조(炎燥)한 火土를 水로 윤택(潤澤)하게 하지 않으면 목기(木氣)가 메말라 분목(焚木)되므로 壬水로 보좌(輔佐)해야 한다.

2. 만약 甲木이 천간(天干)에 출간(出干)하고 지지(地支)에 목국(木局)을 이루면서 亥中 壬水를 보면 목신(木神)의 뿌리가 되어 丁火를 이끌어 사귀니 과갑(科甲)은 필연(必然)이다. 만약 목국(木局)을 보지 않고 지지(地支)에 壬水를 보아도 비록 대귀(大貴)에는 이르지 않으나 또한 능운지기(凌雲之氣)는 있고 庚金이 없으면 묘(妙)하지 않다.

=> 未月 丁火에 목국(木局)을 이루고 甲木이 투(透)하면 해궁(亥宮)壬水가 작용하여 과갑(科甲)에 이르지만, 이때는 庚金이 있어야 마땅하다. 庚金이 없으면 木이 亥中 壬水를 설(洩)하여 귀격(貴格)을 이루기 어렵다. 즉 丁火가 왕(旺)해지려면 亥未가 회국(會局)하고 壬水의 관(官)이 쓰임이 있으면서 庚金이 생수(生水)해야 한다. 목국(木局)이 없어도 지지(地支)의 壬水가 甲木을 생(生)하면 능가

---

206) 甲+壬=습목 안됨. 甲+癸=습목이라 기피함.

(凌駕)하는 운기(雲氣)가 있으니 벼슬길에 오른다.

未月은 己土가 당왕(當旺)한 때로 壬水를 탁(濁)하게 만든다. 이때 甲木이 없으면 약한 丁火가 관(官)을 감당하기 어렵고, 庚金이 없으면 壬水가 혼탁해지므로 귀(貴)을 얻기 어렵다. 따라서 未月 丁火는 반드시 庚金이 필요하다.

3. 혹 지지(地支)에 목국(木局)을 이루고 水가 투간(透干)하면 습목(濕木)이 인정(引丁)하지 못하여 필시 평인(平人)에 불과하고, 甲木이 투(透)하면 재간(才幹)이 있다. 庚金이 투(透)해야 형상(刑傷)을 겪지 않는다. 만약 甲木이 없으면 가명가리(假名假利)[207]로 비록 생재(生財)는 능(能)하나 고집(固執)이 있고 나약(懦弱)한 이에 지나지 않는다.

=> 未月 丁火에 甲木이 투(透)하지 않고 水의 글자가 출간(出干)하면 습목(濕木)이 불꽃을 만들기 어려우므로 범인(凡人)에 불과하다.

4. 혹 年月日時가 모두 丁未로 이루어지면 순음(純陰)[208]이 되어 종내 크게 쓰이지 못한다.

---

207) 돈은 있으나 존경도 못 받고 名利가 모두 다 헛되다. 임시적이거나 거짓이다.

208) 순음(純陰)이란 천간(天干)과 장간(藏干) 모두가 음(陰)의 글자로 이루어진 격국(格局)으로 이를테면 丁酉와 같은 경우에는 해당되지 않는다. 이른바 음팔통(陰八通)이나, 양팔통(陽八通)의 일반적 유형과는 약간 의미가 다른 것으로 운(運)에

5. 甲木을 용(用)하면, 水가 아내요 木이 자식이 된다.
=> 수처목자(水妻木子)의 격국(格局) 외형은 식다용인격(食多用印格)으로 대개 지지(地支)의 수기(水氣)로 성격(成格)된 팔자(八字)를 말한다.

三秋 丁火

申月 丁火

甲　庚丙戊　퇴기유약, 단용갑목, 경취벽갑,
退氣柔弱, 耑用甲木, 庚取劈甲,
용병난금쇄갑. 무갑용을, 견병위고초인등.
用丙暖金晒甲. 無甲用乙, 見丙爲枯草引燈.

1. 삼추(三秋) 丁火는 퇴기(退氣)로 유약(柔弱)하니 오로지 甲木을 용(用)하고, 비록 金이 승왕(乘旺)하여 사권(司權)해도 丁火를 상(傷)하게 하지 않으니 거듭 庚金을 취(取)하여 벽갑(劈甲), 인화(引火)하며 丙火로 金을 따뜻하게 하고 木을 말려야 하므로 병탈정화(丙奪丁火)를 우려(憂慮)하지 않는다. [209]

서 중화(中和)되기 불가(不可)한 것이다.

209) 존신 갑목이 갑목 다우려면 月에 있어야 母德을 제대로 본다. 아니면 日에라도 있어야 좋다. 다만 日支에 위치하면 배우자宮이라서 月에 위치 한 것보다는 德이 두텁지 않다.

무릇 양(兩) 丙火가 丁火를 협(夾)하면 하월(夏月)에는 기피하나 그 이외의 月은 기피하지 않는다. 단 차격(此格)은 소년(少年) 시절에 곤고(困苦)하고 형극(刑剋)을 겪으나 중년(中年)에는 부귀(富貴)가 있고 지지(地支)에서 水를 보아 丙火를 제(制)할 필요(必要)가 있으며 이로써 묘(妙)해진다.

=> 삼추(三秋) 丁火는 병사묘지(病死墓地)가 되어 기(氣)가 물러난다. 이때 甲木이 없으면 재관(財官)을 감당하기 어렵다. 庚金은 丁火를 상(傷)하게 하지 않으나 기후(氣候)가 점차 차가워지므로 丙火의 조후(調候)가 필요하다. 丙火는 丁火의 빛을 뺏기 이전에 재(財)를 제(制)하여 인수(印綬)를 보호하므로 甲庚丙이 모두 출간(出干)하면 상격(上格)을 이룬다.

하월(夏月)에 丙火 두 개가 丁火를 끼고 있는 격국(格局)은 지나치게 화성(火盛)하여 꺼리지만 그 외는 丙火가 丁火의 생왕(生旺)을 도와 기뻐할 때가 많다. 소년기의 형극(刑剋)은 비겁(比劫)이 쟁재(爭財)하기 때문이다.

申月 丁火는 신궁(申宮) 壬水가 火를 제(制)하지만, 酉月과 戌月에는 지지(地支)에 水가 있어야 중년 이후의 부귀를 기대할 수 있다.

2. 삼추(三秋)에는 甲庚丙을 병용(竝用)하는데 우열(優

劣)을 가려야한다. **申月에는 申中 庚金이 있어 甲丙을 쓰고, 酉月에는 甲丙庚을 다 용하며 만일 申酉月에 甲木이 없으면 乙木도 가용(可用)한데 이를 고초인등(枯草引燈)이라 해서 丙火로 말리지 않으면 안 된다.**[210] **戌月에는 오직 甲木과 庚金을 용한다.**

대체로 甲木은 庚金을 떠날 수 없고, 乙木은 丙火를 떠날 수 없으니 그 이치(理致)가 극명(極明)하다. 혹 甲庚丙이 모두 투(透)하면 필히 과갑(科甲)한다. 甲木이 없고 乙木을 용(用)하는 자는 부귀(富貴)가 모두 작고 또 부(富)는 있으나 귀(貴)는 없는 경우가 많다.

=> 삼추(三秋) 丁火는 甲木이 용신(用神)인데 庚金이 없으면 무용(無用)이고, 乙木이 용신(用神)인데 丙火가 없으면 쓸모가 없다. 乙木은 습목(濕木)으로 丙火로 말리지 않으면 인정(引丁)하지 못한다. **申月과 酉月에 甲木이 없으면 乙木을 용(用)하는데 이를 고초인등격(枯草引燈格)이라 하고 이때는 팔자(八字)에 丙火가 있어야만 한다.**

戌月은 戊土가 당왕(當旺)하여 火를 어둡게 한다. 이때 乙木은 무력하므로 반드시 甲木으로 제(制)해야 한다. 戌月에 乙木은 용(用)하지 못하므로 丙火도 의미가 없다.

3. 혹 하나의 壬水가 중(重)한데 또 癸水를 많이 보면 필

---

210) 이때의 병화는 병탈정광이 아님.

히 戊土로 제(制)해야만 자연 부귀광휘(富貴光輝)한다.

=> 삼추(三秋)에는 왕금(旺金)이 영(令)을 잡으니 壬癸水의 관살(官殺)이 투(透)하면 재왕(財旺)하여 당살(當殺)한다. 이때는 戊己土로 제(制)해야 식상대살(食傷帶殺)이 되어 귀격(貴格)을 이룬다.

4. 혹 한 무리의 庚金이 있으면 재다신약(財多身弱)으로 부옥빈인(富屋貧人)으로 주로 처(妻)가 일을 주관한다. 혹 壬水가 많아 庚金을 설(洩)하는데 丁壬이 화살(化殺)하면 오히려 부귀(富貴)해진다. 만약 庚金이 많고 壬水가 없으면 분류(奔流)하고 하천(下賤)하다.

=> 申月 丁火에 일파(一派) 庚金이 있으면 재다신약(財多身弱)이 되는데 신궁(申宮)에 庚金이 임관(臨官)하고 壬水가 장생(長生)되어 처자(妻子)가 가권(家權)을 쥐게 된다.
만일 壬水가 투(透)해 庚金을 설(洩)하면서 丁火와 합(合)하면 화목(化木)하여 방신(幇身)하니 흉변길(凶變吉)이 되어 부격(富格)을 이룬다.

酉月 丁火

甲 庚丙戊 퇴기유약, 단용갑목, 경취벽갑,
退氣柔弱, 耑用甲木, 庚取劈甲,

용병난금쇄갑. 무갑용을, 견병위고초인등.
用丙暖金晒甲. 無甲用乙, 見丙爲枯草引燈.

戌月 丁火

甲 庚戊 갑목투출, 위문서청귀. 용갑자, 경불가소.
甲木透出, 為文書清貴. 用甲者, 庚不可少.
일파무토무갑, 위상관상진.
一派戊土無甲, 爲傷官傷盡.

1. 혹 酉月에 한 무리의 辛金이 있는데 庚金이 없고 또 비겁(比劫)이 없으면 기명종재(棄命從財)가 되어 부(富)한 가운데 귀(貴)가 있고 비록 과갑(科甲)은 아닐지라도 이도(異途)로 공명(功名)을 이룬다.

=> 酉月 丁火가 일파(一派) 辛金을 보면 종격(從格)이 순수(純粹)하여 귀격(貴格)을 이룬다. 丁火는 辛金을 보아 진종(眞從)한다. 종격(從格)은 대개 친척(親戚)이나 가족(家族), 귀인(貴人)의 도움으로 출세(出世)하므로 이도(異途)를 논한 것이다.

2. 종재격(從財格)은 水를 처(妻)로 삼는데 극(剋)하지 않고, 편정(偏正)이 있어 木을 자식으로 삼으니 형(刑)하지 않는다.

=> 종재격(從財格)이 水를 아내로 삼고, 木을 자식으로 삼는다는 말은 무슨 뜻인지 잘 모르겠다. 기명종재(棄命從財)라 해도 일원(日元)의 정체성을 잃는 법은 없다. 따라서 金이 아내요, 水가 자식이 돼야 마땅하다. 팔자(八字)가 파격(破格)되지 않고 진종(眞從)이 성립되는 한 金水의 처자(妻子) 육친(六親)이 형극(刑剋)되는 법은 좀체 없는 것이다. **이 대목은 '조화원약'의 "從財者, 金爲妻, 不剋, 有正偏, 水爲子, 不刑"으로 서술된 내용이 타당하다.**

3. 혹 戌月에 한 무리의 戊土가 있으면 丁火의 기(氣)를 설(洩)하는데 甲木을 보지 않으면 상관상진(傷官傷盡)이 되어 심상(尋常)으로는 가히 비교(比較)할 바가 아니니라. 이때 甲木이 투출(透出)하면 문서청귀(文書淸貴)하여 추위가탈(秋闈可奪)한다. 甲木을 용(用)하는데 庚金이 적게 있으면 불가(不可)하다. 이때는 水가 아내요, 木이 자식이 된다.

=> 戌月 丁火에, 일파 戊土를 보고 壬水 官과 甲木 인수(印綬)가 없으면 상관상진(傷官傷盡)이 되어 예사롭지 않은 부귀(富貴)를 논할 수 있다.

戌月에는 戊丁辛이 암장되어 체용(體用)이 동궁(同宮)에 있어 특수한 격국으로 부귀가 비범한 것이다. 이때 甲木이 투하면 문장(文章)으로 청귀(淸貴)함에 이르고 등용문(登龍門)에 오른다. 甲木이 용신인데 庚金이 적게 있으면 좋지 않다. 수처목자(水妻木子)는 상관패인격(傷官佩印格)을 말한다.

三冬(亥. 子. 丑月) 丁火

甲　庚　　정화미한, 단용경갑. 갑내경지량우.
丁火微寒, 耑用庚甲. 甲乃庚之良友.
갑경량투, 과갑분명.
甲庚兩透, 科甲分明.

1. 삼동 丁火는 미약하고 차가우니 오직 庚甲을 용한다. 甲木에 庚金은 좋은 벗이다. 무릇 甲木을 용하면 庚金이 적어서는 불가하니 庚金과 甲木이 없으면 인정(引丁)하지 못하여 목화통명(木火通明)이 되지 않고, 동월(冬月) 丁火는 甲木만 있으면 金水가 많아도 두렵지 않다. 가히 상격(上格)으로 일컫는다.

甲庚이 양투하면 과갑이 분명하다. 己土를 보면 그렇지 않다. 己土가 많아 甲木을 합하면 상인(常人)이 된다.

=> 동월(冬月) 丁火는 甲木이 있으면 金水가 많아도 귀격(貴格)을 이룰 수 있다. 천간(天干)에 庚金이 투하면 상격을 이루고, 과갑한다. 그러나 己土가 甲木을 합하면 용

신이 기반 되어 평범한 명에 그친다.

한 마디로 甲木은 丁火의 어머니로 '적천수'에 이르길 **丁火가 친모(親母)를 보면 가추가동(可秋可冬)이라 했다. 따라서 삼동 丁火는 반드시 甲木이 있어야 하고 庚金으로 甲木을 보좌(輔佐)해야 한다.**

2. 혹 하나의 丙火가 있어 丁火의 빛을 빼앗으면 지지의 水에 힘입어 구제(救濟)된다.[211] 만약 지지에 金이 있어 발수지원(發水之源)으로 작용하면 관배오태(官拜烏台)에 준(准)한다. 癸水로 丙火를 제(制)함이 전혀 없으면 무용지물(無用之物)이다.

혹 金은 있는데 水가 없으면 빈한(貧寒)한 선비다. 水는 있는데 金이 없으면 청고(淸高)하다.

=> 한난조습(寒暖燥濕)의 처리는 장간(藏干)이 투간(透干)에 영향력을 행사한다. 삼동(三冬)에는 월령(月令)에 水가 암장(暗藏)되어 丙火를 파(破)하므로 일병탈정(一丙奪丁)의 불리함을 면하는 것이다.

丁火는 소융(昭融)하여 丙火가 불꽃을 도우면 재관(財官)을 기뻐한다. 지지(地支)에 金이 있어 水를 도우면 감

211) 혹 하나의 병화가 있어도 지지의 水 때문에 구제되어 병탈정광이 되지 않는다. 가을에도 병화는 정화의 財星인 金을 따뜻하게 해주고 乙木을 말려준다. 따라서 가을, 겨울에는 병탈정광을 논하지 않는다.

찰(監察)이나 사법관(司法官)으로 고위직(高位職)에 오르는 경우가 많다.

동월(冬月)에 유금무수(有金無水)을 논한 것은 土가 水를 극(剋)하는 경우다. 따라서 金은 있는데 水가 제거(除去)되면 비겁(比劫)이 탈재(奪財)하여 빈한(貧寒)한 선비가 된다. 212)

3. 혹 時月에 두 개의 壬水가 쟁합(爭合)하면 戊土를 취(取)하여 파(破)해야 한다. 戊土가 있으면 적게나마 부귀(富貴)가 있다. 戊土가 없으면 상인(常人)이다. 戊土가 암장(暗藏)되어 득소(得所)하면 의금(衣衿)을 잃지는 않는다.

=> 동월(冬月) 丁火가 月時에서 壬水 두 개가 쟁합(爭合)하면 戊土로 파(破)해야 한다. 丁火는 비록 퇴기(退氣)지만 丙火의 도움이 있으면 생왕(生旺)해져 상관(傷官)으로 제살(制殺)이 가능하다. 다만 상격(上格)을 이루기는 어렵고 적게나마 부귀(富貴)는 갖추게 된다.

4. 혹 두 개의 丙火가 丁火의 빛을 빼앗는데 癸水가 년간(年干)에 있고 지지(地支)에서 합(合)이 되어 金水가 득소(得所)하면 필시 현달(顯達)하여 납속주명(納粟奏名)이 되니 징험(徵驗)되는 바다.

---

212) 관이호재(官以護財)로 정화의 官인 水로써 財星 金을 보호하는데 土食傷이 관성 水를 극하면 水는 무력해지니 火비겁은 金을 극하여 빈한하다 함.

=> 동월(冬月) 丁火가 丙火를 보고 癸水가 있으면 신살양정(身殺兩停)의 귀격(貴格)을 이룰 수 있다.[213] 원시(原詩)의 '지하대합(支下帶合), 금수득소(金水得所)'는 丑月 丁火가 금국(金局)을 이룬 것으로 재자약살(財滋弱殺)을 의미한다.

5. 혹 중동(仲冬)에 水가 많고 癸水가 왕(旺)한데 인비(印比)가 전무(全無)하면 기명종살(棄命從殺)이 되어 이 또한 이도(異途)로 공명(功名)을 이룬다. 丁火 비견이 출간(出干)하면 격국이 난합(難合)하여 상인(常人)에 불과하고 또 골육(骨肉)이 뜬구름과 같아 육친(六親)이 떠내려간다.

戊土가 출간하여 癸水를 파(破)하면 형제와 처자가 제법 있다. 戊土를 용하는 팔자는 火가 아내요, 土가 자식이 된다. 甲木을 용하면, 水가 아내요 木이 자식이 된다.

=> 亥月이나 子月 丁火가 금왕(金旺)하고 수다(水多)한데 인비(印比)가 없으면 종살격(從殺格)을 이루어 귀격이 된다. 亥月에는 甲木이 있으나 습목(濕木)이 불꽃을 피우지 못하므로 종격(從格)이 된다. 그러나 子月의 순수(純粹)함에는 미치지 못한다. 인비(印比)로 인해 파격(破格)되면 골육(骨肉)에 손상(損傷)이 있다.

---

213) 겨울에 계수가 투하여 정화를 위협할 때 겁재병화가 투하여 身을 강하게 하니 신살양정을 이루게 해준다.

戊土를 용하려면 인비의 상생이 있어야 한다. 戊土를 용신으로 삼는 화처토자(火妻土子)는 상관가살(傷官駕殺)로 육친(六親)에 힘이 있으며, 甲木을 용신으로 하는 수처목자(水妻木子)는 살인상생(殺印相生)의 격국을 의미한다.

丑月에 甲戊가 양투하면 상관패인(傷官佩印)의 귀격(貴格)을 이룬다.

6. 삼동(三冬) 丁火는 甲木을 존신으로 삼고 庚金으로 보좌하며 癸水와 戊土는 참작(參酌)해서 용하면 가하다.

=> 삼동 丁火는 庚金으로 벽갑(劈甲)하여 인정(引丁)하는 것이 정법(正法)이다. 수왕(水旺)하면 戊土를 쓰고, 화왕(火旺)하면 癸水를 쓰는데 戊癸는 병(病)을 제거하는 약(藥)이다. **약(藥)을 쓸 때는 정법(正法)이 따로 없으니 팔자에 맞게 골라서 알맞게 취하면 된다.**

5. 戊土214)

214) 戊土 (적천수 천간론): 무토고중,기중차정(戊土固重,旣中且正) :戊土는 단단하고 무거우며 원래 치우침이 없고 또 곧고 바르다. 戊土는 一但 중후할수록 좋다. 따라서 專旺地로 들어가도 火로 生해야 한다. 만일 火가 죽으면 土旺해도 뜻을 이루지 못한다. /정흡동벽,만물사명(靜翕動闢,萬物司命):靜해도 合하고, 動하면 열리니 만물의 목숨을 주관한다. 靜翕(흡)의 의미는 실로 深奧하다. 이제껏 靜해도 화합하는 戊土의 속성을 제대로 설명해놓은 敎材를 본 일이 없을 정도다. 이것은 戊子가 上下로 相合하려는 속성과 暗藏된 戊土의 암합 파워가 他干과는 비교되지 않을 정도로 剛烈함을 의미하며 그것으로 格을 이룰 정도다. 動闢이란 刑沖으로 개고된 戊土 藏干이 他干을 干合, 기반(羈絆)하는 작용력으로 이해하면 된다. 다만 八字의 原局에서 地支 土의 刑沖은 직접적인 破格 요인이 되지 않고 土의 정상적인 機能을 수행하는 특징이 있다. 이를테면 正官格은 月支의 刑沖이 곧 파격 요인이 되지만 土官은 예외가 된다. /수왕물생,화조희윤(水旺物生,火燥喜潤):水가 旺하면 만물이 生하고, 火가 조열하면 자윤을 기뻐한다. 戊土는 대개 水財를 만나면 吉하다. 무릇 土는 火에 의지하지만 火炎土操는 곤란하기 짝이 없다. /약재곤간,파충의정(若在坤艮,怕沖宜靜): 만약 坤艮에 뿌리를 두면 沖을 두려워하고 의당 고요함을 원한다. 八卦의 坤艮은 南西과 東北의 裏鬼門으로 不吉하게 여겼다. 坤方에는 未申이 배속되고, 艮方에는 丑寅이 속하는데 이들의 글자 조합은 모두 沖하거나 鬼門이 성립된다. 原詩가 말하는 坤艮을 丑未로 보는 경우가 있는데 土沖은 朋沖으로 格局 자체를 허물어뜨리는 법이 없다고 했다. 따라서 坤艮은 寅申 沖의 凶意를 시사하는 것이다. 가령 丑月 戊土가 地支에 未土를 본다고 해서 貴를 훼손당하는 직접 요인은 되지 않는다. 반면 寅月 戊土가 申을 보면 일단 正官格의 破格으로 높은 벼슬을 기대하기 어려운 것이다.

-三春 무토는 초춘에 한기가 남아있어 병화로 생부해야 한다. 이때 水의 財가 印을 파하고 관살을 도우면 흉하다. 춘월에는 인수가 관건이다.

- 三夏 무토는 화염토조가 되지 않도록 필시 임계수의 財를 요하고, 午月에는 임수와 갑목을 취해 귀격을 이룬다.

- 三秋 무토는 병화를 용하는 게 핵심으로, 成格되면 文武를 겸비하고, 부귀와 명성을 얻는다. 水를 보아 재다신약이 되면 하격이 된다.

- 三冬 무토는 凍土라서 병화의 조후가 시급하다. 지지 목국을 짓고 관인상생하는데 金을 보면 만사불리하고, 水가 태왕하면 가난하거나 요절이 따른다.

- 陽光 丙火의 패인(佩印)은 文武 모두 이롭고, 雨露 癸水의 자윤으로 生意가 충만해진다.

- 戊土의 富貴는 無丙不生, 無甲不靈, 無癸不長으로 丙甲癸 삼자의 조화가 관건이다.

- 午月에는 계수가 미약하여 임수를 선용한다.

- 酉月에는 秋土生金을 주안삼아 갑목의 소토는 不必하다.

- 亥子丑月에는 水旺하니 계수를 취하지 않는다.

三春戊土總論

삼춘(三春) 戊土는 丙火로 조난(照暖)하지 않으면 불생(不生)하고, 甲木으로 소벽(疏劈)하지 않으면 불령(不靈)하며, 癸水의 자윤(滋潤)이 없으면 만물(萬物)이 성장(成長)하지 못한다.

寅月[215]과 卯月은 丙火를 먼저 쓴 후 甲木을 취하고, 다음으로 癸水를 쓴다.

辰月에는 甲木을 먼저 쓴 후 丙火를 취하고, 다음으로 癸水를 쓰는데 이는 戊土가 사권(司權)했기 때문이다.

甲木과 丙火, 癸水가 있어 삼자(三者)가 다 같이 투(透)하면 필히 일품당조(一品當朝)하고, 혹 두 글자는 투(透)했는데 하나가 암장(暗藏)되면 역시 금방(金榜)에 이름을 올리며, 두 글자는 암장(暗藏)되었는데 하나가 투(透)하면 또한 이도(異途)로 공명(功名)을 이룬다.

=> **戊土는 무병불생(無丙不生)[216], 무갑불령(無甲不**

---

215) 寅月에는 寅의 지장간에 이미 병화와 갑목이 있으니, 계수만 투하면 된다. 丙甲癸 세가지가 건전하게 힘있게 투하면 삼자개균이 되어 부귀가 완성된다. 가령 인월의 무토는 丙甲癸 셋이 모두 생왕이 되니 계수만 더 투하고 지지 水局을 얻으면 엄청난 大富의 사주가 된다.

216) 무토 일주가 병화를 보지 못하면 생의가 없다. 방위도 안나오는 광활한 땅에서 빛이 없으면 정말 무섭다.

靈)[217], 무계부장(無癸不長)[218]하므로 丙火와 甲木, 癸水의 구비(具備)로 부귀(富貴)가 완성된다. 삼춘(三春) 戊土에 이상의 세 글자가 모두 투(透)하면 부귀(富貴)가 극품(極品)에 이른다.

만일 두 개는 투출(透出)했으나 한 개가 암장(暗藏)되어 있으면 등과급제(登科及第)한다. 하나의 글자가 투출(透出)하고 두 개가 암장(暗藏)되면 이로(異路)로 공명(功名)을 이룬다.

辰月에는 甲木을 선용(先用)하고 丙火와 癸水를 차용(次用)한다.

寅. 卯月 戊土

丙 甲癸 무병조난, 무토불생. 무갑소벽,
無丙照暖, 戊土不生. 無甲疏劈,
무토불령. 무계자윤, 만물부장.
戊土不靈. 無癸滋潤, 萬物不長.

1. 寅卯月 戊土에 甲木과 癸水가 있는데, 만약 丙火로 한기(寒氣)를 제거하지 못하면 만물(萬物)이 생(生)하나

217) 갑목이 없으면 영험하지 않다. 고집 세고 우완하다.
218) 계수가 있어야 나무가 오래갈 수 있다. 丙甲癸 셋중 하나라도 빠지면 그만큼의 결격사유가 된다.

성장(成長)하지 못하므로 丙火가 없다면 부귀(富貴)가 간신(艱辛)[219]하다.

=> 寅卯月에는 목왕(木旺)하여 土가 붕괴(崩壞)될 우려가 있다. 그러므로 먼저 丙火를 써서 土를 실(實)하게 해야 한다. 丙火가 없다면 土는 허(虛)해진다. 丙火로 인해 양화(陽和)의 기(氣)가 성(盛)하면 癸水로 보좌(輔佐)해야 戊土의 생의(生意)가 충만해진다. 土가 많아 실(實)하면 甲木을 용(用)하나 이때도 역시 癸水로 보좌(輔佐)한다. 삼춘(三春) 戊土의 용법(用法)은 여기에서 벗어나지 않는다.

춘월(春月)의 丙癸는 불청불우(不淸不雨)한 상(象)이 나쁘지 않고 서로가 각각의 쓰임새를 얻으니 아름다운 명(命)을 가꾼다. 丙癸가 모두 투(透)하면 재관(財官)이 모두 있는 것이니 상격(上格)을 이루는데, 쓰임에는 선후(先後)가 있으니 격국(格局)의 배합을 잘 살펴야 할 것이다.

寅月과 卯月의 戊土는 먼저 丙火가 투출(透出)해야 하고, 丙火로 한기(寒氣)를 제거하지 못하면 만물(萬物)이 생(生)하나 성장(成長)하지 못하므로 丙火가 없다면 부귀(富貴)를 얻기 힘들다.

2. 혹 丙火는 있는데 甲木과 癸水가 없으면 **춘한(春**

---

219) 어려울 간, 매울 신

旱)[220]이 되어 만물(萬物)이 생(生)해도 액(厄)이 많다. 甲癸가 없으면 일생(一生) 근고(勤苦)하고 노력(勞力)해도 공(功)이 없다.

=> 만일 丙火는 있으나 癸甲이 없으면 춘한(春旱)이라 한다. 이때는 만물(萬物)이 생(生)하나 재앙(災殃)이 많아 노력(勞力)에 부합하는 성과를 내기 어렵다.

3. 혹 한 무리의 丙火가 있는데 甲木은 있으나 癸水가 흠결(欠缺)되면 **선태후부(先泰後否)**[221]가 된다. 혹 지지(地支)에 화국(火局)을 이루었는데 壬癸水가 없으면 승도(僧道)의 팔자(八字)로 고빈(孤貧)하다. 癸水가 투(透)하면 귀격(貴格)을 이룬다. 壬水가 투(透)하면 부격(富格)을 이룬다. 水를 용(用)하면 水의 다소(多少)를 자세히 살펴야 한다.

=> 만약 일파(一派) 丙火가 있는데 甲木은 있으나, 癸水가 없으면 살인격(殺印格)을 이루어 처음에는 창성(昌盛)하나 종내는 기울게 된다. 癸水의 자윤(滋潤)이 없으면 만물(萬物)은 성장(成長)을 멈추는 것이다. 丙辰時 생(生)이면 자연 癸水를 갖추게 된다.

寅月 戊土가 지지(地支)에 화국(火局)을 이루었는데 壬

220) 봄철의 가뭄
221) 처음엔 넉넉하다가 나중에는 가진 것이 없게 됨.

癸水가 없으면 승도(僧道)의 팔자(八字)로 고빈(孤貧)하다.[222] 인궁(寅宮)에는 丙火와 戊土가 장생(長生)되고 甲木이 임관(臨官)하여 정작 중요한 것은 수기(水氣)라 할 수 있다. 癸水가 투(透)하면 귀격(貴格)을 이루고, 壬水가 투(透)하면 부격(富格)을 이룬다. 水를 용(用)할 때는 水의 많고, 적음을 가려야 한다. 지지(地支)에 화국(火局)을 이루면 재(財)도 강해야 길(吉)하다.

4. 혹 한 무리의 甲木이 있고 丙火가 없으면 상인(常人)이다. 이때 庚金이 투(透)하면 묘(妙)하다. 혹 지지(地支)에 수국(水局)을 짓고 甲木이 출간(出干)했는데 또 庚金이 투(透)하면 부귀(富貴) 쌍전(雙全)한다.

=> 삼춘(三春) 戊土에 일파(一派) 甲木이 있고 丙火가 없다면 평범한 명(命)에 불과하다. 이때 庚金이 투(透)하면 부귀(富貴)가 있다. 甲木은 살(殺)인데 인수(印綬)로 화살(化殺)하지 않으면 식신(食神)으로 제(制)해야 한다.

일파(一派) 甲木은 寅月 戊土의 경우를 의미하고, 卯月에는 지지 (地支) 목국(木局)을 이룰 때를 가정할 수 있

222) 화염토조명은 남환여과명이다. 그래서 무토조토는 종교인이 많다. 아예 확 火局을 지어버리면 도충기로 水를 불러오니 따르는 財가 많다. 물론 실제적인 것과 虛字로 오는 허재, 허귀, 허관은 드러나는 양상이 다르다. 가령 乾命의 팔자 안에 전혀 없는 財가 허자로 있다면 부부라도 나라가 다르다거나 계속 떨어져서 지낸다던지의 형태로 일반적인 모습과는 다를 수 있다.

다. 지지(地支) 수국(水局)에 甲木이 투(透)한 상황은 辰月로 이때 역시 庚金이 투(透)하면 살용식제(殺用食制)로 성격(成格)되어 부귀(富貴)가 예사롭지 않다..

5. 혹 庚金이 없고 또 印比가 없는데, 종살은 짓기 어려우므로 흉액과 조우(遭遇)하며 그렇지 않으면 필시 도적이 된다. 만약 일지에 午가 있으면 선종(善終)하지 못한다.

=> 寅月 戊土는 인궁(寅宮)에 스스로 丙火가 있으므로 목국(木局)을 이루면 癸水가 암장(暗藏)되어 부귀격(富貴格)을 이룬다. 寅月 戊土는 양간(陽干)이 월령(月令)을 득(得)했으므로 종살(從殺)할 수 없다. 따라서 **칠살(七殺)이 강하면 식신(食神)이나 인수(印綬) 혹은 비겁(比劫)으로 신살양정(身殺兩停)을 이루지 않는 한 살왕신쇠(殺旺身衰)가 되어 대흉(大凶)하다.**

일지에 午火 양인(陽刃)이 있으면 살격봉인(殺格逢刃)으로 성격(成格)되는데 寅月에는 寅午 화국(火局)으로 양인국(陽刃局)을 이루어 선종(善終)하기 어려운 것이다.

6. 혹 **한 무리의 乙木이 있으면 관살회당(官殺會黨)으로 庚金이 투(透)해도 乙木을 제(制)하기 어려우니 이 사람은 내간외직(內奸外直)**[223]**하여 말과 마음이 다르다. 더해서 甲木이 하나 있는데 庚金이 없으면 의욕이 없고 게으르며**

---

223) 안으로는 간사하면서 겉으로는 곧은 척함.

스스로 달게 여기니, 먹기를 좋아하고 무염(無厭)224)하다.

혹 丙火가 많고 甲木도 많으면 癸水와 庚金을 참작(參酌)해서 용(用)하는 게 마땅하다.

=> 卯月 戊土는 乙木이 권리(權利)를 잡으므로 일파(一派) 乙木을 보게 되면 권관회당(權官會黨)225)이 된다. 이런 사람은 구시심비(口是心非)하니 교유가 쉽지 않다. 이때 甲木이 투(透)하면 관살혼잡(官殺混雜)이 되어 하천(下賤)해지기 쉽다. 칠살(七殺) 甲木을 庚金으로 제(制)하지 못하면 지성(知性)이 부족하고, 절제(節制)가 없다. 먹는 것을 좋아하고, 물리지도 않는다.

지지(地支)에 목국(木局)을 이루고 乙木이 투(透)한 관

---

224) 싫어할 염. 여기서는 의욕이 없고 게으른 자신을 스스로 달게 여기니 개선의 여지가 없는 것.

225) 권관회당(權官會黨): 官이 권리를 잡고 모여 지지국을 짜고 투간까지 한 것. 예)묘월무토가 해묘미목국에 을목투간.

*** 사람은 살다보면 여러 가지 애로사항을 겪을 수 있다. 이때 **精.神.氣** 삼자중에 먼저 쓰이는 순서대로 **첫째. 財官(권력이나 돈)-神 둘째. 印綬(재관으로 안 될 때는 의지할 곳이 있어야 한다. 母 또는 후원자)-精 셋째. 陽刃=劫財(악착같이 버티는 힘)-氣 은장도로써 지킨다.** 관살은 나를 공격하는 것인데 그냥 局만 지으면 살인상생해서 화살하면 되지만 관살이 회당을 지어버리면(지지국을 짜고 투간까지 할 때) 무지막지한 무뢰배라, 이럴 때는 칼로써(겁재, 양인)지켜야 된다

묘월에 을목이 권관회당을 지을때는 기토겁재가 반드시 있어야 신살양정을 이루어 귀격이 된다. 관살이 회당을 지어 병이 되는 경우로, 기토겁재는 일종의 병약용신이 되는 것이다.

살회당(官殺會黨)은 己土 겁재(劫財)로 방신(幇身)하여 신살양정(身殺兩停)을 이루면 귀격(貴格)이 된다. 신살양정(身殺兩停)하면 관살혼잡(官殺混雜)이 되지 않아야 성격(成格)되는 것이다.

辰月 戊土

甲 丙癸 갑계투자, 과갑. 병계투자, 생원.

甲癸透者, 科甲. 丙癸透者, 生員.

갑계구장자, 지가운부, 유계이도.

甲癸俱藏者, 只可云富, 有癸異途.

1. **辰月에는 戊土가 사령(司令)하니 丙甲癸를 보지 못하면 어리석고 천(賤)하게 된다.** 甲木과 癸水가 투(透)하면 과갑(科甲)에 이른다. 丙火와 癸水가 투(透)하면 생원(生員)은 한다. 甲木과 癸水가 함께 암장(暗藏)되면 다만 부(富)를 논할 뿐이고, 癸水만 있으면 이도(異途)로 발달(發達)한다.

=> 辰月 戊土는 甲木과 癸水의 재살(財殺)이 투(透)하면 상격(上格)을 이루어 과갑(科甲)한다.

丙癸가 투(透)하면 재격투인(財格透印)을 성격(成格)되어 공감(貢監)이나 생원(生員)은 능히 한다. 辰에는 癸水가 암장(暗藏)되어 甲木과 丙火로 살격용인(殺格用印)으로 성격(成格)되면 자연 귀(貴)를 이룬다.

丙火가 투출(透出)했는데 甲木이 암장(暗藏)되고 癸水가 없으면 부(富)는 있고, 癸水가 있으면 부중취귀(富中取貴)한다.

辰月에는 자연 癸水가 있는데 왜 癸水의 있고, 없음을 논하는 것일까. 이것은 戊土의 정흡(靜翕)하는 속성에 기인한다. 戊土는 동(動)하지 않아도 장간(藏干)의 癸水를 합거(合去)하는 작용력이 강하다. 까닭에 辰中 癸水는 무력(無力)하기 쉽다.[226]

辰月 戊土가 丙甲癸 삼자(三者)가 모두 암장(暗藏)되면 이로(異路)로 공명(功名)을 이룬다.

丙甲癸를 모두 보지 못하면 하천(下賤)하다.

2 만약 丙火가 많고 癸水가 없으면 한전(旱田)에 水가 없으니, 종묘(種苗)할 수 없어 구곡(舊穀)이 다하는데 신곡(新穀)을 보태지 않으니 선부후빈(先富後貧)[227]의 명조(命造)가 된다. 혹 火가 많은데 壬水가 투(透)하면 선빈후

226) 무토의 정흡속성으로 動하지 않아도 진의 지장간 계수를 합거하는 작용이 나타나니 계수가 투간하는 것이 좋다. 그래서 戊子 일주는 일지 지장간 속의 계수와 합하여 암암리에 화기를 품고 있다.

227) 丙火로 戊土는 생(生)하지만 癸水가 없으면 성장(成長)이 지속되지 않는다. 그러므로 처음에는 선대(先代)의 음덕(陰德)으로 풍요(豊饒)하다가 후에는 가난해지기 쉽다.

부(先貧後富)한다. 癸水가 투(透)하면 선천후영(先賤後榮)한다.

=> 辰月 戊土에 丙火가 많고 癸水가 없으면 전답(田畓)이 가물어 파종(播種)과 묘목(苗木)을 심을 수 없는 상(像)이 된다. 록겁격(祿劫格)은 재관(財官)으로 격국(格局)을 이루는데 인수(印綬) 丙火만 있다면 무용지물(無用之物)이 된다.

丙火와 壬水가 투(透)하면 재격투인(財格透印)으로 선빈후부(先貧後富)하고, 癸水가 투(透)하면 선천후영(先賤後榮)하니 귀(貴)함이 있다. 선후(先後)의 발복(發福)은 희신(喜神)의 위치를 살펴 판단해야 하므로 이러한 설명에는 너무 집착하지 않는 게 좋다.

3. 壬水가 암장(暗藏)되면 의식(衣食)이 족(足)한 것에 불과(不過)하고, 癸水가 암장(暗藏)되면 이름을 전(傳)해질 뿐이니 필히 운(運)이 아름답게 흘러야 한다.

=> 壬癸水가 암장(暗藏)되면 행운(行運)에서 인출(引出)해야 부귀격(富貴格)을 이룬다.

4. 혹 지지(地支)에 화국(火局)을 이루고, 癸水가 투(透)하면 부귀천연(富貴天然)하다. 壬水가 투(透)하면 부귀(富貴)에 신고(辛苦)가 따르는데, **癸水는 하늘의 감림**

(甘霖)이요, 壬水는 곧 강호(江湖)의 파랑(波浪)[228]이니 까닭에 노고(勞苦)와 안일(安逸)함이 다른 것이다.

=> 癸水는 우로(雨露)로 단비와 같아 자연(自然)의 수혜이므로 쉽게 부귀(富貴)를 얻고 壬水는 관개(灌漑)로 인위적인 윤택함이니 어렵게 부귀(富貴)를 이루는 것이다.

5. 지지(地支)에 목국(木局)을 이루고 재차 甲乙木이 출간(出干)하면 관살회당(官殺會黨)으로 이는 관살(官殺)을 거류(去留)하지 않는다는 뜻이니, 이때 庚金이 투(透)하여 관살(官殺)을 소제(掃除)하면 또한 부귀(富貴)해진다. 庚金이 없으면 천박(淺薄)한 사람이 되므로 이때는 의당 火를 용(用)하여 목기(木氣)를 설(洩)해야 한다.

하나의 명례(命例)로 丁未年, 癸卯月, 戊寅日, 乙卯時를 들 수 있다.

癸丁이 투간(透干)하고 더해서 戊癸 합화(合火)하니 차차 甲木이 암분(暗焚)하여 오히려 무과(武科)로 탐화(探花)를 얻는다.

=> 辰月 戊土에 지지(地支) 목국(木局)을 이루고 재차 甲乙木이 출간(出干)하면 관살회당(官殺會黨)이 되어 좋지 않다.

---

228) 물결 파, 물결 랑. 비가 아니고 강과 호수의 물결이니 인위적으로 끌어오는 노고가 따른다.

戊土가 甲木이 있으면 귀(貴)가 나타남은 辰戌丑未月이 모두 같다. 그러나 乙木은 비록 관(官)이지만, 소토(疏土)할 힘이 없어 다만 혼잡(混雜)해질 뿐이다. 이때 庚金으로 관살(官殺)을 거류(去留)하면 귀격을 이루고, 庚金이 없으면 천박해진다. 庚金이 없으면 火를 용하여 살인상생을 이루어야 성격된다.

丁未年, 癸卯月, 戊寅日, 乙卯時의 팔자(八字)는 丁火로 목기(木氣)를 설하고, 癸水가 戊土를 합하여 丁火가 상하지 않는다. 火土가 조열하여 귀가 무(武)로 나타난 것이다. 수운(水運)에 **관봉재인(官逢財印)**[229]으로 성격(成格)되어 탐화랑(探花郎)이 되었을 것이다.

6. 혹 인비(印比)가 있고 癸水가 투(透)하면 癸水를 취(取)하여 귀격(貴格)을 이룬다. 癸水와 火金이 없으면 토목자전(土木自戰)하여 복부(腹部)에 질병(疾病)이 있고 근심이 많으며 간고(艱苦)하다.

=> 辰月 戊土가 방국(方局)을 이루면 종살격(從殺格)이 되어 대귀(大貴)한다. 인비(印比)가 나타나면 火土가 염조(炎燥)하니 癸水를 용(用)하여 귀격(貴格)을 이룬다. 삼춘(三春) 戊土가 甲癸丙을 용신(用神)으로 삼지 않으면 토목자전(土木自戰)이 되어 질병(疾病)과 생활고(生活苦)를

229) 정관이 재와 인수를 보면서 형충파해가 없을 때 관봉재인으로 성격. (묘월무토 정관격)

겪게 된다.

7. 甲木을 용(用)하면, 水가 아내요 木이 자식이 된다. 丙火를 용(用)하면, 木이 아내요 火가 자식이 된다.

=> 수처목자(水妻木子)는 록겁용살(祿劫用殺), 목처화자(木妻火子)는 살격용인(殺格用印)으로 성격(成格)된 팔자(八字) 유형을 뜻한다.

三夏 戊土

巳月 戊土

甲　丙癸　병투갑출, 랑묘지재, 병계투자, 과갑.
丙透甲出, 廊廟之才, 丙癸透者, 科甲.
즉투일위, 지장득소, 종비백정.
即透一位, 支藏得所, 終非白丁.

1. 巳月 戊土는 양기(陽氣)를 발승(發升)하나 한기(寒氣)가 내장(內藏)되어 외실내허(外實內虛)하니 화염(火炎)을 두려워하지 않는다. 양기(陽氣)는 서로 베풀지 않으면 만물(萬物)이 성장(成長)하지 못하므로 먼저 甲木을 용(用)하여 소벽(疏劈)하고 다음으로 丙火와 癸水로 보좌(輔佐)한다.

=> 巳月은 丙戊가 녹(祿)을 얻는 때[230]**로 火土가 염조(炎燥)하고, 土가 실(實)하여 먼저 甲木으로 소토(疏土)하고 癸水로 조후(調候)해야 한다.** 다만 巳月 戊土는 안으로는 한기(寒氣)가 남아 있어 외실내허(外實內虛)하므로 화염(火炎)을 두려워하지는 않는다.

한난조습(寒暖燥濕)은 장간(藏干)으로도 능히 조절하므로 甲木은 투(透)해야 하고 수기(水氣)는 지지(地支)에서 보아도 무방하다.

2. 丙火가 투(透)하고 甲木이 출(出)하면 **낭묘지재(廊廟之才)**[231]가 되고, 丙火와 癸水가 함께 투(透)하면[232] 과갑(科甲)하는 선비가 되니 하나만 투(透)하고 나머지가 암장(暗藏)되면 종내 백정(白丁)은 되지 않는다.

---

230) 巳의 지장간중 丙戊가 록지이다. 巳火에는 특별한 의미가 있다.
자요사격(子遙巳格): 갑자일 갑자시면 子가 모여 巳火를 불러와서 이루어진다. 먼저 子중 계수가 무계합을 하기위해 巳중 무토를 끌어오고, 같이 온 사화의 본기인 병화도 신금을 합으로 불러들이니 신금을 관으로 무토는 재로 삼으니 자수 하나로 팔자에 없던 財官을 다 얻었다는 의미다.
축요사격(丑遙巳格): 辛丑日과 癸丑日의 사주에 官星이 없을 경우 虛字로 불러와 貴格이 된다. 丑속의 辛金이 巳火속의 병화를 합하려고 巳火를 불러오니, 병화는 辛金의 정관이 되고, 계축일은 같은이유로 巳중戊土를 불러와 정관으로 삼는다.

231) 조정의 재목

232) 병계가 함께 투해도 괜찮은 계절이 여름이다. 오히려 불청불우가 반가운 계절이다.

=>巳月 戊土에 丙火가 투(透)하면 진신(眞神)이 득시(得時)한 것으로 丙火와 甲木이 출간(出干)하여 인봉관살(印逢官殺)로 성격(成格)되면 조정(朝廷)의 재목이 되는 것이다. 丙火와 癸水가 함께 투(透)하면 인수용재격(印綬用財格)으로 과갑(科甲)에 이른다. 이중 하나는 투(透)하고, 나머지가 암장(暗藏)되어 득소(得所)하면 사주(四柱)에 재관인(財官印)이 배합된 것이니 평범하지는 않다.

3. 혹 한 무리의 丙火가 있으면 화염토조(火炎土燥)가 되어 승도(僧道)의 계층으로 이때 하나의 癸水가 투(透)하고 壬水가 암장(暗藏)되면 공명(功名)이 있다. 혹 지지(地支)에 癸水가 암장(暗藏)되면 의식(衣食)은 충족(充足)되나 다만 골육(骨肉)에 형극(刑剋)이 많다.

=> 한 마디로 巳月 戊土는 水로 배합되지 않으면 불리하다. 일파(一派) 丙火로 인해 火土가 조열(燥熱)하면 승도(僧徒)의 팔자(八字)로 고빈(孤貧)하다. 癸水가 투(透)했는데 申이나 亥에 뿌리를 내리면 필시 귀격(貴格)을 이룬다.[233]

지지(地支)에 癸水가 암장(暗藏)되면 의식(衣食)은 충

233) 계수가 투했는데 申이나 亥에 뿌리를 내리면 힘차게 되니 귀격을 이룬다. 丙癸는 神功이라 뿌리가 없어도 된다 했지만, **무토만은 계수가 금방 말라버리므로 뿌리가 있어야 된다. 무토의 정흡하는 특성으로 무계합하여 火氣를 품기 때문이다.**

족(充足)되나, 골육(骨肉)에 형극(刑剋)이 많다고 했다. 그러나 지지(地支)의 癸水가 丙火를 조절(調節)하면 골육(骨肉)의 형극(刑剋)은 면한다고 보는 게 옳다. '조화원약'에는 "或支藏一癸制丙, 衣食充足, 骨肉無刑"로 설명되어 있는데 이것이 타당하다고 생각된다.

4. 화합(化合)이 국(局)을 이루었는데 파(破)되지 않으면 부귀(富貴)가 가볍지 않다.

=> 巳月 戊土가 화화격(化火格)을 이루면 대귀격(大貴格)이 된다. 가령 丙戌年, 癸巳月, 戊午日, 丁巳時 생(生)이면 진화(眞火)로 대귀(大貴)한다.

5. 혹 지지(地支)에 금국(金局)을 이루었는데 癸水가 출간(出干)하면 기격(奇格)으로 토윤생금(土潤生金)으로 도랑지객(桃浪之客)에 그치지 않고 이로(異路)로 은영(恩榮)이 있다.

=> 사궁(巳宮)에는 庚金이 장생(長生)하나 火土가 염조(炎燥)하여 금기(金氣)가 미약(微弱)하다. 이때 금국(金局)을 이루면 庚金이 유용해진다. 이에 癸水가 투(透)하면 토윤생금(土潤生金)으로 토금상관(土金傷官)이 되는데 **체용(體用)이 모두 동궁(同宮)에 있고**[234] 癸水가 윤토(潤

234) 지지 巳의 지장간에 戊庚丙이 同宮에 들어있어 戊丙은 祿이 되어 힘이 있고 庚은 장생이 되나 火土가 조열하여 金이 무력한중에 지지금국에 계수가 투하니 경금이 유용해짐.

土)하면 묘(妙)해진다. 기특(奇特)한 격국(格局)으로 봉지도랑(鳳池桃浪)의 객(客)이 되어 임금의 은덕(恩德)을 입는다. 이런 사람은 개인의 부귀(富貴)에 그치지 않고 경륜(經綸)과 지용(智勇)으로 국가의 발전에 기여한다.

6. 차격(此格)은 癸水를 용(用)하는데, 金이 아내요 水가 자식이 된다.

=> 금처수자(金妻水子)는 토윤생금(土潤生金)으로 상관생재격(傷官生財格)을 말한다.

午月 戊土

壬　甲　중하화염, 선간임수, 차취갑목, 병화작용,
仲夏火炎, 先看壬水, 次取甲木, 丙火酌用,
계력미. 임갑투, 명군신경회.
癸力微. 壬甲透, 名君臣慶會.

1. 午月 戊土는 중하(仲夏)로 화염토조(火炎土燥)한 때에 있으니 먼저 壬水를 용(用)하고 다음으로 甲木을 취(取)하며 丙火는 참작(參酌)해서 쓰는데 癸水를 용(用)하기엔 힘이 미력(微力)하다.[235]

=> 삼하(三夏) 戊十는 반드시 壬癸水가 있어야 한다. 水

235) 계수라도 뿌리가 있으면 미력하지 않다.(亥, 子)

로써 화염토조(火炎土燥)를 중화(中和)시켜야 하기 때문이다. **특히 午月에는 癸水가 아닌 壬水가 적수(適水)임에 유의해야 한다.**[236] 삼하(三夏)에 戊土는 실(實)하므로 甲木이 있으면 길하고, 壬水가 있으면 甲木이 유용(有用)해지나, 水가 없으면 분목(焚木)되어 무용(無用)하게 된다.

2. 壬甲이 양투(兩透)하면 군신경회(君臣慶會[237])라, 자연 도랑(桃浪)의 선성(先聲)[238]이 있으니 권고위현(勸高位顯)[239]하고 또 년간(年干)에 辛金이 투(透)하면 일품(一品)의 관(官)을 차지한다. 이를테면 辛未年, 甲午月, 戊寅日, 壬子時 생(生)으로 壬甲이 양투(兩透)했다. 인왕살고(印旺殺高)[240]하니 출장입상(出將入相)[241]에 명파사이(名播四夷)[242]한다.

=> 午月 戊土에 壬水와 甲木이 투(透)하면 재살(財殺)로 격(格)을 이루니 군신경회(君臣慶會)라 해서 위권(威權)

---

236) 사막은 오아시스가 있어야지 비 좀 내리는 것으로는 부족하다. 너무 뜨겁다.

237) 임금과 신하가 경사스럽게 모여 있다는 뜻은 財官이 眞神으로 모여 있을 때를 가리킴. 오월무토라서 壬甲이 양투하면 일원도 왕하고 재관도 왕하니 위권이 높다.

238) 전부터 알려져 있는 명성.

239) 권위가 매우 높고 현달함.

240) 인수가 왕하면서 칠살이 고투하면 공부도 잘하고 지위도 높다. 칠살이 건전하면 무장으로 출세한다.

241) 전쟁시에는 장수로 평시에는 재상으로 뛰어남.
예) 아이젠하워대통령

242) 사방에 이름이 남.

이 높다. 午月에 壬水는 절지(絶地)에 해당하는데 이때 辛金이 壬水를 생(生)하면 봉지도랑(鳳池桃浪)의 객(客)이 되니 군왕(群王)과 직접 통하는 사이가 되고 익히 알려진 명성(名聲)이 높아 격국(格局)은 더욱 아름다운 것이다.

3. 만약 지지(地支)에 화국(火局)을 이루고 癸水가 투(透)하면 크게 구제(救濟)되지 않으니 이는 마치 한 잔의 물로 땔나무에 붙은 불을 끄는 것과 같이 어렵다. 차명(此命)은 게으르지 않고 호학(好學)하나 명성(名聲)을 얻지 못한고 안질(眼疾)이 있다.

만약 壬水가 출간(出干)하면 차격(此格)과 견줄 수 없다. 혹 土木이 중중(重重)하고 적수(滴水)가 전무(全無)하면 승도(僧道)로 고빈(孤貧)한 무리에 지나지 않는다.

=> 午月 戊土가 지지(地支)에 화국(火局)이 있으면 癸水로는 힘이 미약하여 적수(滴水)가 뜨겁고 건조하여 명성(名聲)을 얻지 못한다. 火土가 왕(旺)한데 한두 개의 癸水가 있는 것은 午月 丙火와 마찬가지의 현상이 나타난다.

그러나 壬水의 장류수(長流水)로 火를 제(制)하면 부귀(富貴)가 충분하다.

木火土가 중(重)한데 적수(滴水)가 하나도 없다면 승도(僧道)의 팔자(八字)로 고빈(孤貧)하다.

결론적으로 午月 戊의 참다운 부귀(富貴)를 논하려면

壬水가 있어야 한다.

4. 壬水를 용(用)하면, 金이 아내요 水가 자식이 된다.

=> 午月 戊土가 壬水를 용(用)하면 인수용재(印綬用財)로 성격(成格)된다. 이때 신궁(申宮)에 득록(得祿)된 金이 도우면 상격(上格)을 이룬다. 금처수자(金妻水子)는 이 같은 경우를 논한 것이다.[243)]

未月 戊土

癸 丙甲 우하건고, 선간계수, 차용병화갑목.
遇夏乾枯, 先看癸水, 次用丙火甲木.
계병량투, 과갑중인.
癸丙兩透, 科甲中人.

1. 未月 戊土는 건고(乾枯)한 하월(夏月)에 있으니 먼저 癸水를 용신(用神)으로 삼고 다음으로 丙火와 甲木을 용(用)한다. 癸丙이 양투(兩透)하면 과갑(科甲)한다. 혹 癸水는 있는데 丙火가 없으면, 甲木을 보아 가히 수재(秀才)는 허락한다. 甲木이 없으면 대략(大略) 부(富)는 있다. 혹 **丙火가 있고 癸水가 없으면 사문(斯文)의 도(道)[244)]가**

---

243) 申에서 祿을 얻은 경금이 午月戊土의 眞神인 壬水의 發水之源이 되니 上格을 이룸.

244) **사문의 도(斯文의 道)**: 공자가 지킨 인류문명의 적통적

거짓이나 의식(衣食)은 자못 족(足)하다.

=> 未月 戊土는 건고(乾枯)한 하월(夏月)에 있으니 먼저 癸水를 용신(用神)으로 삼아 격국(格局)의 겉모습은 일단 **록겁용재격(祿劫用財格)**[245]을 이루어야 귀(貴)를 논할 근거가 된다. 癸水와 丙火가 같이 투간(透干)하면 인다용재(印多用財)로 성격(成格)되어 과갑(科甲)에 이른다. 인왕(印旺)[246]하여 재로 인수를 파하는 격국은 甲木이 필요치 않다.[247]

未月 戊土에 丙火가 없고 癸水와 甲木이 투(透)하면 수재(秀才)는 허락하고, 甲木이 없어도 재(財)를 용(用)하여 부격(富格)은 성립된다. 丙火는 있으나 癸水가 없으면 유림(儒林)의 도(道)는 거짓이나 의록(衣祿)은 풍족한 편이다.

2. 혹 癸水가 투(透)하고 辛金이 출(出)하면 **도필지재(刀筆之才)**[248]로 지모(智謀)가 있어 이로(異路)를 도모한다.

=> 未月 戊土에 癸辛이 투출(透出)하면 상관생재(傷官生財)되어 재사(才士)로 부(富)한 가운데 귀(貴)가 따른다.

가치, 중용. (**斯文**=this culture: 문명과 야만을 가르는 기준.)

245) 월령이 비겁이면서 재를 쓰는 경우

246) 인수가 왕하면 자비도 있고 지성도 있다. 인수가 없으면 자비가 없다.

247) **未月戊土는 특이하다. 거대한 땅의 넓은 초원 같은 물상이라 굳이 나무가 없어도 丙癸 만으로도 아름답다.**

248) 도필: 문서의 기록, 또는 문서의 기록을 맡아보던 관원

3. 癸水와 丙火가 없으면 상인(常人)이다. 만약 甲木도 없으면 하천(下賤)한 무리가 된다.

=> 未月 戊土의 부귀(富貴)는 癸丙甲의 구비(具備) 여부로 결정된다. 癸丙이 없으면 평범한 명(命)에 지나지 않고, 甲木도 없다면 일체의 귀(貴)를 찾아보기 힘들 정도다.

4. 혹 土가 많은데 하나의 甲木이 출간(出干)하고 庚辛金을 보지 않으면 작사헌앙(作事軒昂)[249]하고 성정(性情)이 근신(謹愼)하여 현양(顯揚)치는 않으나 문장(文章)은 세인(世人)들을 놀라게 한다.

=> 未月은 토왕(土旺)하니 하나의 甲木을 보면 칠살(七殺)이 독투(獨透)하는 것으로 이를 庚辛金으로 제(制)하지 않으면 반드시 일을 도모하는 사람으로 의기당당(義氣堂堂)하여 신중(重)한 인물(人物)이다. 이 때 壬癸水로 재생살(財生殺)하면 부귀(富貴)하고 명성(名聲)을 떨치나, 水가 없으면 이름이나 지위를 널리 떨치지 못한다.

5. 癸水를 용(用)하면, 金이 아내요 水가 자식이 된다. 丙火를 용(用)하면, 木이 아내요 火가 자식이 된다. 甲木을 용(用)하면, 水가 아내요 木이 자식이 된다.

=> 금처수자(金妻水子)는 식상생재(食傷生財), 목처화

---

249) 지을 작/ 일 사/ 추녀,처마,수레 헌/ 오를, 높다 앙.

자(木妻火子)는 인수용살(印綬用殺), 수처목자(水妻木子)는 재살(財殺)로 성격(成格)된 유형을 말한다.

三秋 戊土

申月 戊土 [250]

丙 癸甲 양기점입, 한기점출, 선병후계,
陽氣漸入, 寒氣漸出, 先丙後癸,
갑목차지. 병계갑투자, 부귀극품.
甲木次之. 丙癸甲透者, 富貴極品.

1. 申月 戊土는 양기(陽氣)가 점차 들어나고 한기(寒氣)가 점점 나오는 때로 먼저 丙火를 용(用)하고 다음으로 癸水를 취(取)하며 甲木을 차용(次用)한다. 丙甲癸가 투(透)하

---

250) 土는 중앙(中央)과 사시(四時)에 있어 왕(旺)하지 않은 때가 없고, 사우(四隅)에 기생(寄生)한다. 土는 **화왕(火旺)하면 두터워져 유용(有用)하지만, 수왕(水旺)하면 土는 무용(無用)해진다. 土는 오행(五行)의 중심으로 수장(收藏)한 기(氣)를 만나면 쓰임이 줄어든다.** 水는 申에서 생(生)하고 해(亥)에 녹(祿)이 있으니 申月과 亥月의 戊土는 생지(生地)에 있어도 왕(旺)으로 논하지 않는다. 즉 **申月 戊土는 화기(火氣)가 쇠퇴(衰退)하여 양기(陽氣)는 들어가고, 한기(寒氣)가 나오는 때로 丙火로 따뜻하게 하는 것이 급선무다.** 양기(陽氣)가 채워지면 다음으로 癸水로 윤택(潤澤)하게 해주어야 한다. 토는 화왕을 두려워하지 않는다. 산불나면 나무만 타고 땅은 그대로 있다. **땅이 따뜻하지 않으면 생의가 없다. *동토불능생목(凍土不能生木): 자식이 잘 안되거나 직위가 높지 않다. (관의문제) *조토불능생금(燥土不能生金):자식이 잘 안 된다.(식상의 분제)**

면 부귀(富貴)가 극품(極品)에 이른다.[251] 癸水가 암장(暗藏)되고 丙火가 투(透)하면 보통의 수재(秀才)는 넘는다.

=> 申月 戊土는 丙癸甲이 함께 투(透)하면 부귀(富貴)가 일품(一品)에 오른다. 그러나 팔자(八字) 원국(原局)에 丙癸甲이 모두 출간(出干)하는 경우는 성립되지 않고 丙壬甲이 같이 투(透)할 수는 있다. 이때 지지(地支)의 子水를 보거나 癸水가 암장(暗藏)되면 丙癸甲 삼자(三者)를 온전히 갖춘 셈과 다를 바 없다. 丙火는 투(透)했으나 癸水가 암장(暗藏)되면 일방(一榜)은 능히 기대할만한 수재(秀才)가 된다.

2. 丙甲이 양투(兩透)하고 癸水가 회국(會局)된 辰에 암장(暗藏)되면 역시 부귀(富貴)을 잃지 않는다. 丙火가 없고 癸水와 甲木이 투(透)하면 청아(淸雅) 사람으로 부(富)가 천금(千金)에 이른다. 癸水가 없고 甲木이 있으면 상인(常人)이다. 丙火가 있으면 **처현자초(妻賢子肖)**[252]하다. 만약 丙甲癸 삼자(三者)가 모두 없으면 하류(下流)의 명(命)이다.

=> 壬水가 투(透)했는데 丙火가 암장(暗藏)되어도 선발(選拔)됨이 있다. 丙甲이 양투(兩透)하고 癸水가 회국(會

251) 丙甲癸 진신을 다 갖추면서 진신이 훼손도 되지 않아야 한다.
252) 어질고 현명한 아내와 선친의 유업을 잇는 훌륭한 자식을 둔다.

局)하여 辰에 암장(暗藏)되면 부귀쌍전(富貴雙全)한다. 戊土가 申子辰 수국(水局)으로 격(格)을 이루면 **구진득위격(勾陳得位格)**[253]으로 대귀(大貴)한 팔자(八字)가 많다.

만일 丙火는 없으나 癸甲이 투(透)하면 재왕생관격(財旺生官格)을 이루어 위인이 청고(淸高)하고 거부(巨富)를 이루며 이로(異路)로 공명(功名)이 있다. 申月 戊土에 癸水와 甲木이 없으면 평범한 명(命)에 지나지 않고, 丙火가 있으면 아내는 어질고 자식은 효도(孝道)한다.

3. 혹 지지(地支)에 수국(水局)을 이루면 기명종재(棄命從財)가 되어 이때는 甲木을 취(取)해 설(洩)하는 게 마땅하다. 甲木이 투(透)하면 약간의 부귀(富貴)가 있다. 용신(用神)과 처자(妻子)를 보는 법은 앞의 설명과 같다.

=> 土는 申에서 기생(寄生)하고 생지(生地)가 되므로 쉽게 종격(從格)이 성립되지는 않는다. 지지(地支)에 수국(水局)을 지으면 용신(用神)이 많으나 甲木으로 수기(水氣)를 설(洩)해야 한다. 용신(用神)이 많으면 의당 설(洩)하는 게 마땅하다는 것은 바로 이를 두고 한 말이다.

申月 戊土에 癸水를 용(用)하면 금처수자(金妻水子)가

253) 구진은 중앙의 戊己土를 말하며 득위란 재관을 얻었다는 말인데 무신(戊申), 부자(戊子), 무진(戊辰) 세 가지 일주로 지지가 수국(水局)이 되는 것과 기해(己亥), 기묘(己卯), 기미(己未)로 지지가 목국(木局)이 되는 것이다

되고, 丙火를 용(用)하면 목처화자(木妻火子), 甲木을 용(用)하면 수처목자(水妻木子)가 될 것이다.

酉月 戊土

丙　癸　　금설신한, 뢰병조난, 희수자윤,
金洩身寒, 賴丙照暖, 喜水滋潤,
선병후계, 불필목소. 병계량투, 과갑.
先丙後癸, 不必木疏. 丙癸兩透, 科甲.

1. 酉月 戊土는 金이 신(身)을 설(洩)하고 차가우니, 丙火에 기대 조난(照暖)하고 水를 기뻐하여 자윤(滋潤)하니 먼저 丙火를 쓰고 다음으로 癸水를 취하며 木의 소토(疏土)는 필요하지 않다. 丙癸가 양투하면 과갑한다.

丙火가 투하고 癸水가 암장되면 가히 입반(入泮)을 허락한다. 癸水가 투하고 丙火가 암장되면 **납자득관(納資得官)**[254]한다. 만약 丙火가 암장되었는데 癸水가 없거나, 癸水가 많지만 투하지 않으면 모두 다 상인(常人)이다. 丙火와 癸水가 전무(全無)하면 **분류지객(奔流之客)**[255]이 된다.

=> 酉月 戊土는 甲木을 용하지 않는 특징이 있다.[256] **월**

254) 재물을 들여 관직을 득함.
255) 아래로 표류하는 명이 된다.
256) 유월의 본기인 신금과 갑목의 십간관계는 목곤쇄편(木棍碎片)이라 하여 좋지 않다. 어떤日干이든 酉月에는 갑목을

령에 당왕한 金이 수기(秀氣)를 설(洩)하기 때문이다. 이때는 자왕모쇠(子旺母衰)[257]하고 차가우니 丙火로 말려야 하고, 조토(燥土)는 생금(生金)이 어려우니 癸水로 윤택(潤澤)하게 만들어야 한다. 酉月 戊土에 丙癸가 모두 투하면 과갑에 이른다. 癸酉月에는 丙火가 첩(貼)하는 경우가 나타나지 않으므로 불청불우(不淸不雨)를 염려할 필요가 없다.[258]

丙火가 투하고 癸水가 암장되면 성균관의 유생이 된다. 癸水가 透하고 丙火가 암장(暗藏)되면 상관생재격(傷官生財格)으로 재물을 들여 관직을 얻는다. 丙火가 암장(暗藏)되었는데 癸水가 없거나, 癸水가 많지만 투하지 않으면 모두 평범한命이고 丙癸가 전무(全無)하면 떠돌이 팔자에 불과하다.

2. 혹 사주(四柱)에 다 辛金인데 丙丁火가 없으면 상관격(傷官格)으로 사람됨이 청수(淸秀)하여 습개(拾芥)는 불능(不能)하므로 역시 무과(武科)가 가(可)하다. 이때 癸水가 있으면 또한 부귀하다.

=> 酉月 戊土에 丙丁火가 없고 辛金으로 사주(四柱)가

쓰지 않는다.

257) 자왕모쇠의 母는 일간을 의미한다. 따라서 자는 당왕한 金을 가리킴.

258) 여름이 아닌데도 불청불우가 나쁘지 않는 것중의 하나가 酉月 무토다.

이루어지면 토금상관(土金傷官)이 되어 총명(聰明)하다. 이때는 양간부잡격(兩干不雜格)을 이루기 쉬우므로 위인(爲人)이 청수(淸秀)하여 사사로운 일에 연연치 않고 무직(無職)으로 관위(官位)가 높다. 이때 癸水가 있으면 상관생재(傷官生財)하여 부귀(富貴)를 이룬다.

3. 혹 지지(地支)에 수국(水局)을 이루고 壬癸가 출간(出干)하면 재다신약(財多身弱)으로 어리석고 나약하며 무능(無能)하다. 만약 천간(天干)에 비겁(比劫)이 있으면 재신(財神)을 분산(分散)시키면 꽤 의식(衣食)이 있다.

=> 酉月 戊土가 지지(地支)에 수국(水局)을 이루고 壬癸가 출간(出干)하면 재다신약(財多身弱)하여 부옥빈인(富屋貧人)의 명(命)이 되니 무능하고 인색하다. 이때 비겁(比劫)으로 재(財)를 분할하면 반대로 부격(富格)을 이루는데 대운(大運)이 도와야 한다.

4. 용신(用神)과 처자(妻子)를 보는 방법은 전항(前項)과 동일(同一)하다. 추토(秋土)는 金을 생(生)하여 극약(極弱)하므로 丙丁火가 출간(出干)하면 반드시 묘(妙)해진다.

=> 용신(用神)과 처자(妻子)를 보는 방법은 未月 戊土와 같다. 중추(仲秋)에는 왕금(旺金)이 토기(土氣)를 설(洩)하므로 戊土가 몹시 약하다. 까닭에 먼저 丙丁火가 출간

(出干)하여 따뜻하게 해야만 귀격(貴格)을 이룬다. 辛金이 출간(出干)하여 격(格)을 이루면 丙丁火가 나타나지 않고 암장(暗藏)되는 게 좋다.

戌月 戊土

甲　丙癸　무토당권, 불가전용병, 선갑목,
　　　　　戊土當權, 不可專用丙, 先甲木,
　　　　　차계수, 후병화, 배합지간, 정발운정.
　　　　　次癸水, 後丙火, 配合支干, 定發雲程.

1. 戌月은 戊土가 당권(當權)하여 丙火를 전용(專用)하는 것은 불가(不可)하고 먼저 甲木을 용신(用神)으로 삼은 다음 癸水를 취(取)하며 합화(合化)를 꺼린다. 金을 보아 癸水를 먼저 용(用)하면 다음으로 丙火를 취(取)해 간지(干支)가 배합(配合)되면 바야흐로 土의 생의(生意)가 살아나므로 정히 운정(雲程)이 발(發)한다.

=> 戌月 戊土는 甲癸丙을 용신으로 삼는다. 토왕하여 丙火는 크게 필요치 않다. 먼저 甲木을 용하고 癸水를 취하면 재자약살(財滋弱殺)이 되고, 만일 癸水가 戊土와 합하면 재가 살을 생하는 힘이 떨어지므로 합화를 꺼리는 것이다. 丙火가 배합(配合)하고 水로 자윤(滋潤)하면 土의 생기가 나타나 귀격을 이룬다.

2. 혹 丙火는 없고 癸水만 있는데 甲木이 투(透)하지 않으면 부(富)는 작으나 의금(衣衿)은 있다. 丙癸가 없고 甲木만 있는 자는 의식(衣食)이 있는 것으로 그친다. 만약 癸甲이 전무(全無)하고 丙火만 있으면 상인(常人)에 속(屬)하고 혹은 승도(僧道)가 된다.

혹 지지(地支)에 수국(水局)을 짓고 壬癸水가 투간(透干)하면 戊土를 용(用)하여 흐름을 막아야 하므로, 비견(比肩)이 투(透)하면 반대로 부(富)가 있다. 지지(地支)에 화국(火局)을 이루면 조토(燥土)로 발달(發達)하지 못한다.

=> 戊月 戊土에 丙甲은 없고 癸水만 있다면 재(財)가 용(用)인데 戊癸 상합(相合)으로 재(財)가 아신(我身)을 따른다. 록겁용재격(祿劫用財格)을 이루면 크게 부자(富者)는 아니나 의록(衣祿)은 있다.

癸丙이 甲木만 있다면 록겁용관(祿劫用官)인데 고살(孤殺)로 재인(財印)의 보좌(輔佐)가 없어 의록(衣祿)은 부족함이 없으나 명리(名利)는 허상(虛像)이다.

癸甲이 없고 丙火만 있다면 土의 생의(生意)가 없고 재관(財官)이 부족하여 왕기(旺氣)가 아신(我身)에서 그치니 승려(僧侶)나 도인(道人)이 되고 타인(他人)에게 의지하여 살아가는 것이다.

戌月 戊土는 일원(日元)이 영(令)을 잡아 왕(旺)하나 재

(財)가 왕(旺)하여 국(局)을 이루고 壬癸水가 투간(透干)하면 반드시 부격(富格)을 이룬다. 이때는 戊土가 투출(透出)해서 아신(我身)을 도와야 한다. 지지(地支)에 화국(火局)을 이루면 화염토조(火炎土燥)로 토조불발(土燥不發)이다.

3. 金水가 양투(兩透)하면 그 사람이 청고(淸高)하고 대략(大略) 부귀(富貴)하다. 水가 없으면 일생(一生)이 곤고(困苦)하다. 처자(妻子)를 정하는 법은 전항(前項)과 같다.

=> 戌月 戊土가 화염토조(火炎土燥)한데 金水가 있어 水로 火를 제(制)하고, 土를 윤택(潤澤)하게 하면 金으로 土의 완둔(頑鈍)함을 설(洩)하여 토금상관(土金傷官)이 된다. 이런 사람은 청고(淸高)한 명(命)이 되고, 상관생재(傷官生財)하여 부귀격(富貴格)을 이룬다. 그러나 水가 없다면 평생 고생(苦生)이 많다.

三冬 戊土

亥月 戊土

甲 丙 비갑불영, 비병불난. 안능생발만물.
非甲不靈, 非丙不暖. 安能生發萬物.
갑병량출, 부귀중인.
甲丙兩出, 富貴中人.

1. 亥月 戊土는 시(時)가 소양(小陽)에 자리 잡으니 양기(陽氣)가 약간 출(出)하여 먼저 甲木을 용(用)하고 丙火를 나중에 취(取)한다.[259] 甲木이 아니면 土가 불령(不靈)하고 丙火가 아니면 土가 따스하지 않으니 어찌 만물(萬物)을 생발(生發)하겠는가.

甲丙이 양투하면 부귀한 사람이다. 혹 甲木이 장생을 얻었는데 지지에 水가 암장되고 丙火가 고투(高透)하면 명주(命主)가 귀하고 양명(揚名)한다.

=> 亥月 戊土는 甲木과 丙火를 취하여 관인상생(官印相生)으로 귀격(貴格)을 이룬다. 이 대목에서 굳이 소양(小陽)을 논하여 甲木을 선용(先用)하는 것으로 맞출 필요는 없다고 생각된다. 甲丙으로 격을 이루는 이법(理法)으로 설명하면 그만이다.

癸水는 취하지 않는다. 이는 해궁(亥宮)에 壬水가 득록(得祿)했기 때문이다. 다시 말해 亥月의 한토(寒土)는 반드시 丙火가 있어야 한다. 土가 많고 따뜻하면 甲木이 용신이다. 월령에서 재가 영을 잡아 스스로 관을 생하니 이때 甲木이 출간하지 않으면 丙火를 용하여 명리(名利)를 발(發)한다.

---

259) 丙甲이 양투하면 부귀한 사람이다. 여기서 계수를 언급하지 않은 것은 이미 임수가 있가 때문이다. 무토 사막에 오아시스만으로 문명지상이다. 五陽干의 조합이 좋다.

2. 지지에 庚金이 있으면 입반(入泮)으로 그친다.[260] 만약 庚金을 보지 않고 甲木이 지지에 암장되었는데 丙火가 고투(高透)하면 과갑에 이른다. 만약 庚金이 있고 丁火가 출하여 제(制)하면 필시 이로(異路)로 공명(功名)을 이룬다. 庚丁이 투하지 않고 甲丙이 지지에 암장되면 역시 부귀에 이른다.

=> 亥月 戊土에 지지 庚金을 보면 관을 파(破)하므로 수재(秀才)로만 그칠 가능성이 높다.[261] 庚金이 없고 丙火가 높이 투하면 과갑에 준함이 있다. 그러나 庚金이 있는데 丁火로 이를 제하면 권위가 모두 통달(通達)하여 도필(刀筆), 즉 문필(文筆)로 공명을 이룬다. 庚丁이 투하지 않고 甲丙이 지지에 암장되어도 역시 부귀하다.

3. 壬水가 투했는데 戊土로 丙火를 구제하면 부중취귀(富中取貴)한다. 丙甲이 모두 없으면 필시 승도(僧道)가 된다.

=> 亥月 戊土에 壬水가 투(透)하여 丙火를 곤(困)하게 하면 戊土로 구제(救濟)해야 한다. 재격(財格)으로 부(富)

---

260) 무토는 기본적으로 경신금을 잘 쓰지 않는다. 무토는 가만히 놔둬야 좋은데 庚辛 食傷氣가 나오면 말로써 적을 만드는 경향이 있다. 무토가 경금을 보면 조주위학(助紂爲虐), 辛金을 보면 반음설기(反吟洩氣)가 되어 말로써 손해 보기 십상이다. 말하면 밉상이 되는 것이다.

261) 애초에 수재가 아닌 것이 더 나을 수 있다. 공부 잘했어도 수재로만 그치면 더 불우하다. 이는 무토의 제1용신이 갑목인데 경금이 官 甲木을 파하여서이다.

한 가운데 귀(貴)를 취하는 것이다. 丙甲이 모두 없으면 고빈(孤貧)한 팔자가 된다.

子, 丑月 戊土

丙 甲　　엄한빙동, 병화위전, 갑목위좌.
　　　　嚴寒冰凍, 丙火為專, 甲木為佐.
　　　　유병무갑자, 호부. 유갑무병자, 청빈.
　　　　有丙無甲者, 豪富. 有甲無丙者, 清貧.

1. 子月과 丑月에는 엄한(嚴寒)하여 빙동(氷凍)하니 丙火를 전용(專用)하고, 甲木으로 보좌(輔佐)한다. 丙甲이 양투(兩透)하면 도랑(桃浪)의 객(客)[262]이고, 丙火가 출(出)했는데 甲木이 암장(暗藏)되면 채근(採芹)하고 봉록(俸祿)이 있다. 丙火가 암장(暗藏)되고 甲木이 출(出)하면 앞길에 좌잡(佐雜)은 한다. 丙火는 있으나 甲木이 없으면 호부(豪富)다.[263] 甲木이 있고 丙火가 없으면 청빈(淸貧)하다.[264] 丙甲이 전무(全無)하면 하류(下流)의 명조(命造)다.

=> 엄동(嚴冬)에는 조후(調候)가 시급(時急)하여 火가

---

262) 도: 복숭아꽃을 장식한 모자(과거급제), 도랑의객:황실의 손님. 신분 높은 품계다.
263) 자축월에 병화가 있으니 한난을 구비하였으니 일시에 발전할 수 있는 것이다.
264) 조후가 갖춰지지 않아서 청빈한 것이다.

중(重)해도 흉하지 않다. 화성(火盛)하면 영화(榮華)가 있고 丙火 하나만 투(透)하여 격(格)을 이루면 세력이 있는 부자(富者)가 된다. 子月과 丑月의 戊土는 火가 있어야만 재관(財官)을 감당할 수 있다. 火가 없으면 식재관(食財官) 모두 쓸모가 없다.

丙甲이 양투(兩透)하면 벼슬이 높고, 丙火가 출(出)했는데 甲木이 암장(暗藏)되면 의금(衣衿)으로만 그치지 않는다. 丙火가 암장(暗藏)되고 甲木이 출(出)하면 관리(官吏)는 한다. 甲木이 있고 丙火가 없으면 청빈(淸貧)하고 丙甲 모두 없으면 하격(下格)이다.

2. 혹 한 무리[265]의 丙火가 있는데 丙火기 투(透)하고 운(運)이 火土에 있으면 약변강(弱變强)이 되어 이때 하나의 壬水가 투(透)하면 명주(命主)가 청고(淸高)하고 영록(榮祿)이 있다. 壬水가 결핍(缺乏)되면 승도(僧道)이거나 고한(孤寒)하다.

=> 戊土는 火가 태왕(太旺)하면 壬水를 용신(用神)으로 삼아 부중취귀(富中取貴)한다. 팔자(八字) 원국(原局)에 壬丙이 투(透)하여 재격투인(財格透印)으로 성격(成格)되어도 재무(財務) 계통에서 고위직(高位職)에 오르는 경우

---

265) **난강망에서 '한 무리'(一派)'라 함은 두 가지를 의미한다. 하나는 局을 짜는 것이요, 또 하나는 여러 개가 투하거나 혼잡한 경우이다. 이럴 때는 병이 되는 것이니 약(藥)이 있어야 한다.** 가령 인수가 2개가 있다면 전공도 두 개일 가능성이 크니 하나는 合去 또는 제복 되어야 좋다.

가 많다.

동월(冬月) 戊土에 壬水가 핍절(乏絶)되는 경우란, 壬水가 투(透)하지 않고 인겁태중(印劫太重)하여 편왕지상(偏旺之象)을 이룬 것으로 화운(火運)에 필시 빈고(貧孤)함에 이른다.

3. 혹 한 무리의 水土가 춥게 얽혀 막혔는데 丙火를 보지 못하고 月時에 癸水가 투(透)하면 역시 우아(優雅)한 풍류(風流)를 지닌 선비는 된다.

=> 丑月 戊土는 土水가 차가워 엉기고 막히는데 이때 丙火는 전혀 없고 月時에 癸水가 투(透)하면 유림(儒林)의 신분은 잃지 않는다고 했다.

4. 혹 한 무리의 壬水가 있는데 비겁(比劫)을 보지 못하면 가히 종재(從財)를 짓는다. 만약 비겁(比劫)이 있고 甲木이 출간(出干)하면 또한 부귀(富貴)하고 만약 한토(寒土)에 丙火가 없으면 비록 甲木이 있어도 역시 내허외실(內虛外實)한 사람이다.

=> 子月 戊土에 수국(水局)을 이루거나 丑月에 방국(方局)을 짓고 비겁(比劫)을 보지 않으면 종재격(從財格)을 이루어 사람으로 인해 명리(名利)를 얻는다. **진종(眞從)은 대개 그 자체로 귀격(貴格)을 이룬다. 이때 대개는 조후(調候)와 무관하나, 간혹 조후(調候)를 잃어서는 안 될 경**

우가 있으므로 반드시 가려 취해야 한다.

5. 혹 두 개의 癸水가 月時에 투(透)하면 쟁합(爭合)이 되어 종내 노록지인(勞碌之人)에 속(屬)한다. 하나의 己土가 출간(出干)하여 癸水를 제(制)하면 반대로 충의지사(忠義之士)가 되니 자신을 버리고 이타(利他)적인 사람이라 할 수 있다.

=> 月時에 癸水가 투(透)하여 쟁합(爭合)이 되면 재물이 많아도 고생이 많은데 재다신약(財多身弱)으로 丑月 戊土의 경우에 한정된다. 己土가 癸水를 제(制)하는 경우란 팔자에 丙己가 출간(出干)하는 경우로 子月戊土에 한정되며 재격투인(財格透印)으로 명예(名譽)를 중히 여긴다.

癸戊丙己
丑戊子□

6. 年月에 辛金이 투(透)하면 토금상관(土金傷官)이 되니 가히 이로공명(異路功名)을 허락한다.
이때는 金이 아내요, 水가 자식이 된다.

=> 丑月 戊土에 辛金이 투(透)하면 토금상관격(土金傷官格)이 되어 이로(異路)로 공명(功名)을 이룬다. 금처수자(金妻水子)는 상관생재격(傷官生財格)을 말한다.

6. 己土[266)]

- 三春 기토는 한기가 남아 있으니 병화로 먼저 따뜻하게 한 다음 계수로 윤택하게 만든다. 이때 갑목으로 보좌하면 재관인을 갖춘 부귀격을 이룬다.

- 三夏 기토는 화가(禾稼)가 밭에 있는 때라 우선 계수

---

266) **적천수 천간론 기토: 기토비습,중정축장(己土卑濕,中正蓄藏)**:己土는 낮고 濕하며 치우침이 없어 곧고 바른 기운을 축장한다. 戊土는 高亢한 土로 乾土라 하고, 己土는 田園의 흙이니 濕土라 하여 用神을 취하는 방법이 크게 다르다. 己土는 陰濕하여 四時를 막론하고 대개 丙火로 돕는 것을 大地普照라 해서 기뻐한다. **/불수목성,불외수왕(不愁木盛,不畏水旺)**:木이 盛함을 걱정하지 않고, 水가 旺함을 두려워하지 않는다. 己土는 冬月을 제외하고 대개 癸水와 甲木의 財官을 用하여 貴格을 이루기 쉽다. **/화소화회,금다금명(火少火晦,金多金明)**:火가 적으면 불이 어두워지고 金이 많은 즉 금이 빛난다. 火가 적으면 丙이 衰하고, 金이 많으면 庚이 빛을 낸다. 즉 己土는 火와 金이 많을수록 좋으며 傷官佩印 或은 印用食傷으로 貴格을 이룬다. **/약요물창,의조의방(若要物昌,宜助宜幇)**:만약 物을 창성하게 하려면 助幇해야 마땅하다. 己土를 旺盛하게 하여 生意를 발하려면 돕고 막아야 한다.

로 윤택하게 만들어야 한다. 다음에 병화를 취한다. 하월이라도 뜨거울수록 성장하기 때문이다.

- 三秋 기토는 만물이 수장되고, 한기가 나타나므로 먼저 병화로 따뜻하게 해야 한다. 병화가 있으면 기토는 계수 財의 反生으로 인해 오히려 강해진다.

- 三冬 기토는 습니(濕泥)로 한동한 때에 있으니 병화로 따뜻하게 해주지 않으면 생의가 없다. 따라서 병화를 존신으로 삼으며 계수는 취하지 않는다.

- 기토 전원은 병화로 따뜻하게 하면 만물을 생하나, 임수가 범람하면 파종이 불가하다.

병화로 온토하고, 계수로 윤토하면 기토의 정신을 보하여 부귀를 이룬다.

묘월에는 양기가 성하여 재관을 용하는 것이 정법으로 병화를 먼저 취하지 않는다.

三春 己土

寅月 己土

丙　庚甲　취병해한. 기견임수, 여수다,

取丙解寒. 忌見壬水, 如水多,

수이무토위좌. 경투천간, 역유준수.

須以戊土爲佐. 庚透天干, 亦有俊秀.

1. 寅月 己土는 전원(田園)이 아직 얼어 있으므로 섣달의 기운이 아직 제거되지 않고 덮여 있어 남은 한기가 물러가지 않으므로 丙火[267]를 존신으로 삼는다. 丙火를 얻어 조난(照暖)하면 만물이 자생(自生)하고 壬水[268]는 己土의 병(病)이 되므로 보는 것을 꺼린다.

壬水는 강호(江湖)로 호수가 한번 발하면 전원을 세탕(洗蕩)하여 니토(沙土)로 변하게 하니 근묘(根苗)가 모두 수몰되기 때문이다. 이때는 戊土로 제방을 쌓는 게 필수로 이로써 원포(園圃)를 보호해야 한다. 壬水가 많으면 戊土를 보아 제함을 요한다. 戊土가 출간하면 정히 금마옥당에 오른다.[269] 만약 戊土의 제(制)함이 결핍(缺乏)되면 필시 평상인(平常人)에 속(屬)한다.

=> '적천수'에 만물(萬物)이 왕성(旺盛)하길 바란다면 **의조의방(宜助宜幇)**[270]이라, 한 마디로 己土를 '돕고, 막

---

267) 기토에게 병화와의 十干 조합은 대지보조(大地普照)라 하여 경쟁구도에서 뜻하지 않은 원조자를 만나 영광을 거머쥐는 좋은 관계임.

268) 기토에게 임수와의 관계는 기토탁임(己土濁壬)또는 타니대수(陀泥帶水)라 하여 재물과 이성, 직업간의 혼탁함으로 여러번 인연이 갈림. 만일 기토일간에 임이 있어 병이 되면 약이 되는 무토가 있어 제복시켜주면 된다. 이렇게 십간론은 병약용신을 정하는 과정에서 유용하다.

269) 기토에게 무토와의 관계는 경련상배(硬煉相配)로 사회적으로나 개인적으로나 대인 관계가 원만하여 대성함.

270) 마땅할 의, 도울 조, 마땅할 의, 도울 방.

으라' 고 했다. 돕는 것은 丙火고, 막는 것은 戊土로 방신(幇身)하는 것을 말한다. 己土의 병(病)은 壬水가 되므로 병을 제거하는 약(藥)이 바로 戊土다. 寅月 己土는 한기가 남아 있어 전원이 다 녹지 않은 상이다. 따라서 丙火가 용신이다. 丙火가 투하여 관인상생격을 이루면 과갑에 이르기 쉽다.

壬水가 있으면 戊土를 용한다. 壬水는 己土를 진흙탕을 만들어 파종할 수 없게 만들기 때문에 戊土를 써서 밭을 보호해야 하는 것이다. 寅月 己土에 壬水가 많은데 戊土가 있으면 일원이 왕하고 재(財)가 관(官)을 생(生)하는 정관용재격(正官用財格)을 이루어 선비가 필시 출사(出仕)한다. 이때 戊土가 없으면 평범한 명(命)이 된다.

2. 혹 한 무리의 甲木이 있는데 庚金이 출간하고 더해서 癸丙이 일제히 투하면 중화로 배합되어 명리쌍전(名利雙全)한다.

=> 寅月 己土에 일파 甲木이 있으면 관(官)이 많아 살

---

*인수로 돕고 비견으로 막음. **12운성상 장생지(신살로는 지살)가 좋은 이유는 장생지의 지장간에는 언제나 인수와 비견이 있어서 인수로 돕고 비견으로 막으니 의조의방이 되어서이다.** 팔자에 장생이 있는 사람은 사회생활을 할 때 나를 후원해주는 이가 있다. 내편이 많다. 또 장생지(인.신.사.해)는 사생의 글자라서 서로 부딪혀도 지장간이 陽干으로만 조합되어 있기에 기물파손이 되지 않고 沖發할 가능성이 크다. -> 자세한 것은 선생님의 형충회합책 참고.

(殺)로 화(化)하므로 이때는 반드시 庚金으로 제한 다음에 丙癸로 배합하는 게 좋다. 명리가 모두 있다.

3. 만일 寅月에 丙火가 생하는데 庚金이 천간에 투하면 역시 준수하다.

=> 寅月 己土는 丙火가 인궁(寅宮)에서 장생(長生)되어 土를 따뜻하게 하므로 힘이 있다. 庚金이 투하여 인용식상격(印用食傷格)을 이루면 의금(衣衿)을 잃지 않는다.

4. 만약 甲木이 많고 庚金이 없으면 잔질폐인(殘疾廢人)으로 의당 丁火로 설(洩)해야 한다.

=> 寅月 己土는 대개 丙火가 용신이다. 그러나 甲木이 많은데 이를 庚金으로 제하지 못하면 木이 土를 상하게 하므로 반드시 잔병이 많다. 이때 丁火로 甲木을 설하면 관인상생(官印相生)이 되어 구제되는 것이다.

5. 혹 한 무리의 火가 있는데 水를 보지 않아도 전혀 꺼리지 않는다. 寅月 己土는 한습(寒濕)하므로 필히 丙火를 써서 조난(燥暖)해지면 반대로 후록(厚祿)하다. 더해서 하나의 癸水가 투(透)하면 자연 과갑(科甲)한다.

戊土가 투하면 상인(常人)이 된다. 혹 한 무리의 戊土가 있는데 甲木이 출하여 이를 제하면 영화가 나타난다. 만일 乙木이 출하면 비록 많아도 소토가 불능하니 乙木이 많아도 간사(奸詐)한 소인에 지나지 않는다.

=> 寅月 己土는 반드시 丙火로 따뜻하게 하는 것이 관건(關鍵)이다. 더해서 癸水로 윤택(潤澤)하게 하면 상격(上格)을 이룬다.[271] **己土는 본성이 습(濕)하여 癸水가 없어도 흉하지 않다. 쇠갈(衰竭)한 土를 火가 많이 도울수록 복록(福祿)이 두터워지고, 癸水가 더하면 귀(貴)해지는 것이다.**[272]

만일 일파 戊土가 있으면 甲木이 투하여 제해야 영화가 나타난다. 이것은 관(官)을 용(用)하기 때문이 아니라, 월령(月令)인궁(寅宮)의 戊甲丙에서 甲이 戊를 제(制)하면 오직 丙火만이 유용해지기 때문이다.

---

271) 인중 갑목이 있으니 지장간에 계수라도 있으면 상격을 이룬다. 지장간 속의 진신은 어지간해서 파괴되지 않으니 좋은 면도 있다.

272) 기토도 무토와 마찬가지로 갑병계가 필요하다. 기토에게 병화는 무토보다 더 꼭 필요하다. 비습한 토라서 그렇다. **甲丙癸己의 십간구조로 되어있으면 비조부혈(飛鳥趺穴)**이라 해서 이재적인 능력이 강하고 뜻밖의 행운이 일생을 따라다니며 성공을 거둔다했다. 단 계수가 병화옆에 첩신하면 성립되지 않는다. * **선생님Tip**: 난강망 공부하면서 빠지기 쉬운 오류에 두가지가 있는데 **첫째.** 절기를 너무 세분화하여 간명하는 것이다. 이는 진신개념을 잘 몰라서이다. **둘째.** 희신의 조합은 잘 아는데 기신의 조합을 잘 모른다. 그러므로 진신을 완전히 익힌 후 그 진신을 훼손하는 기신도 제대로 알아야 가관진으로 인한 결과까지 알 수 있다. 예를 들어 여명 기투임수에 병갑계가 진신인데 갑목이 진신이라 좋은 남편이다. 그런데 갑목옆에 신금이 첩해있으면 남편 때문에 무슨 장애와 곡절이 필시 있는 것이다.

반면 乙木은 아무리 많아도 戊土를 제(制)하기 어렵다. 乙木은 소토(疏土)가 불가(不可)하기 때문이다. 乙木 칠살(七殺)이 투(透)하면 간사(奸詐)한 속성을 지니게 된다. 己土와 乙木은 모두 쇠갈(衰竭)한 본성을 지녀 음유(陰柔)함이 지나치기 때문이다. 이러한 '메커니즘'이 바로 **십간론(十干論)**[273]**의 틀**이 된다. 십간론(十干論)은 병약용신(病藥用神)을 정하는 과정에서 유용하게 활용되기도 한다.

6. 丙火를 용(用)하면, 木이 아내요 火가 자식이 된다.

=> 목처화자(木妻火子)는 곧 관인상생격(官印相生格)을 뜻한다

卯月 己土

甲　癸丙　　화가미성, 선취갑, 갑계출간,
禾稼未成, 先取甲, 甲癸出干,
정주과갑, 가이일병출투, 세압백료.

---

273) 선생님의 **적천수적요해설**에 팔자의 기후를 중시하는 난강망의 십간희용체계와 적천수에서 요약된 십간 상호간의 관계를 아우르는 **십간론**에 대한 내용이 자세히 정리되어 있다. 십간 상호간의 관계가 좋다고 해서 격국이나 기후와 무관하게 항상 긍정적인 작용을 한다고 볼 수는 없다. 따라서 팔자의 격국 성패를 분간한 연후, 십간의 희기 관계와 역할을 세밀히 파악해야 한다. 그러나 십간 일대일 조합의 희기에서 워낙 꼭 필요한 존신인 경우에는 비록 팔자구성에 따라 기신으로 작용한다 해도 크게 해롭지 않다.

定主科甲，加以一丙出透，勢壓百僚．

1. 卯月 己土는 양기(陽氣)가 점차 오르는 때로 비록 화가(禾稼)[274]를 이루지는 않지만 만물(萬物)이 출토(出土)하므로, 전원(田園)이 전개(展開)되지 않았으니 먼저 甲木으로 소토(疏土)해야 하고 합을 꺼린다. 다음으로 癸水로 윤택하게 한다. 甲癸가 出干하면 과갑이 정연하고 더해서 하나의 丙火가 투하면 권세가 백관(百官)을 압도한다. 하나의 壬水를 보면 말단의 관직에 불과하다.

=> **卯月 己土는 양기(陽氣)가 점승(漸升)하여 丙火를 필요로 하지 않고 재관(財官)을 용(用)한다.** 먼저 甲木을 용신(用神)으로 삼고 癸水로 보좌(輔佐)한다. 卯月 己土가 생왕(生旺)하면서 癸甲의 재관(財官)을 갖추면 필시 귀격(貴格)이 된다. 이때 丙火 인수(印綬)의 배합(配合)이 있으면 권위(權威)가 더욱 높아진다.

2. 혹 庚金을 보아 甲木을 제(制)하거나, 壬水가 출간(出干)하고 비겁(比劫)이 중중(重重)하면 차격(此格)은 필히 속자(俗子)가 된다. 丙火가 투(透)하면 가히 소부(小富)는 있고, 丙火가 암장(暗藏)되면 의록(衣祿)은 줄지 않는다.

=> 卯月 己土에 庚金이 관(官)을 극상(剋傷)하거나, 壬

274) 벼 화, 심을 가. 농사를 의미.

水가 丙火를 곤(困)하게 하면 팔자(八字)에 병(病)이 있고 약(藥)은 무용(無用)하니 평범한 명(命)이 된다. 그러나 이때 丙火만 있으면 의록(衣祿)은 잃지 않는다.

3. 혹 지지(地支)에 목국(木局)을 이루고 庚金이 투(透)하면 부귀(富貴)하나, 만약 사주(四柱)에 乙木이 많으면 乙木이 또한 庚金을 굴종(屈從)시켜 庚金은 필히 乙木에게 정(情)을 주므로 바르지 않고 비뚤어져 깨끗해질 수 없으니 차명(此命)은 반드시 교활(狡猾)하고 간사(奸詐)한 무리로 운(運)이 동남(東南)으로 들면 헤아릴 수 없는 불길한 일이 있다. 마땅히 丁火를 용(用)하여 설(洩)하면 소인(小人)으로 그치나 양호(良好)함이 전혀 없는 것에 이르지는 않는다.

비겁(比劫)과 인수(印綬)가 없으면 종살(從殺)하여 귀(貴)하게 된다. 만약 사주(四柱) 중에 甲丙癸가 없으면 모두 하격(下格)이다. 처자(妻子)와 용신(用神)을 보는 법은 전항(前項)과 동일하다.

=> 卯月 己土에 지지(地支) 목국(木局)을 이루면 관살(官殺)이 당(黨)을 이루므로 반드시 庚金으로 제(制)해야 상관가살(傷官駕殺)의 귀격(貴格)을 이룬다.[275)]

만일 乙木이 출간(出干)하면 乙庚이 상합(相合)하여 유

275) 지지국을 이루면 병이 된다. 목국에 경금이 약이되니 상관가살하여 부귀함.

정(有情)하나 관병(官兵)이 도적(盜賊)과 정(情)을 통하는 것과 같은데 동남운(東南運)에는 불길(不吉)하다. 丁火로 목기(木氣)를 설(洩)하여 己土를 생(生)하면 흉명(凶命)에서 구제될 수는 있다.

이때 비겁(比劫)과 인수(印綬)가 없으면 종살격(從殺格)을 이루어 귀명(貴命)이다.

卯月 己土는 甲癸丙이 모두 없으면 하격(下格)의 명(命)이 된다

辰月 己土

丙　癸甲　　정재배화가지시, 선병후계, 토난이윤,
正栽培禾稼之時. 先丙後癸, 土暖而潤,
수용갑소, 삼자투간, 필관거황각.
隨用甲疏, 三者透干, 必官居黃閣.

1. 辰月 己土는 정히 화가를 재배하는 때에 있어 먼저 丙火를 쓰고 나중에 癸水를 써서 土를 따뜻하고 윤택해지면 甲木을 用하여 소토(疏土)하니 삼자(三者)가 모두 천간에 투하면 황각(黃閣)에 관직(官職)이 있다.

혹 삼자(三者) 중 하나만 투(透)해도 과갑(科甲)이 정연(定然)하나 다만 **득지(得地)**[276]를 요한다. 이때 庚金은

276) 득지(得地)란 득소(得所)로 長生이나 록지,왕지에 이르는 것

병(病)이 된다.

=> 辰月과 巳月의 土는 양기(陽氣)가 왕성(旺盛)해져 만물(萬物)이 발생(發生)하므로 己土도 戊土와 마찬가지

을 말한다. 甲:寅卯亥 乙:卯, 丙:寅巳午 丁:午 戊:寅巳,四庫 己:午, 四庫 庚:申 辛:酉 壬:申亥 癸水는 子에 암장(暗藏)되는 것을 가리킨다. 진신이 왕하면 一格이 된다. 진신이 하나로 건전하게 투해야 한다. 건전성이란 청순한 것을 말하며 混.濁.雜하지 말아야 한다.

*명리정종의 개두설(蓋頭設)은 지지중의 길신이 천간에 투출하면 그것은 영화로운 발출이며 한 개인의 빈부귀천이 투간여부에 달렸음을 말한다. 더해서 흉물이지지 속에 암장되어 있으면 두려울 바가 없으나 만약 흉물이 천간에 나타난다면 해로운 작용을 하게 된다고 했다.

*적천수는 길신태로,기쟁탈지풍/흉물심장,성양호지환(吉神太露,起爭奪之風/凶物深藏,成養虎之患)이라 해서 길신이 천간에 있으면 흐트러지고 손상당하기 쉬우므로 지지에 있는 것이 안전하며 지지에 흉물이 심장되어 있으면 호환이라 호랑이새끼를 키우는 화근으로 작용한다 했다.

***위의 두 견해는 상반되는 내용으로 받아들이기 쉬운데 동정의 관점에서 해당경우별로 각각 살피면 모두 옳다.** 예컨대 정물인 팔자원국에서는 응당 희신이 출간되어야 귀격이지만 동적인 운간에 의해 팔자에서 노출된 희신이 합거, 기반되면 최기의 운이 된다. 마찬가지로 팔자의 기신은 노출되지 않고 암장되어야만 격국을 해치지 않지만 운간에 의해 암장된 기신의 흉의가 발로 될 때가 있는 것이다. 動靜設은 천간대 천간,지지 대 지지별로 우선작용을 논했다. 다음으로 **흉물이 호환이 되는 까닭은 장간이 같은 천간과 결합되어야만 작용하는 동정설의 일면에 해당한다. 그래서 진신은 천간과 지지에 다 있어야만 좋다.** 운간에서 잠시 합거 되더라도 지장간의 진신으로라도 유지하고 있어야하므로. 무릇. 체용은 항상 같이 논해야 하지만 무게중심은 늘 체에 두어야 마땅한 것이다. 명식원국에서 진신이 온전하여 귀한데 연운에서 입고된다고 바로 천격이 되는 것이 아니다. 갑자기 귀기가 다 없어졌다면 그것은 대운에서 진신이 다 파괴되어 날리게 된 경우일 것이다.

로 甲丙癸를 취한다.

원래 戊土는 후중(厚重)하여 甲木의 소토(疏土)를 우선적으로 요(要)하지만, 己土는 축장(蓄藏)하는 흙으로 丙火를 선용(先用)한다. 그러므로 辰月 己土에 戊土가 투(透)하면 辰月 戊土와 용법(用法)이 같다. 甲木으로 소토(疏土)하지 않으면 土가 불령(不靈)하다.

辰月 己土에 甲丙癸가 모두 투하면 관위(官位)가 극품(極品)에 오른다. 관을 재인(財印)으로 보위(保衛)하기 때문이다. 만일 甲丙癸 중 하나라도 투(透)하여 격을 이루면 과갑을 한다.

2. 혹 丙甲이 있고 癸水가 없으면 가히 치부(致富)하나 귀현(貴顯)하지는 않다. 혹 癸水가 있으면 甲丙이 없어도 역시 의금(衣衿)은 있다. 혹 丙癸가 있고 甲木이 없으면 역시 인재(人才)와 관계된다. 丙癸가 전무(全無)하면 속인(俗人)의 무리에 불과하다.

=> 辰月 己土에 丙甲이 있고 癸水가 없으면 부(富)는 있으나 귀(貴)는 없고, 癸水는 있는데 甲丙이 없으면 평범하나 의금(衣衿)은 있다. 丙癸는 있는데 甲木이 없으면 재능이 있는 선비가 되고, 丙癸가 모두 없으면 속인에 지나지 않는다.

3. 혹 한 조각의 乙木이 있는데 金의 제복(制伏)이 없으면 가난하고 요절(夭折)이 따른다. 처자(妻子)를 구분하는 법은 전항(前項)과 같다.

=> 辰月 己土에 乙木이 투(透)하고 이를 金으로 제(制)하지 못하면 칠살무제(七殺無制)의 파격(破格)이 되어 빈천(貧賤)하며 요절(夭折)이 따르기 쉽다.

三夏(巳. 午. 未月) 己土

癸 丙 화가재전, 선계후병. 하무태양,

禾稼在田, 先癸後丙. 夏無太陽,

화가불장, 고무계왈한전, 무병왈고음.

禾稼不長, 故無癸曰旱田, 無丙曰孤陰.

1. 삼하(三夏) 己土는 잡기재관(雜氣財官)으로 화가(禾稼)가 밭에 있는 때이니 단비를 가장 기뻐하므로 癸水를 취(取)하는 것이 필요하고, 다음으로 丙火를 용(用)한다. 하월(夏月)이라도 태양(太陽)이 없으면 화가(禾稼)가 성장(成長)하지 못하므로 **癸水가 없으면 한전(旱田)이라 하고, 丙火가 없으면 고음(孤陰)이라 한다.**

=> 삼하(三夏) 己土는 단비가 쏟아지는 것을 반기니 **먼저 癸水로 조후(調候)해야 하고 토윤(土潤)[277]하는 丙火를**

써서 만물(萬物)의 성장(成長)을 재촉하는 것이 핵심이다. 하월(夏月)에 丙火를 쓰는 것이 戊土와의 차이다.[278]

삼하(三夏) 己土에 잡기재관(雜氣財官)을 언급한 까닭은 토왕(土旺)하여 상대적으로 화가(禾稼)가 밭에 놓인 것과 같은 형상에 주목했기 때문이다.

2. 혹 丙癸가 양투(兩透)하고 더해서 辛金이 癸水를 생(生)하면 차격(此格)은 부귀(富貴)하고 수화기제(水火旣濟)라 해서 정갑지인(鼎甲之人)[279]이 된다. 이때는 戊癸화합(化合)을 꺼린다.

혹 丙火가 있고 癸水가 없으면 壬水도 가용(可用)하나 대발(大發)하지는 않는다.

=> 삼하(三夏) 己土에 丙癸가 투(透)하고 辛金이 癸水의 근원(根源)을 발(發)하면 수화기제(水火旣濟)의 상(象)을 이루어 삼공(三公)의 반열에 오른다. [280]

---

277) 기토를 윤택하게 하는 것 두 가지: 1.병화로 따뜻하게 하여 기토의 소임인 만물의 성장을 촉진.(凍土不能生木)無丙: 고음(孤陰)예를 들어 기축일주가 병화가 없으면 외롭고 음습하다. 2. 계수로 윤택하게 한다. 無癸:한전(旱田)

278) 陰日干들은 기본적으로 의조(宜助)를 원하기에 印綬를 반긴다. 따라서 기토는 병화가 언제나 필요하다. 정화가 갑목이 있으면 可秋可冬인 것도 이와 같은 맥락이다.

279) 존귀한 사람. 鼎(솥 정):3개의 다리가 달린 솥의 모습을 나타낸 글자이다. 청동으로 만든 이 솥은 왕이나 제후만이 소유할 수 있었으며 곧, 국가의 설립과 패망, 나라의 존폐를 나타내는 상징적인 물건이다....

巳月과 午月의 己土는 스스로 丙丁火가 있어 丙火가 없고 癸水만 있으면 인수용재(印綬用財)로 성격(成格)되어 과갑(科甲)은 아니더라도 선발(選拔)됨이 있다. 그리고 癸水 대신에 壬水가 있고, 辛金 대신에 庚金이 있으면 격국(格局)의 고저(高低)는 분간되나 쓰임은 같다. 이때 戊土가 출간(出干)하면 癸水가 상(傷)하며 丙火를 어둡게 하여 좋지 않다. 癸水가 용신(用神)이면 戊土를 두려워하는 것은 비단 하월(夏月)의 己土에만 국한되는 내용이 아니다.

3. 혹 한 무리의 丙火가 있어 土를 조열(燥烈)하게 하고, 더해서 丁火로 辛金을 제(制)하는데 癸水가 무근(無根)하면 마치 申酉月에 가뭄이 든 것과 같아 싹이 말라버리니 차명(此命)은 고고(孤苦)하고 영락(零落)하는 사람이다.

혹 甲木이 있고 또 丙火가 중중(重重)한데 적수(滴水)로 해염(解炎)하지 못하면 역시 늙도록 고빈(孤貧)하다.

=> 삼하(三夏) 己土에 일파 丙火가 있어 염열(炎熱)한데 水로 구제하지 못하면 흉하다. 이때 壬癸水의 근원이 없으면 가뭄의 형상을 이룬다. 이런 사람은 의록이 오래 가지 못하고 영락(零落)을 실감하기 쉽다. 또한 夏月 己土에 甲木이 있으면서 丙丁火가 중한데 적수(滴水)로 해염(解炎)

---

280) **三夏기토가 丙癸양투하고 더해서 辛金이 계수를 생하면 부귀하다.** 경금과 계수는 조합이 안 맞는다.

하지 못하면 늙을 때까지 고빈(孤貧)한 것이다.

午月 戊土가 木火가 중한데 水가 없으면 양인도과살(陽刃倒戈殺)이 되어 불리한데, 己土에 양인(陽刃)의 액(厄)은 없으나 빈한(貧寒)하기는 마찬가지다.

4. 만일 壬水가 있고 또 庚辛金을 보면 차격(此格)은 고독(孤獨)하게 보지 않으나 안질(眼疾)이 두렵고 심장(心臟)이나 신장(腎臟), 간장(肝臟)에 질환(疾患)이 있다. 만약 壬水가 유근(有根)하고 辛金이 득지(得地)하면 문제가 없다.

혹 壬癸水가 함께 출(出)하여 火를 파(破)하고 土를 윤택(潤澤)하게 하면 이 사람은 총명(聰明)하고 기영(氣穎)해서 특달(特達)하고 부중취귀(富中取貴)하니 이 또한 전화위복(轉禍爲福)이 된다.

=> 하월(夏月) 己土에 木火가 중(重)한데 水가 출현하고 水의 힘이 미약하면 부신(副腎) 계통이나 방광(膀胱), 생식(生殖)과 비뇨기(泌尿器)에 염증(炎症)이 발생하기 쉽다. 이것이 아니면 안질(眼疾) 내지 간장(肝腸)과 심장(心臟), 혈액(血液)계통의 질환(疾患)에 노출될 가능성이 높다. 이는 '난강망'이 신체 부위와 관련하여 질병(疾病)을 언급하는 드문 대목이므로 반드시 염두에 두어야 한다.

5. 癸水를 용(用)하면, 金이 아내요 水가 자식이 된다. 丙火를 용(用)하면, 木이 아내요 火가 자식이 된다.

=> 巳月과 午月의 己土는 癸水를 용(用)하여 금처수자(金妻水子)의 인수용재(印綬用財)로 귀격(貴格)의 전형을 삼는다. 未月에는 金水가 진기(進氣)하여 목처화자(木妻火子)의 관인상생으로 귀격을 이룬다.

三秋(申. 酉. 戌月) 己土

癸　丙　　계능설금, 병능제금, 보토정신.
癸能洩金, 丙能制金, 補土精神.
즉추생지물함무의. 계선병후.
則秋生之物咸茂矣. 癸先丙後.

1. 삼추(三秋) 己土는 만물(萬物)이 수장(收藏)되는 시기로 외허내실(外虛內實)하고 한기(寒氣)가 점차 오르니 丙火의 온(溫)이 필수(必須)고 癸水로 자윤(滋潤)하는데, 이뿐만 아니라 癸水로 능히 金을 설(洩)하고 丙火로 능히 金을 제(制)하여 土의 정신을 보충하면 추월(秋月)의 생물이라도 무성(茂盛)함이 같다.

먼저 癸水를 용(用)하고 다음에 丙火를 용(用)한다.

=> 삼추(三秋)에는 금신(金神)이 영(令)을 잡아 토기(土

氣)가 설(洩)되니 **자왕모쇠(子旺母衰)**281)하여 약하다. 丙癸를 용(用)하는 것은 단순히 己土를 온윤(溫潤)하게 하는 작용에 국한되지 않는다. 金을 제(制)하고 설(洩)하여 만물(萬物)의 무성(茂盛)함이 춘하(春夏)와 같도록 만드는 것이다. 삼추(三秋) 己土는 먼저 癸水가 투(透)하고 丙火가 투(透)하면 과갑(科甲)이 따르고 권위(權威)가 높은 上格을 이룬다.

2. **丙癸가 양투(兩透)하면 안탑(雁塔)에 이름을 올린다.**282) 혹 癸水가 없고 양(兩) 丙火가 있어 투(透)하면 이도(異途)로 현달(顯達)한다. 혹은 무직(武職)으로 권위(權威)가 높다.

혹 丙火는 있는데 壬癸水를 보지 못하면 **가도사문(假道斯文)**283)이라, 종내 성실(誠實)함이 없다. 혹 壬癸水가 있

---

281) **자왕모쇠**: 모체가 되는 일주는 약한데 자손이 되는 식상이 강한 경우임. 즉 추월지토와 같은 상황으로 모쇠자왕과 같은 말이다. => cf. **자중모고(子衆母孤)**: 일주를 자로 인수를 모로 논한 것으로 종왕격을 의미함.

282) **안탑제명(雁塔題名)**: 안탑에 이름을 올림. 과거급제하다.

283) 사문의 도가 모두 거짓이다. 병화인수는 지성이요, 계수재성은 성실, 행동, 실천을 의미한다. 인수가 투하면 그 사람의 지성이 드러난다. 생각이 많다. 기획력이 뛰어나다. 그런데 식재관이 없으면 실천이 안 따른다. 게으르고 생각만 많다 말만 많고 행동이 없다. 그래서 가도사문이 되는 것이다.. 편인이 왕해서 투하여 도식작용을 하면 식신이 상하니 이런 명에 거지가 많다. **십간관계가 순생구조를 이루고 가란진(假亂眞)이 되지 않아야 한다.** 강의도 잘하려면 인수와 식재관이 같이 있고 인수와 식상이 합생 되어야 한다.

***가란진(假亂眞)**: 가신이 진신을 어지럽힌 경우로 1. 투간한

고 丙火가 없으면 의식(衣食)은 충족(充足)되나 재능(才能)이 있는 것으로 그친다. 284)

=> 삼추(三秋) 己土에 丙癸가 양투(兩透)하면 등과급제(登科及第)한다. 申月 己土는 신궁(申宮)에 金水가 장생(長生)되어 있으므로 丙火가 중요한 용신(用神)이다. 癸水가 없고 두 개의 丙火가 있어 투(透)하면 식상용인격(食傷用印格)을 이루어 이도(異途)로 지위(地位)를 얻고 무직(武職)으로 권위(權威)가 높다.

丙火는 있으나 壬癸水를 보지 못하면 성실(誠實)하지 못하여 유림(儒林)의 도(道)가 거짓이다.

壬癸水는 있는데 丙火가 없으면 의식(衣食)이 있을 뿐으로 소부(小富)는 있으나 귀(貴)는 없다.

3. 혹 지지(地支)에 금국(金局)을 이루었는데 癸水가 투(透)하고 유근(有根)하면 차인(此人)은 가축(家畜)이 만민(萬緡)에 이르니 부중취귀(富中取貴)한다.

=>酉月 己土가 지지(地支)에 금국(金局)을 이루었는데 癸水가 투출(透出)하여 뿌리가 있으면 식신생재격(食神生財格)이 되어 대부격(大富格)을 이룬다.

진신이 제복당할 때, 2. 진신의 뿌리가 충격당할 때, 3. 암장된 진신이 충격당할 때를 말함.

284) 거꾸로 식상이 많고 인수가 없으면 성실하니까 衣食은 있지만 생각, 지성이 뒷받침되는 참다운 재능은 아닌 것이다

4. 혹 지지(地支)에 사고(四庫)를 두고 甲木이 투(透)하면 부(富)하다. 甲木이 핍절(乏絶)되면 고빈(孤貧)하다. 혹 甲木이 출(出)하고 癸水가 없고 金이 결핍(缺乏)되면 적덕(積德)을 쌓아야 과갑(科甲)을 할 수 있다.

=> 戌月 己土가 지지(地支)에 사고(四庫)를 두고 甲木이 투(透)하면 부격(富格)이 되나 甲木이 없으면 고빈(孤貧)해진다. 甲木이 투출(透出)했는데 합(合)하지 않고 癸水가 도우면 재관(財官)을 용(用)하여 자연 귀격(貴格)을 이루나, 癸水가 없고 庚金이 甲木을 상(傷)하지 않으면 적덕(積德)을 쌓이야 과갑(科甲)을 할 수 있다.

甲木이 없고 戊己土가 전국(全局)하면 가색격(稼穡格)이 되는데 이때는 火가 있어야 귀격(貴格)을 이룬다. 추토(秋土)는 기가 설(洩)되어 차가우니 己土의 원신(元神)을 丙丁火가 보호해주면 반드시 귀격(貴格)을 이루는 것이다.

5. 혹 지지에 화국(火局)을 이루고 水가 구제(救濟)하지 못하면 크게 간악(奸惡)한 무리가 된다.

=> 삼추(三秋) 己土가 지지에 화국을 이루었는데 水로 구제하지 않으면, 간사하고 흉악한 사람이 된다. 火가 조열하면 土에 생기가 없다.

6. 丙火가 투(透)하고 癸水가 암장(暗藏)되면 金을 만나

야 선발(選拔)됨이 있고 더해서 하나의 壬水가 보(輔)하면 부귀(富貴)하고 강개심(慷慨心)이 있어 어진 명성(名聲)이 있다. 戊土가 투(透)하면 흉액(凶厄)이 있고 또한 가난하다.

=> 삼추(三秋) 己土가 지지(地支)에 화국(火局)을 이루어 火가 조열(燥熱)하면 土에 생기(生氣)가 없다. 이때 丙火가 투출(透出)하고 癸水가 암장(暗藏)되면 압박되어 말라붙을 염려가 있으므로 金이 생해야 윤택해져 선발됨이 있으니 의금(衣衿)으로만 그치지는 않는다.

더욱이 壬水가 癸水를 도우면 부귀격(富貴格)을 이룬다. 이런 사람은 강개심(慷慨心)과 재략(才略)이 있다. 그러나 戊土가 있으면 흉액(凶厄)이 따라 빈천한 팔자가 된다.

7. 酉月 己土에 지지(地支) 금국(金局)을 이루는데 丙丁火가 출(出)하여 구제(救濟)하지 않으면 차인(此人)은 영락(零落)하는 사람으로 고고(孤苦)하다. 만일 丙火가 투하고 丁火가 암장(暗藏)되면 己土를 생하는 원신(元神)이 되니 차인은 이름을 천하에 날리고 오복이 완전하다.

=> 삼추(三秋) 己土에 지지(地支) 금국(金局)을 이룬 상황에 대해 요약하자면 먼저 용신(用神)이 많으면 설(洩)해야 하므로 癸水를 쓰는 경우가 있고, 다음으로 丙火를 써서 己土 원신(元神)을 생(生)하는 방법이 있다.

목화상관(木火傷官)은 문직(文職)과 인연이 깊고, 토금상관(土金傷官)은 무직(武職)과 인연이 깊으므로 丙丁火가 土의 원신(元神)을 도우면 대개 무직(武職)으로 대귀격(大貴格)을 이룬다. 이것은 자연적인 배합으로 한 가지를 얻어 두 가지의 효용(效用)을 구하는 것이다.

8. 총론하면 삼추(三秋) 己土는 癸水를 먼저 용(用)하고 다음으로 丙火를 쓰며 辛金을 취(取)하여 癸水를 보좌(輔佐)한다.

=> 삼추(三秋) 己土는 기(氣)가 차갑고 설(洩)되어 丙癸를 용신(用神)으로 삼는 것이 정법(正法)이다. 먼저 癸水재(財)를 용신(用神)으로 삼으나 인수(印綬)가 없으면 불가(不可)하다.

9. 戊月에 土가 성(盛)하면 의당 甲木으로 소토(疏土)하고 나머지는 다 참작(參酌)해서 용(用)한다.

=> 戊月은 격국(格局)의 높고 낮음은 있으나, 일단 토성(土盛)한 때이니 甲木을 취한 다음에 癸丙으로 보좌(輔佐)하는 게 통례다.

10. 구진(勾陣)이 윤하(潤下)를 갖추면 고생이 많고 분파지객(奔波之客)이 된다. 土가 응결(凝結)되어 水가 고갈(枯渴)되면 이향배정(離鄉背井)하는 무리가 된다.

=> 구진(勾陣)은 戊己土로, 土가 윤하(潤下)[285]에 이르면 土가 무너지므로 고향(故鄕)을 떠나고, 빈천(貧賤)하거나 분파(奔波)하기 쉽다고 했다. 반대로 지지(地支)에 사고(四庫)가 모여 있으면서 壬癸水가 한두 개 정도 있으면 구제(救濟)함이 부족하므로 이 역시 이향배정(離鄕背井)하는 명(命)이 된다. **즉 수왕(水旺)하여 土가 허(虛)하거나, 토왕(土旺)하여 水가 메마르거나 나타나는 현상은 비슷하다는 얘기다.** [286]

11. 구진(勾陣)이 득위(得位)하는데 재관(財官)이 모이고, 극파(剋破)가 없으면 필연(必然)적으로 단정(端正)하고 甲子를 얻어 북방과 寅卯木을 향하면 금관(金冠)을 머리에 일 정도로 벼슬이 높아진다. 戊己土는 亥卯未를 관(官)으로 삼는 것을 기뻐하고, 申子辰으로 財를 삼으며 형극살해(刑剋殺害)를 꺼린다.

---

285) 무기토가 水를 많이 만나면 토가 무너진다. 가령 기토일간의 지지에 申과 子가 있고 임수가 투하면 천간유인력으로 인해 삼합합국을 지은 것으로 본다. 水局이 병이 되니 약이 없으면 기토가 진흙처럼 살게 된다. 타니대수(陀泥帶水)라 하여 직업간 이성간 혼탁상이 반드시 있다. 한 직장에서 쭉 경력을 쌓지 못하고 이일 저 일을 하게 된다. 괜히 안 해도 될 행동 하다가 한번은 자빠지는 현상으로 드러난다. 여자의 경우 이성관계로 치명적인 흠집을 입게 된다.
***원국에서 다음과 같이 타니대수나 기토탁임이 되면 노록분파지객,리향배정지류(勞碌奔波之客, 離鄕背井之流)가 된다. =>己土일간에 水局짜고 임수투간(勾陣全備潤下), 壬水일간에 土局짜고 기토투간(土凝水竭)**

286) 목왕토허(水旺土虛)와 토왕수갈(土旺水渴)의 현상이 비슷하다는 얘기.

=> 구진득위격(勾陳得位格)이 참되려면 팔자(八字)에 丙丁火를 구비 (具備)하여 신강(身强)한 요건을 갖추어야 한다. 구진(勾陣)이 득위(得位)하는데 재관(財官)이 모이고, 형충(刑沖)이 없으면 단정(端正)한 사람이 된다. 戊己土는 亥卯未 관(官)과 申子辰 재(財)가 있으면 길(吉)하고 형충파해(刑沖破害)되면 흉하다.

三冬(亥. 子. 丑月) 己土

丙　甲戊　　삼동기토, 비병난불생, 초동임왕,
三冬己土, 非丙暖不生, 初冬壬旺,
취무토제지. 토다, 취갑목소지.
取戊土制之. 土多, 取甲木疏之.

1. 삼동(三冬) 己土는 습니(濕泥)로 한동(寒凍)한 때에 있으니 丙火로 따뜻하게 하지 않으면 생의가 없으므로 丙火를 존신(尊神)으로 취하고 甲木은 참작(參酌)해서 쓴다.

戊土와 癸水는 用하지 않는다. 생각건대 초동(初冬)에는 壬水가 왕(旺)하니 戊土를 취(取) 하여 제(制)한다. 이 외에는 모두 丙丁火를 용(用)하는데 다만 丁火는 해동(解凍)하거나 한기를 제거하기는 불능(不能)하므로 대제(大濟)는 어렵다.

=> 己土는 전원의 비습한 흙이니 동월에 태어나면 습니(濕泥)로 한동(寒凍)하다. 까닭에 삼동 己土는 丙火가 없으면 털끝만큼도 생의(生意)가 나타나지 않으므로 丙火의 조후(調候)가 시급하다.

토왕하면 甲木을 쓰고, 수왕하면 戊土를 쓰는 것은 병약법(病藥法)이다. 戊土를 용신으로 삼는 것은 壬水가 당왕(當旺)한 亥月에만 해당된다. 丙丁이 같은 火이기는 하나 丁火는 등촉(燈燭)과 같아 한동(寒凍)을 풀기에는 역량이 부족하다. 따라서 丁火는 아무리 많이 있어도 의록(衣祿)에 불과하다. 그러나 丙火가 寅巳에 암장(暗藏)되면 유용(有用)해진다.

2. 혹 하나의 丙火가 투하고 지지에 丙火가 암장되었는데 더해서 甲木이 투하면 과갑에 준함이 있다. 만일 丙火가 암장되고 제함이 없으면 역시 의금은 있다.

=> 삼동(三冬) 己土는 丙火가 천간에 하나 투출했는데 지지에도 하나 암장되어 있고 甲木이 투하면 관인상생(官印相生)이 되어 길하다. 丙火가 암장(暗藏)되었는데 제(制)함이 없다는 것은 寅이 있으면 申이 충하지 않고, 巳가 있으면 亥가 충(沖)하지 않는다는 의미로 의금(衣衿)이 있고 **운정(運程)에서 인출(引出)**[287]되면 귀격(貴格)을 이룬다.

---

287) 寅이나 巳에 암장된 병화가 운정(運程)에서 合生 合作이 될 때를 가리킴.

3. 혹 壬水가 많고, 戊土가 투하여 제하면 차명은 안연(安然)하다. 戊土를 보지 못하면 부옥빈인(富屋貧人)이다.

=> 己土는 비습(卑濕)하여 壬水를 제하기 어려우므로 반드시 戊土로 방신(幇身)해야 한다. 이때 재왕(財旺)하면 겁재로 분산(分散)시키고 火로 따뜻하게 해주면 부(富)한 가운데 귀(貴)를 취한다.

이러한 유형은 재격(財格)이 겁재(劫財)를 보아 파격(破格)되는 것이 아니라 다시 재격(財格)으로 회귀한 **패득성의(敗得成矣)**[288]로 이해하는 것도 무난하다. 그러나 이보다는 팔자(八字)의 병(病)을 제거하는 용법(用法)으로 인식해야 옳다. 火가 투(透)하면 재격투인(財格透印)으로 성격(成格)되어 귀(貴)해진다.

4. 무릇 **삼동(三冬) 己土는 壬水가 출간(出干)하면 수침호전(水浸湖田)**[289]**이라, 차인(此人)은 고고(孤苦)하다. 만약 火를 보면 고(孤)하지 않고, 土를 보면 빈(貧)하지 않다.**

=> 삼동(三冬) 己土에 壬水가 출간(出干)하면 밭에 호수(湖水)가 침범한 것과 같으니 재다신약(財多身弱)으로 고생스러운 명(命)이 된다. **그러므로 삼동(三冬) 己土는 반**

---

288) 파격(破格)이 다시 성격(成格)으로 변하는 것을 말함.

289) **수침호전(水浸湖田): 밭에 호수가 침범한 것과 같으니 大忌하다.**

드시 火土가 있어야만 부귀격(富貴格)을 이룬다.

5. 혹 한 무리의 癸水가 있고 비겁(比劫)을 보지 않으면 종재(從財)가 되니 반대로 부귀(富貴)하고 비록 과갑(科甲)은 아니더라도 은고(恩誥)함이 있다. 만약 비겁(比劫)이 쟁재(爭財)하면 평상(平常)의 인물(人物)이고 처자(妻子)가 매사(每事)를 주관(主管)한다. 종재격(從財格)은 木이 아내요, 火가 자식이 된다.

=> 삼동(三冬)은 수왕(水旺)한 때로 일파(一派) 壬癸水가 있는데 비겁(比劫)과 인성(印星)이 없으면 종재격(從財格)을 이룬다. 이때는 비록 과갑(科甲)은 아니더라도 교지(敎旨)를 받는 은영(恩榮)이 따른다. 그러나 비겁쟁재(比劫爭財)하면 평범한 명(命)으로 아내나 자식이 가권(家權)을 잡는다.

종재격(從財格)은 金이 아내요, 水가 자식이 된다. 원문(原文)의 목처화자(木妻火子)는 진종(眞從)이 아닌 개용병자(蓋用丙字)의 경우로 丙火를 용신(用神)으로 삼을 때를 말한다.

6. 혹 한 무리의 戊己土가 있으면 甲木을 취(取)하여 제(制)하니 甲木이 투(透)하면 부귀(富貴)하다.

=> 삼동(三冬) 己土에 일파(一派) 戊己土가 있으면 약변

강(弱變強)이 되고 土가 실(實)하면 甲木으로 소토(疏土)해야 부귀격(富貴格)을 이룬다.

7. 혹 한 조각의 辛庚金이 있으면 丙火를 용(用)하는 것이 필수(必須)로 다시 丁火로 조력(助力)해야 한다. 丙火가 암장(暗藏)되면 부귀(富貴)가 기특(奇特)한 명(命)이다.

=> 삼동(三冬) 己土에 일편(一片) 庚辛金이 있으면 丙火로 조후용신(調候用神)을 삼는 것이 정법(正法)이다. 추동(秋冬)의 土가 金火를 만나면 대기(大器)를 이루는 경우가 적지 않다. 이때 庚金이 투(透)하면 丁火로 제(制)해야 유용(有用)하다. 丙火가 암장(暗藏)되면 金土가 따뜻하다. **토금상관(土金傷官)에 인수(印綬)가 있으면 부귀격(富貴格)을 이룬다. 특히 丑月에는 체용(體用)이 동궁(同宮)[290]에 있어 기격(奇格)을 이루는 것으로 다만 丙丁火가 없으면 불가(不可)하다.**

---

290) 축월기토에 일편경신금이 있으면 토금상관인데 丑속에 己辛 體用이 동궁에 있음.
*원래 동궁에 있어 奇格을 이루는 것으로는 재관쌍미격(財官雙美格)이 으뜸인데 재관이 동궁하여 日支에 있는 것을 말한다. 즉 癸巳日. 壬午日主을 말하는 것이다. 계사일에는 사중에 무토와 병화가 암장 되어 재관이 된 것이며 오중에는 정화와 기토가 있어 재관이 있는데 모두 천지 간합이 되어 있다. 계선편(繼善篇)에 말하기를 癸日坐向巳宮이면 乃是財官雙美라 하였다. 다른 말로 하면 **祿馬同鄕**이라고 한다. **록이란 官을 말하는 것요 馬란 財星을 의미한다**. 하니 **재성과 관성이 동궁하였다 하여 록마동향이라 하는 것이다.** 일생을 통해 노력 이외의 복록과 행운이 종종 따른다한다.

7. 庚金[291)]

291) **庚金(적천수 천간론): 경금대살,강강위최(庚金帶煞,剛强爲最)**: 庚金은 殺氣를 띠며 剛强하기로는 최고다. 庚金은 鋼鐵과 같이 굳세므로 丙丁火의 官殺混雜을 두려워하지 않을 정도다. 보통 秋金과 冬金은 丙丁火를 공히 기뻐한다. 이때 丁은 鍊金하기 위해, 丙은 조후로 用하므로 官殺이 혼잡 되어야 上格을 이루게 된다고 보지만, 이는 원래의 성질이 받침이 되기 때문이다. **/득수이청,득화이예(得水而淸,得火而銳)**: 水를 얻으면 맑아지고 火를 얻으면 예리해 진다. 庚金은 壬水를 얻으면 淸해지고, 丁火를 얻으면 날카로워진다. 金水雙淸과 火煉眞金은 이를 말한다. 특히 夏月 群金은 元武가 있어야 묘하므로 壬癸水가 있어야 하고, 秋金은 예리하면 가장 묘하므로 丁火로 鍛鍊하면 큰 기물을 이룬다. **/토윤즉생,토건즉취(土潤則生,土乾則脆)**:土가 윤택하면 生을 얻고 土가 건조하면 취약해진다. 土가 水를 함유하면 金이 生하고, 土가 메마르면 金이 약해져 묻히는 상태가 된다. 土가 金을 낳는 것도 濕이 燥로 변화하는 과정에서 응축된 물질을 이룬 것이다. 陽氣는 進氣하므로 건조한 氣運이 성할 무렵 취약을 논하게 된다. 十干의 관계에 국한한다면 己土는 金光하게 하지만, 乾土 戊土는 金埋하기 쉽다. 만일 庚金은 하나밖에 없는데 戊土가 많으면 반드시 매몰되어 下賤한 命이 되어 게으르고 어리석다. **/능승갑형,수어을매(能勝甲兄,輸於乙妹)**: 甲兄은 능히 이겨도 乙妹에게는 애쓴다. 庚은 甲은 剋하지만, 乙은 剋하지 못하고 合한다. 甲을 兄으로 乙을 妹로 비유한 것은, 甲과 乙이 男妹 관계로 甲의 입장에서 볼 때 庚은 자신의 적이었지만, 누이 乙과 결혼하면서 자신을 해치지 않는 상황으로 전개되었음을 의미한다. 즉 가장 긍정적인 貪合忘剋의 상황으로 '甲, 庚, 乙'의 관계를 들 수 있다. 이를테면 秋木에 庚金이 出干하여 신약이 지나쳐 죽을 지경에 이르면 이때 乙木이 있어 庚을 合할 때 한결 안전한 命이 된다는 얘기다.

- 三春 경금은 관성유기가 관건이다. 관살이 혼잡되면 인수의 생부를 요한다. 이때 인수가 없으면 처자를 극하기 쉽다.

- 三夏 경금은 몹시 유약하여, 임계수의 약(藥)으로 화병(火病)을 제거해야 묘해진다.(특히 하월 군금은 원무가 있어야 묘해진다. 원무란 임계수를 말하는데 계수만으로는 힘이 부족하고 임수가 출간하면 귀격을 이룬다.

- 三秋 경금은 금이 당권하여 영을 잡으니 丁甲으로 단련하면 종정(鐘鼎)의 재목이 되고, 임수로 洩하는 상함(相涵)은 이선(二線)으로 논한다. 酉月은 양인으로 丁丙의 관살혼잡으로 격국을 이룬다. 戌月에는 무토가 사령하여 丁甲이 아닌 甲壬을 취한다.

- 三冬 경금은 금한수냉(金寒水冷)하여 정화로 단련하고 병화로 조후한다. 금수상관은 상관견관이라도 파격되지 않고 오히려 귀명이 된다. 이때 무토를 만나면 관인상생으로 복수(福壽)가 모두 있다.

- 강금(剛金)은 丁火로 단련하면 예리해지고, 정화는 갑목에 의지한다.

三春 庚金

寅月 庚金

戊　甲壬丙丁　목왕지제, 유토개사, 불능생금,
木旺之際, 有土皆死, 不能生金,
선용병난경성, 우려토후매금, 수갑소설.
先用丙暖庚性, 又慮土厚埋金, 須甲疏洩.

1. 인월 경금은 목왕한 때로 土는 다 죽으니 金을 生하지 못하고, 또한 금의 한기(寒氣)가 제거(除去)되지 않으면 먼저 丙火를 써서 金의 기운을 따뜻하게 하며 土가 두터워 매금(埋金)될 우려(憂慮)가 있으므로 마땅히 甲木으로 소설(疏洩) 해야 한다. 丙甲이 양투(兩透)하면 과갑(科甲)하고 현영(顯榮)한다. 丙甲 중에 하나만 투(透)하면 역시 생원(生員), 공감(貢監)[292]은 한다. 丙火가 암장(暗藏)되고 甲木이 투(透)하면 이로(理路)로 공명(功名)을 이룬다.

=> 庚金이 寅月에 있으면 절지(絶地)가 되고 목왕(木旺)하여 甲木이 영(令)을 잡았으니 金이 木을 극(剋)하기 어렵다. **원문(原文)의 토개사(土皆死)는 다소 비약된 논리**

292) 생원(生員)이나 공감(貢監)은 명(命)나라 때 꽤 지위가 높은 직책이었다. 따라서 현대 사회에서는 시도(市道) 지자체의 단체장 정도는 되는 것으로 보면 되고 재무 계통의 고위직 정도로 추산(推算)하면 무방할 것이다.

다. 火土가 寅月에 동궁(同宮)하므로 조토(燥土)가 金을 생(生)하기 어려운 것이고 오히려 土가 두터워 金이 묻힐 수도 있다. 따라서 춘금(春金)이 약하면 비겁(比劫)은 기뻐하지만, 인수 (印綬)의 생(生)은 꺼린다. 다만 己土의 생(生)은 나쁘지 않다.

비인(比印)으로 庚金이 생기(生氣)를 찾으면 丙甲이 있어야 하고 丁火가 庚金을 단련(鍛鍊)하면 길하다.

寅月 庚金에 丙甲이 양투(兩透)하면 과갑(科甲)하고 현영(顯榮)하는데 희용신(喜用神)이 모두 동궁(同宮)에 있어 부귀(富貴)가 가볍지 않은 것이다. 丙甲 중에 하나만 투(透)해도 이도(異途)로 발선하거나 유림(儒林)의 수사(秀士)가 된다.

2. 혹 사주(四柱) 중에 土가 많은데 甲木이 투(透)하면 귀(貴)하고 甲木이 암장(暗藏)되면 부(富)가 있다. 이때 庚金이 출(出)하면 안 된다.

=> 庚金이 土가 많은데 甲木이 투(透)하면 인수용재(印綬用財)로 성격(成格)되어 귀격(貴格)을 이룬다.

춘월(春月) 庚金이 비록 약하기는 하나, 戊土 편인(偏印)을 취할 수는 없다. 사금(死金)은 정수리에 흙이 덮이는 것을 싫어하니 戊土가 많은데 甲木이 출간(出干)하지 않으면 흉하고, 庚金 비견(比肩)을 만나 재(財)를 빼앗으면 명리(名利)가 있어도 허상(虛像)에 불과하다.

3. 혹 丁火가 출간(出干)하고 戊己土를 더하면서 水가 없으면 또한 부귀(富貴)하는데 이를 관성유기(官星有氣)[293]라 한다. 재왕(財旺)하여 생부(生扶)하는 까닭으로 부귀(富貴)를 추리(推理)한다.

=> 寅月 庚金에 丁火가 출간(出干)했는데 戊己土는 있고 水가 없으면 부귀격(富貴格)을 이룬다. 이것은 관왕(官旺)하면 인수(印綬)가 있어야 하는 것으로 춘월(春月) 庚金은 연금(煉金)이 마땅치 않으니 丁火가 출간(出干)했는데 인수(印綬)로 화(化)하지 않으면 흉하다. 이때 己土는 유용(有用)하나 戊土는 己土에 미치지 못한다.

4. 火가 많은즉 土를 용(用)한다. 土를 용(用)하면 火가 아내요, 土가 자식이 된다.

=> 인수(印綬)가 있으면 부귀(富貴)가 따르는 이치는 寅中 甲木이 화관(火官)을 생(生)하여 관성(官星)이 유기(有氣)한 가운데 戊己土가 인화(引化)하면 庚金이 상(傷)하지

293) 寅月庚金이 土가 있고 丁火가 透出하면 水가 없어야 한다. 만약 水가 透出하면 傷官見官이 되여 官星이 傷한다. 水가 없으면 寅中에 甲木은 丁火의 嫡母적모 즉 어머니이니 丁火을 引丁, .즉 불길을 살리니 이것을 **관성유기(官星有氣)**라 한다. **官星이 힘이 있다는 뜻이다**. 財가 旺하여 官星을 生扶하니 富貴가 충분하게 된다.

않기 때문이다. 즉 화처토자(火妻土子)는 관인상생격(官印相生格)을 말한다.

5. 혹 지지(地支)에 화국(火局)을 이루고 壬水가 투(透)했는데 뿌리를 얻으면 크게 부귀(富貴)한다. 壬水의 뿌리가 없으면 소부귀(小富貴)한다. 水가 결핍(缺乏)되면 잔질(殘疾)이 있다.

=> 寅月 庚金이 지지(地支)에 화국(火局)을 이루었는데 壬水가 투(透)하면 식신제살(食神制殺)이 되어 상격(上格)을 이룬다. 관살(官殺)이 회국(會局)하면 반드시 壬癸水로 구해야 한다. 그러나 水가 인궁(寅宮)에 이르면 병지(病地)가 되어 金으로 돕거나 뿌리를 내려 유력(有力)해야 대귀(大貴)하다.

6. 혹 金이 木을 상(傷)하게 하는데 丙丁火가 출간(出干)하여 제(制)하지 않으면 평인(平人)이 된다. 혹 丙火가 癸水를 조우(遭遇)하여 곤(困)해지고, 戊土의 제(制)가 없다면 역시 그러하다.

=> 寅月 庚金에 金이 甲木을 상(傷)하게 하는데 丙丁火가 없으면 평범한 명(命)이 되고 丙火가 癸水를 만나 곤(困)한데 이를 戊土로 제(制)하지 않아도 역시 평범하다.

7. 총론하면 寅月 庚金은 丙甲으로 상격(上格)을 이루

고, 丁火는 차선(次善)이다. 춘금(春金)에 火가 많으니 요절(夭折)치 않으면 빈한(貧寒)하다. **양금(陽金)은 火의 하련(煆煉)을 가장 기뻐하나,**[294] **하련(煆煉)이 태과(太過)하면 반대로 떠도는 명이 된다.**

卯月 庚金

丁　甲庚丙　경금암강. 전용정화. 차갑인정.
庚金暗强. 專用丁火. 借甲引丁.
용경벽갑. 무정용병.
用庚劈甲. 無丁用丙.

1. **卯月 庚金은 사주(四柱) 중에 자연 乙木이 있으니, 乙木이 당령(當令)하여 庚金을 보면 필히 乙木에 정(情)을 주므로 이러한 金은 암암리(暗暗裡)에 강한 세력을 품어 추금(秋金)과 같은 이치가 되어 卯月 庚金을 丁火를 전용(專用)하고 庚金을 빌어 벽갑(劈甲)한다.** 丁火가 없어 丙火를 용(用)하면 **면강(勉强)**[295]해야 부귀(富貴)가 많이 일어난다.

---

294) 경금은 기본적으로 火의 하련을 좋아해서 관살혼잡을 안 따지는 경향이 있다. 지나친 재살태과나 당살봉신이 되는 것은 좋지 않겠지만 대체적으로 흉으로 안 나타나고 좋은 남편과 좋은 직업을 모두 가진다.
295) 근면하게 노력함.

=> 卯月 庚金은 乙庚 상합(相合)의 작용으로 인해 추금(秋金)과 같은 용법(用法)을 적용하는 특징이 있다.[296] 그러나 庚金은 戊土와 같이 상하(上下)로 합(合)하는 속성이 있는 게 아니므로 지지(地支)에 申辰이 있을 경우 약변강(弱變強)이 되어 丁火를 용신(用神)으로 삼는 것이다. 이외는 寅月 庚金과 이치가 같은 것이다. 따라서 비겁(比劫)이나 인수(印綬)의 생부(生扶)가 없이 재관(財官)을 취하기 어렵다. 丁火가 없어 丙火를 용(用)하면 억지로 노력을 해야 부귀(富貴)가 일어난다.

2. 丁火가 천간(天干)에 있고 甲木이 투(透)하여 인정(引丁)하는데 지지(地支)에서 하나의 庚金이 甲木을 제(制)하면 중화(中和)의 배합(配合)을 얻으니 부귀(富貴)는 필연적이다. 만일 庚金의 배합(配合)을 보지 못하면 비록 丁甲이 양투(兩透) 해도 평인(平人)에 속(屬)한다.

=> 卯月 庚金에 丁火가 천간(天干)에 있고 甲木이 투(透)하여 인정(引丁)하는데 지지(地支)에서 하나의 庚金이 甲木을 제(制)하면 중화(中和)의 배합(配合)을 얻으니 부귀(富貴)는 필연적이다. 지지(地支)에 庚金이 있다는 것은 申中 庚金을 말한다. 이것은 벽갑(劈甲)하여 인정(引

296) 묘월경금은 을목을 치지 못한다.(도끼로 풀을 베기는 어렵다) 그래서 을목에게 경금 나쁘지 않다. 을경합금하여 금기운이 세지니 추금과 같은 이치가 되어 하련 해야 되니 묘월경금은 정화를 전용한다.

丁)하고 일원(日元)은 통근(通根)되어 득록(得祿)하니 두 가지의 쓰임이 있는 것이다.

즉 지지(地支)에 암장(暗藏)된 庚金이 없으면 丁甲이 모두 투(透)해도 한 방면에 능할 뿐으로 귀격(貴格)에 속하지는 않는다. 만일 庚金의 배합(配合)을 보지 못하면 비록 丁甲이 양투(兩透)해도 평인(平人)에 속(屬)한다.

3. 춘월(春月)의 丁火는 왕(旺)하지도, 쇠(衰)하지도 않으니 甲木을 써서 丁火를 보좌(輔佐)하면 기물(器物)이 되나 庚金의 벽갑(劈甲)이 없다면 인정(引丁)하지 못하고, 비록 乙木이 많다 해도 습을(濕乙)은 상정(傷丁)하여 丁火의 모(母)가 되긴 어려운 바, 丁甲이 있어도 庚金이 없으면 상인(常人)에 불과하다.

丁庚이 있고 甲木이 출간(出干)하지 않아도 상인(常人)이다. 丁火만 투(透)하고 庚甲이 없는 자는 가히 공감(貢監)은 허락한다. 丁火는 없고 丙火만 있으면 이로(異路)로 공명(功名)에 이른다.

=> 혹 丁火만 투(透)하고 庚甲이 없는 자는 가히 공감(貢監)은 허락한다. 이것은 관성유기(官星有氣)하기 때문이다. 丁火는 없고 丙火만 있으면 부(富)만 있다. 그러나 간록 이도(異途)로 부중취귀(富中取貴)하는 경우가 있다.

4. 혹 甲乙이 한 쪽을 이루면 庚金이 출간(出干)하여 파재(破財)함을 꺼리는바 이에 종재격(從財格)이 되어 부귀(富貴)해진다. 만약 하나의 비견(比肩)을 보면 고빈(孤貧)하다.

=> 卯月 庚金에 한 무리의 甲乙木이 있고 비겁(比劫)이 없으면 종재격(從財格)을 이루어 상격(上格)을 이룬다. 그러나 비겁(比劫)이 있으면 **부옥빈인(富屋貧人)**[297]에 불과하다.

5. 종재명(從財命)은 火가 아내요, 土가 자식이 된다. 丁火를 용(用)하면 甲木을 취(取)하여 아내로 삼고 만약 庚金의 제(制)가 있으면 살이 해로(偕老)하기가 쉽지 않다.

=> 종재격(從財格)은 응당 종신(從神)을 용(用)하는 것이니 마땅히 水가 아내요, 木이 자식이 된다. 주해(註解)하는 사람의 입장에서 여간 신경이 쓰이는 대목이 아닐 수 없는데, 원문(原文)에서 종재자(從財者)의 처자(妻子)를 구분하는 방법은 도무지 이해를 할 수가 없다.

丁火를 용(用)하면 甲木을 취(取)하여 아내로 삼으니 재왕생관 (財旺生官)을 말한다. 이때 庚金이 甲木을 제(制)하면 부귀격(富貴格)을 이루나 재(財)를 파(破)하니 처성(妻星)이 상(傷)하여 아내가 형극(刑剋)을 면하기는

297) 부옥빈인(富屋貧人)이란 한 마디로 남의 돈을 만지는 사람으로 자기의 것으로 삼으려하면 감당이 되지 않는다.

어렵다.

6. 사금(死金)은 정수리를 덮는 니토(泥土)를 혐오(嫌惡)하니 戊土를 거듭 보면 사람을 압복(壓伏)하는 상(象)과 같아 마땅히 甲木이 투(透)해야만 묘(妙)하다.

=> 춘월(春月)의 사금(死金)은 정수리에 진흙이 덮이는 것을 싫어하니 이것은 戊己土가 많아 눌려서 복종(服從)당하는 형상(形象)이 되기 때문이다. 그러나 己土 하나 정도나 지지(地支)의 辰丑 습토(濕土)는 길하다. 아무튼 土가 병(病)이 되면 甲木이 투출(透出)하여 소토(疏土)해야 金이 유용(有用)해진다.

辰月 庚金

甲　丁壬癸　완금의정, 왕토용갑, 불용경벽,
頑金宜丁, 旺土用甲, 不用庚劈,
지화의계, 간화의임.
支火宜癸, 干火宜壬.

1. 辰月 庚金은 戊土가 사령(司令)하여 金을 생(生)하는 이치가 없고 매금(埋金)의 우환(憂患)이 있어 먼저 甲木을 용(用)하고 다음으로 丁火를 쓰며 庚金의 벽갑(劈甲)은 용(用)치 않는다.

辰月의 庚金은 토왕(土旺)하여 金이 완둔(頑鈍)하니 둔금(鈍金)은 丁火가 마땅하고, 왕토(旺土)는 甲木이 필수로 甲木이 결핍되면 입업(立業)이 불가능하고, 丁火가 결핍되면 어찌 이름을 세우겠는가. 甲丁 두 글자 중 하나만 부족해도 참된 부귀(富貴)가 아니다.

=> 辰月 庚金은 모왕금상(母旺金相)하여 약한 것을 두려워하지 않는다. 그러나 戊土가 출간(出干)하면 金이 묻힐 염려가 있다. 그러므로 먼저 甲木으로 소벽(疏闢)[298]한 다음 丁火로 단련(鍛鍊)[299]하는 것이다. 월령(月令)이 인왕(印旺)하므로 비겁(比劫)이 돕지 않아도 무방하다.

2. 庚金에 火가 없으면 요절(夭折)하거나 빈한(貧寒)해진다. 신약(身弱)에 재(財)가 많으면 부귀(富貴)가 오래가지 못한다.

=> 辰月 庚金은 월령(月令)에서 편인(偏印)이 상생(相生)하나 무기(無氣)하여 체용(體用)이 모두 때와 장소를 잃으니 재관(財官)이 없거나 용신(用神)을 취하지 못하면 아름다운 명(命)이 되지 못한다. 다시 말해 辰月 庚金은 모왕자상(母旺子相)해도 진왕(眞旺)은 아니다. 실시실령(失時失令)하여 완금(頑金)이라고 한다.

---

298) 갑목은 장간에 있으면 효용이 떨어진다. **지장간에 있으면 효용이 떨어지는 천간으로는 갑목과 병화**이다.

299) 정화는 지장간에 있어도 효용이 있다. **지장간에 있어도 효용이 있는 것은 정화, 계수, 무토, 임수**다.

3. 丁甲이 양투(兩透)하고 비견(比肩)을 보지 않으면 과갑(科甲)의 명(命)이나 다만 호운(好運)[300]이 도와야 한다. 甲木이 투(透)하고, 丁火가 암장(暗藏)되면 채근(採芹)하고 습개(拾芥)한다. 甲木이 암장(暗藏)되고 丁火가 투(透)하면 이로(異路)로 공명(功名)을 이룬다.

丁甲이 모두 암장(暗藏)되고, 庚金의 제(制)를 받지 않으면 부중취귀(富中取貴)하고 도필(刀筆)로 기가(起家)한다. 甲木이 있고, 丁火가 없으면 평상(平常)의 무리에 지나지 않는다. 丁火가 있고, 甲木이 없으면 우유(迂儒)하고 부유(腐儒)하다. 丁甲이 모두 없으면 하천(下賤)한 무리가 된다.

=> 辰月 庚金에 甲丁이 양투(兩透)하고 비견(比肩)을 보지 않으면 과갑(科甲)에 이르나 반드시 대운(大運)이 도와야 한다. **보통 체용(體用)이 동궁(同宮)하는 상등(上等)의 격국(格局)은 원명(原命)에 복택(福澤)이 두터워 호운(好運)이 없어도 발전하나 차등(次等)의 격국(格局)은 원명(原命)에 약점이 있어 대운(大運)의 도움이 필요하다.** 甲木이 투(透)하고, 丁火가 암장(暗藏)되면 채근(採芹)하는

---

300) 난강망에서 말하는 운은 대운을 말한다. 진신은 **원국과 대운(체신)**에서 의미가 있는 것이다. 행년에서는 진신이 아닌 부억용신이 의미가 있다.

*****대운 보는 방법: 대운천간은 천간끼리 서로 작용하여 격국을 맑거나 탁하게 함. 대운지지는 사길신 사흉신을 왕하게 하거나 쇠하게 하며 운로로 조습을 맞춰준다.**

은덕(恩德)을 입으니 녹봉(祿俸)이 있다. 甲木이 암장(暗藏)되고 丁火가 투(透)하면 이도(異途)로 귀(貴)가 있다.

丁甲이 모두 암장(暗藏)되고, 庚金의 제(制)가 없으면 도필(刀筆)로 가문(家門)을 일으킨다. 辰月 庚金은 甲丁 두 글자 중 하나만 부족해도 참된 부귀(富貴)를 논할 수 없다. 甲木이 있고, 丁火가 없으면 평상(平常)의 무리에 지나지 않는다. 丁火가 있고, 甲木이 없으면 세상의 물정에 어두운 선비로 하고 생각이 낡아 완고하고 쓸모없는 선비에 불과하다. 丁甲이 모두 없으면 하격(下格)이다.

4. 혹 하나의 甲木이 있는데 丁火가 없고 丙火가 있으면 이로 인해 대오(隊伍)로 나아가 관직(官職)을 얻고, 반드시 壬癸水를 보지 않아야 묘(妙)하다.

=> 辰月 庚金에 하나의 甲木이 있는데 丁火가 없고 丙火가 있으면 재자생살(財滋生殺)로 무직(武職)으로 나간다. '조화원약평주'에서는 오품(五品)의 관직(官職)을 논했는데 아마도 판관(判官)과 관련이 깊은 듯싶다. 이때는 壬癸水로 丙火를 곤(困)하게 하지 않아야 무직(武職)으로 발전한다.

5. 혹 지지(地支)에 토국(土局)을 이루고 木이 없으면 빈천(貧賤)하거나 승도(僧道)가 되며 乙木을 본다면 간사(奸詐)한 소인(小人)에 지나지 않는다.

=> 辰月 庚金이 지지(地支)에 토국(土局)을 이루었는데, 木이 없으면 빈천(貧賤)하거나 승도(僧道)가 된다. 甲木 대신에 乙木을 본다면 소토(疏土)할 뜻은 있으나 역량이 미치지 못하여 관(官)이 무용(無用)하니 간사(奸詐)한 사람이 된다.

6. 혹 지지(地支)에 화국(火局)을 이루고, 癸水가 투(透)하면 부귀(富貴)한다. 丙丁火가 출간(出干)했는데 壬水를 보아 제(制)함이 있으면 바야흐로 길(吉)하다. 水의 제(制)가 없다면 잔질(殘疾)이 있다.

=> 辰月 庚金이 지지(地支)에 화국(火局)을 이루고 金을 녹이면 癸水가 투(透)해야 부귀(富貴)한다. 이때 丙丁火가 출간(出干)하면 癸水만으로는 힘이 부족하여 壬水로 제(制)해야 길하다. 水가 火를 제(制)하지 못하면 火가 金을 상(傷)하여 잔병(殘病)이 많거나 요절(夭折)에 이르는 수가 있다. 火金이 상극(相剋)되면 심한 종기(腫氣)를 앓기 쉽다.

7. 甲木을 용(用)하면 水는 아내요, 木이 자식이 된다. 丁火를 용(用)하면 木이 아내요, 火가 자식이 된다.

=> 수처목자(水妻木子)는 인수용재격(印綬用財格)을, 목처화자(木妻火子)는 재왕생관격(財旺生官格)을 말한다.

三夏 庚金

巳月 庚金

壬　戊丙丁　　사내유무, 병불용금, 고불외화염,
巳內有戊, 丙不鎔金, 故不畏火炎,
병역가작용, 단선임수, 방득중화.
丙亦可作用, 但先壬水, 方得中和.

1. 巳月 庚金은 巳에서 장생(長生)하고 巳中 戊土가 있다. 丙火는 용금(鎔金)할 수 없어 화염(火炎)을 두려워하지 않으나 丙火 역시 작용(作用)이 가(可)하니 먼저 壬水로써 중화(中和)를 이루어야 한다. 그러므로 하월(夏月) 군금(群金)은 구진(勾陳) 土를 희용(喜用)한다. 다음으로 戊土를 취(取)하고, 丙火로 보좌(輔佐)한다.

壬戊丙가 모두 온전하면 등과급제(登科及第)하고, 한두 개만 투(透)해도 종내 백정(白丁)은 되지 않는다.

=> 金은 巳에서 장생(長生)되지만 약하다. 丙火가 당왕(當旺)하고, 비록 戊土가 득록(得祿)하여 丙火가 金을 녹이지는 못하나, 戊土 역시 金을 생(生)하기는 어렵기 때문이다. 그러므로 먼저 壬水를 용신(用神)으로 삼아 중화(中和)한 다음에 戊土를 취(取)하고 다음으로 丙火를 써서 보

좌(輔佐)한다.

고서(古書)에 하월(夏月) 군금(群金)은 원무(元武)가 있어야 묘(妙)하고 했다. 원무(元武)는 북방(北方) 壬癸水를 말하는데 水로 火를 제(制)하여 土를 윤택(潤澤)하게 하면 반생(反生)이 되어 귀격(貴格)을 이룬다. 壬戊丙가 모두 완전하면 부귀쌍전(富貴雙全)하나 한두 개만 투(透)하면 공감(貢監)이나 의록(衣祿)으로 그친다.

2. 혹 **한 무리의 丙火가 있으면 가살위권(假殺僞權)이 된다고 이르나, 마땅히 壬水로 제(制)하지 않는다면 이 사람은 거짓으로 청고(淸高)하며 인의(仁義)가 없고 처자(妻子)를 형극(刑剋)한다. 壬水로 제(制)하면 영화(英華)가 있다.**[301] 壬水가 지지(地支)에 암장(暗藏)되어도 부귀(富貴)와 이름이 있으나 실속(實速)은 없다.

=> 巳月 庚金에 가살위권(假殺僞權)을 논하려면 먼저 庚辛金이 투(透)하여 신왕(身旺)해야 丙火를 보면 신왕살고(身旺殺高)로 귀격(貴格)을 이루는 것이다. 그렇지 않으면 화염토조(火炎土燥)하여 庚金이 많아도 왕(旺)하지 않고,

---

301) **임수를 전용한다. 계수는 경금을 녹슬게 한다.** 만약 갑목 일간에게 경금 진신이 있다 해도 계수는 없어야 한다. 갑목의 귀를 조율하는 경금 진신을 계수가 가란진하는 것을 꺼린다. **경금에게 계수와의 조합은 보도사로(寶刀巳老)**라하여 칼에 녹이 스는 격으로 참견이 많아 실패하는 유형이고, **경금에게 임수는 득수이청(得水而淸)**이라 하여 지식의 흡수가 뛰어나고 재능을 다 발휘하여 성공을 거둔다.

戊土가 인화(引火)하여 火가 金을 상(傷)하게 하지 않아도 필시 형처극자(刑妻剋子)한다.

3. 혹 지지(地支)에 금국(金局)을 지으면 변약위강(變弱為強)이 되니 丙火를 용(用)하면 무력(無力)하고, 丁火를 용(用)하면 바야흐로 묘(妙)해지므로 丁火가 투(透)해야 길(吉)하다. 혹 丁火가 출간(出干)했는데 세 개, 네 개가 나타나서 하제(煆制)가 태과(太過)하면 그 사람이 분주(奔走)하고 波瀾이 많다.

=> 巳月 庚金은 약하지만 酉丑이 회국(會局)을 이루면 매우 강해진다. 이때 丑이 있으면 습토(濕土)가 金을 생(生)하여 더욱 묘(妙)하다. 庚金이 강해지면 丁火에 귀(貴)가 있으니 壬癸水가 丁火를 상(傷)하게 하면 흉하다. 丙火도 유용(有用)하지만, 丁火와는 비교가 되지 않는다.

丁火가 많이 출간(出干)하면 관(官)이 많아 화살(化殺)하므로 이때는 水로 구제(救濟)해야 한다.

4. 巳月 庚金은 마땅히 壬丙戊를 용(用)하는데, 단 선후(先後)를 집착(執着)하여 구애(拘碍)됨이 없이 마땅히 병(病)과 약(藥)을 나누어 써야한다. 처자(妻子)를 구분하는 법은 전항(前項)과 동일하다.

=> 巳月 庚金은 마땅히 壬丙戊를 용(用)하는데, 병(病)

이 많으면 약(藥)을 써야한다. 애초에 丙戊가 당왕(當旺)하므로 반드시 水가 있어야 한다. 壬水 대신 癸水가 있어도 그 뜻이 같으므로 약(藥)으로 쓴다.

5. 검극성공(劍戟成功)은 운이 화향(火鄕)으로 들면 반대로 해롭다. 金이 火를 만나면 이미 손(損)됨이 있으니 재차 火를 보면 필히 상(傷)한다. 庚辛은 화왕(火旺)하면 남방(南方)이 두려우나, 辰巳의 향(鄕)에 봉(逢)하면 영화(榮華)를 단정(斷定)한다.

=> 金이 申酉巳丑에 이르러 丁火로 단련(鍛鍊)되면 검극성공(劍戟成功)으로 이미 칼이나 창으로 만드는 공이 이루어진 것이다. 이때 재차 남방(南方) 화운(火運)으로 흐르면 金이 손상(損傷)된다. 즉 金이 하월(夏月)에 태어나면 서북운(西北運)은 길하지만 남방운(南方運)은 불리하다. 반면 辰巳 운(運)에는 영화(英華)가 있다. 辰은 습토(濕土)로 金을 생(生)하고, 巳는 생지(生地)로 금기(金氣)를 암장(暗藏)하기 때문이다. 금국(金局)을 이루면 남방운(南方運)이 두렵지 않다.

午月 庚金

壬　癸　　정화왕렬, 경금패지, 전용임수, 계우차지.
丁火旺烈, 庚金敗地, 專用壬水, 癸又次之.

임투계장, 지견경신, 필연과갑.

壬透癸藏, 支見庚辛, 必然科甲.

1. **午月 庚金은 丁火가 왕렬(旺烈)하여 庚金이 패지(敗地)에 있으니 壬水를 전용(專用)하고 癸水를 차용(次用)한다.**[302] 壬水가 투(透)했는데 癸水가 암장(暗藏)되고 지지(地支)에서 庚辛金을 보면 과갑(科甲)은 필연(必然)으로 戊己土로 水를 제(制)함을 절대로 기피하는바 이는 水가 막히기 때문이다.

戊土가 지지(地支) 속에 암장(暗藏)되면 유림(儒林)은 잃지 않는다. 혹 壬水가 지지(地支)에 있고 金의 생조(生助)가 있으면서 또한 금신(金神)이 출간(出干)하면 명경지귀(明經之貴)가 있다. 혹 癸水가 출간(出干)하고 辛金을 연대(連帶)하면 이로(異路)로 영화(榮華)가 따른다.

---

302) 午月 경금은 조후 때문에 임수가 없으면 계수라도 차용한다. 암장되어 있는 것이 더 좋다.

****팔자의 한난과 조습이 다 같이 적절하면 부귀와 안녕을 의심할 필요가 없다. 天道에 寒暖이 있다.** 만물의 발육은 丙과 癸의 신공에 달렸다. 한난이 적절해야 크게 발전한다. **燥濕은 地道에 있다.** 조습이 적절해야 생의를 잃지 않고 번성해질 수 있다. 한쪽으로 편중되면 의식이 부족하다. 팔자의 조습 배합여부를 살펴 의식의 안정을 파악한다. **조토불능生金 동수불능生木**이라 했다. 토가 음습한지? 물이 따뜻한지? 살피고 추명해야 한다. 예를 들어 甲子日柱가 교수인지 깡패인지는 일지 子水가 溫水냐 凍水냐에 달렸다. 子月에 병화가 있으면 온수(자연적으로 수온이 올라 따뜻한 물이라 생의가 있다. 정화가 있으면 인위적인 불이라 끓여서 너무 뜨거워 격이 떨어진다.)고 火가 없이 癸가 투하면 凍水다.

=> 午月 庚金은 화왕(火旺)하여 庚金이 패지(敗地)에 있으니 壬水를 전용(專用)하고 癸水를 차용(次用)한다. 즉 午月은 丁火가 사령(司令)하여 심하게 庚金을 단련(鍛鍊)하므로 壬癸水를 용(用)하여 살용식제격(殺用食制格)을 짓지 않으면 흉하다. 壬水가 투(透)했는데 癸水가 암장(暗藏)되고 지지(地支)에서 庚辛金을 보면 과갑(科甲)은 필연(必然)으로 이때는 戊己土로 水를 제(制)함을 꺼린다.

만일 戊己土가 출간(出干)하여 水를 제(制)하면 평범한 명(命)이 되고, 지지(地支)에 戊土가 암장(暗藏)되어 있으나 木으로 제(制)하면 유림(儒林)의 수사(秀士)가 된다.

壬水가 지지(地支)에 있고 金의 생조(生助)가 있으면서 또한 금신(金神)이 출간(出干)하면 학문에 밝고 귀(貴)함이 있다. 癸水가 출간(出干)하고 辛金이 도우면 이로(異路)로 발달(發達)한다.

2. 혹 지지(地支)에 화국(火局)을 이루고 水가 핍절(乏絶)되면 분파지객(奔波之客)이 된다. 壬癸의 제(制)함이 있으면 세금을 연납(捐納)하는 사람이다. 또 戊己土가 투(透)하면 길(吉)하다. 壬癸水가 火를 제(制)하지 못하고, 戊己土가 출간(出干)해서 金을 보(補)하고 火를 설(洩)하면 요절고빈(夭折孤貧)이 많지 않다.

총론해서 중하(仲夏)에 水가 없으면 필시 상격(上格)이 아니며 식상(食傷)과 인비(印比)가 없으면 종살(從殺)로 논한다.

=> 午月 庚金에 지지(地支)에 화국(火局)을 이루면 반드시 水로 구제(救濟)해야 한다. 壬癸의 제(制)함이 있으면 식상(食傷)으로 제살(制殺)하여 과갑(科甲)은 아니어도 이도(異途)로 은봉(恩封)이 있고 고귀한 신분에 맞는 도덕적 의무와 책임을 다한다.

오궁(午宮)에는 丁己가 득록(得祿)하고 관인(官印)이 왕(旺)하여 원래 귀(貴)가 있다. 壬癸水가 있으면 반생(反生)의 공(功)을 이루고 이때 戊己土가 출간(出干)해도 나쁘지 않다. 인용식상(印用食傷)으로 성격(成格)되기 때문이다. 水가 없으면 戊己土로 살인상생(殺印相生)을 이루어 요절(夭折)과 가난함은 면한다.

총론해서 중하(仲夏)에 水가 없으면 절대 상격(上格)을 이루지 못한다. 만일 水가 없으면 대운(大運)이라도 북방(北方)으로 흘러야 하며 이때 원무(元武)의 효용(效用)을 실감할 수 있게 된다.

未月 庚金

丁 甲 삼복생한, 완둔극의, 선용정화, 자취갑목.

三伏生寒，頑鈍極矣，先用丁火，次取甲木.
정갑량투명현신영，기계상정.
丁甲兩透名顯身榮，忌癸傷丁.

1. 未月 庚金은 삼복생한(三伏生寒)하니 완둔(頑鈍)함이 극(極)에 달하므로 먼저 丁火를 용(用)하고, 다음으로 甲木을 취(取)한다. 丁甲이 양투(兩透)하면 명현신영(名顯身榮)하나 癸水가 丁火를 상(傷)하게 함을 꺼린다. [303]

甲木이 있고 丁火가 없으면 용렬(庸劣)한 속인(俗人)이다. 丁火가 있고 甲木이 없으면 생원(生員)은 한다. 丁甲이 모두 없으면 하천지인(下賤之人)이다. 비록 木이 있으나 丁火가 투(透)하지 않고 지지(地支)에서 水를 보면 집편지사(執鞭之士)[304]가 된다. 이때 丁火의 상(傷)함이 없으면 무역(貿易)을 하는 계층이다.

=> 未月 庚金은 삼복(三伏)에 한기(寒氣)가 생(生)하는 때에 있으니 金이 완고(頑固)하여 극(極)에 이른다. 따라서 먼저 丁火를 용(用)하고, 다음으로 甲木을 취(取)한다. 丁甲이 양투(兩透)하면 과갑(科甲)이 산뜻하게 이루어진

303) 경금은 정화로 貴, 갑목으로 富를 조율한다. 일반적으로 귀를 조율하는 것은 官印, 부를 조율하는 것은 財와 食傷(재주가 있어야 돈을 벌 것이므로)이다. 예외적으로 상관이 귀를 조율할 때가 있다. 목화상관과 신왕(身旺)한 음일간(陰日干)의 상관이다. 이를 따로 수기(秀氣)라고 칭한다.
304) 執鞭之士: 훈육이나 교직의 선비. (잡을 집, 채찍 편)

다. 이때 癸水가 丁火를 상(傷)하면 흉하다. 甲木이 있고 丁火가 없으면 평범하다.

未月에는 丁火가 있어도 투(透)하지 않으면 없는 것과 같다. 未月은 己土가 당왕(當旺)하여 丁火가 투(透)하지 않으면 丁火로 논하지 않고, 土로 논하기 때문이다. 그러나 전혀 쓰임이 없는 것은 아니다. 재관(財官)이 모두 쇠갈(衰竭)하지만 약하게나마 작용하기 때문에 의록(衣祿)은 있다. 재(財)가 있는데 관(官)이 없으면 용속(庸俗)해지고, 관(官)이 있는데 재(財)가 없으면 유림(儒林)의 수재(秀才) 가 된다. 丁甲이 모두 없으면 하격(下格)이다.

木이 있으나 丁火가 투(透)하지 않고 지지(地支)에서 水를 보면 훈육(訓育)이나 교직(敎職)의 선비가 되고, 이때 丁火의 상(傷)함이 없으면 무역(貿易)으로 의록(衣祿)이 풍족해진다.

2. 지지에 토국을 이루면 갑목을 먼저 쓰고 丁火를 뒤에 쓴다. 甲木이 투(透)하면 문장현달(文章顯達)한다. 丁火가 투(透)하면 도필양명(刀筆揚名)한다. 혹 사주(四柱)에 金이 많고, 두 개의 丁火로 이를 제(制)하면 이로(理路)로 공명(功名)을 이룬다.

=> 未月 庚金이 지지(地支)에 토국(土局)을 이루면 甲木을 먼저 쓰고 丁火를 뒤에 쓴다. 甲木이 투출(透出)하면

인수용재격(印綬用財格)으로 문장(文章)이 뛰어나고 부귀(富貴)가 있다. **甲木은 반드시 투(透)해야만 소벽(疏闢)**[305]**이 가능해진다.** 丁火가 투(透)하면 도필(刀筆)로 이름을 떨친다. 사주(四柱)에 金이 많고, 두 개의 丁火로 이를 제(制)하면 이로(理路)로 공명(功名)을 이룬다.

三秋 庚金

申月 庚金

丁 甲　　전용정화하련, 차취갑목,
專用丁火煆煉, 次取甲木,
고왈 : 추금예예최위기, 임계상봉총불의.
故曰 : **秋金銳銳最為奇,** 壬癸相逢總不宜.

1. 申月 庚金은 강예(剛銳)함이 극(極)에 달했다. 丁火를 전용(專用)하여 하련(煆煉)하고, 다음으로 甲木으로 인정(引丁)하니 이에 이르길, **"추금(秋金)은 예예(銳銳)**[306] **함이 가장 기특(奇特)**[307]**하니, 壬癸水를 상봉(相逢)함이 전체적으로 마땅치 않고 만일 木火를 만나 성국(成局)하면**

---

305) 트일 소/ 열 벽. 여기서는 **소토(疏土)의 의미.**
306) 특히 추금은 예리하게 만들어야 좋은 것이다. 임계수를 만나면 경금의 기운을 설하니 무뎌지니까 격이 떨어진다.
307) **기특(奇特): 명리에서 최고의 칭찬의 표현임!**

복수(福壽)가 모두 하늘과 같이 쌓임을 살펴보라"고 했다.

=> 申月 庚金은 庚金이 사령(司令)하니 매우 강하며 예리하다.[308] 申月 庚金은 반드시 단련(鍛鍊)해야 큰 기물(器物)을 이룬다. 寅月 甲木은 설(洩)이 좋고, 극(剋)이 마땅치 않으나 申月 庚金은 극(剋)이 길하고, 설(洩)은 마땅치 않다. 이렇게 십간(十干)의 성질이 다른 것은 조후(調候)와의 관계가 작용하기 때문이다.

월령(月令)에 건록(建祿)이 있으면 재관(財官)이 정당한 용법(用法)이나 초춘(初春) 甲木은 丙火를 기뻐하니 예외고, 중춘(仲春)에는 재관(財官)을 용(用)한다. 金을 단련(鍛鍊)하려면 丁火가 우선이고, 반드시 甲木으로 인정(引丁)해야 노화(爐火)가 항상 불타오른다. 丁火는 甲木을 떠날 수 없고, 특히 추동(秋冬)에는 더욱 그렇다.

고서(古書)에 이르길, "추금(秋金)은 예리하면 가장 묘(妙)하고 壬癸水를 만나면 좋지 않다"고 했다. 명리부(命理賦)에 이르길, 강금(鋼金)이 水를 만나면 예리한 봉우리가 꺾여 길할 것 같지만, 이것은 庚金의 성질을 몰라서 하

---

308) 풍수도 전통적인 배산 임수형에서 근래 들어 **진압풍수(위압풍수)가 힘을 얻고 있다.** 풍수 좋은 곳의 집 옆에 고층건물이 들어서서 기로써 눌러버리는 것이다. 그러나 예리한 건물의 주인은 위압풍수로 돈을 벌더라도 예리한 건물에 거주하는 것은 너무 기가 세서 좋지 않다. 예리한 것을 오래 보는 것도 좋지 않다. 창가에서 십자가 보이는 곳에서 오래 노출되면 안질이 생긴다. 현침의 영향 때문이다.

는 애기라고 했다.

2. 만일 丁甲이 양투(兩透)하면 정히 청운(靑雲)에 오른다. 만약 丁火가 있는데 甲木이 없으면 준수(俊秀)하다. 甲木이 있고 丁火가 없으면 평인(平人)이다. 丁甲이 모두 없으면 무용지물(無用之物)이고, 다만 남의 밑에서 일하는 직분을 감당(勘當)할 뿐이다.

=> 申月 庚金에 丁甲이 양투(兩透)하면 이상(理想)과 벼슬이 높아 권세(權勢)가 백료(百僚)보다 더 중(重)하다. 丁火가 있는데 甲木이 없으면 수사(秀士)의 명(命)이다. 甲木이 있고 丁火가 없으면 평범하다. 丁甲이 모두 없으면 하격(下格)이 되고, 평생을 남의 밑에서 일한다.[309] 이때 丁火가 없으면 丙火를 용(用)하는데 부귀(富貴)가 있으나 丁火만은 못하다.

3. 혹 지지(地支)에 수국(水局)을 이루고, 丁火는 결핍(缺乏)되어 丙火를 용(用)하는데 사주(四柱)에 丙火가 있고 甲木이 없으면 필시 우나(愚懦)하다. 왜냐하면 金水가 양왕(兩旺)하니 金이 水를 생(生)하여 火를 제(制)하는데 어찌 발달(發達)이 가능하겠는가. 혹 甲木이 출간(出干)하여 인정(引丁)하면 가히 생원(生員), 공감(貢監)은 한다.

309) 沖이 되더라도 진신이 일단 있어야 운에서라도 일정기간 빛을 볼 수 있다. 만약 申月庚金이 丙申年생이라면 지지申金 두 개가 허신으로 寅(財)를 부르니 자기 개인재산이 아닌 재단 같은 것으로 가지면 된다.

甲木이 약(弱)해도 의식(衣食)은 충분(充分)히 풍영(豊盈)하다.

=> 申月 庚金이 지지(地支)에 수국(水局)을 이루었는데 丁火는 결핍(缺乏)되어 丙火를 용(用)하는데 사주(四柱)에 丙火가 있고 甲木이 없으면 필시 우둔하고 나약한 선비가 된다. 이것은 맹추(孟秋)에 왕금(旺金)이 水를 생(生)하여 丙丁火를 곤(困)하게 하기 때문이다.

甲木이 출간(出干)하여 인정(引丁)하면 가히 생원(生員), 공감(貢監)은 잃지 않고 甲木이 암장(暗藏)되면 일방(一榜)은 기대할 수 있다.

申月 庚金이 지지(地支)에 수국(水局)을 이루고 丙丁火가 없는데 천간(天干)에 庚金이 세 개 나란히 투출(透出)하면 **정란차격(井欄叉格)**[310]이 된다. 이때는 丙丁火의 허신(虛神)을 충(沖)하여 용신(用神)으로 삼으니 동방(東方) 목운(木運)이 이끌어야 좋다. 수왕화쇠(水旺火衰)하여 식상(食傷)이 관살(官殺)을 심하게 제(制)하므로 재(財)가 생(生)하지 않으면 불가(不可)하다는 애기다.

4. 혹 지지(地支)에 토국(土局)을 이루면 甲木을 먼저

---

310) **정란차격(井欄叉格)**: 庚申,庚子,庚辰日生이 지지에 申子辰 모두를 놓으면 이격이 성립하는데 申子辰水局이 寅午戌을 허(虛)로 충출(沖出)하여 寅中甲木으로 재를 삼고 午中丁火로 관을 삼고 戌中戊土로 인수를 삼아 貴(귀)를 얻게 되는 것.

쓰고 丁火를 뒤에 쓴다. 지지(地支) 화국(火局)을 이루면 부귀(富貴)한 사람이다. 금강목명(金剛木明)하면 행상좌매(行商坐賈)하는 사람이다. 金이 申酉戌의 지지(地支)를 구비(具備)하면 부귀(富貴)를 의심치 않는다. 금신(金神)이 화향(火鄕)에 들고, 양인(羊刃)에 봉(逢)하면 부귀영화(富貴榮華)한다.

=> 申月 庚金이 지지(地支)에 토국(土局)을 이루면 먼저 甲木을 용(用)한 다음에 丁火로 보좌(輔佐)하면 대부격(大富格)을 이룬다. 申月 庚金이 지지(地支) 화국(火局)을 이루면 부귀격(富貴格)을 이룬다.

금강목명(金剛木明)하면 재(財)를 용신(用神)으로 삼아 실업가(實業家)의 팔자(八字)가 된다. 金이 申酉戌의 지지(地支)를 구비(具備)하면 부귀(富貴)를 의심치 않아도 된다. 이때 火가 있으면 관살(官殺)이 유용(有用)하고, 火가 없으면 종혁격(從革格)이 되어 부귀격(富貴格)을 이룬다.

삼추(三秋) 庚金에 酉金이 있으면 양인(陽刃)이 되어 庚金이 당왕(當旺)한다. 이때 火로 단련(鍛鍊)하고 남방운(南方運)으로 흐르면 금신입화향(金神入火鄕)라 해서 부귀(富貴)와 영화(榮華)를 누린다. 그러므로 酉月 庚金은 말할 필요도 없다.

종혁격(從革格)에 丙火가 투(透)하여 살인격(殺刃格)을

이루면 두 가지 효용(效用)이 있다. 서북운(西北運)에 기세(氣勢)가 순수(純粹)하여 발현(發顯)하고 남방운(南方運)에는 금신(金神)이 화향(火鄕)에 들어 부귀(富貴)를 이룬다.

자평법(子平法)에서는 추금(秋金)이 영(令)을 잡으면 모두 금신(金神)이라고 했지만, 십간(十干)에 따라 더러 예외가 있다. 대개 강금(剛金)이 모범을 보이면 위무(威武)와 불굴(不屈)의 정신이 있다. 이것은 申酉戌月이 모두 마찬가지고, 酉金에 기특(奇特)함이 있는 것이다.

酉月 庚金

丁 甲丙 강예미퇴, 용정용갑, 병불가소.
剛銳未退, 用丁用甲, 丙不可少.
약정갑투, 병살장지, 명위양인가살.
若丁甲透, 丙殺藏支, 名為羊刃駕殺.

1. 酉月 庚金은 강예(剛銳)함이 물러나지 않아 丁火를 용(用)하고 甲木을 용(用)한다. 만약 丁甲이 투(透)했는데 다시 하나의 丙火를 보면 공명(功名)이 현혁(顯赫)하고, 또 양인(羊刃)을 보았는데 형극(刑剋)이 없고 丙火 칠살(七殺)이 지지(地支)에 암장(暗藏)되면 이름 하여 양인가살(羊刃駕殺)이라, 출장입상(出將入相)하고 절개(節介)가

곧은 충신(忠臣)이다.

=> 酉月 庚金은 여전히 강하고 예리(銳利)하다. 따라서 丁火와 甲木을 용신(用神)으로 삼은 다음에 丙火로 보좌(輔佐)해야 한다. 만약 丁甲이 투(透)했는데 다시 하나의 丙火를 보면 공명(功名)이 현혁(顯赫)하고, 또 양인(羊刃)을 보았는데 형극(刑剋)이 없고 丙火 칠살(七殺)이 지지(地支)에 암장(暗藏)되면 이름 하여 양인가살(羊刃駕殺)이라, 출장입상(出將入相)하고 절개(節介)가 곧은 충신(忠臣)이 된다.

다시 말해 酉月 庚金은 추기(秋氣)가 깊어지는 때로 한기(寒氣)가 심하다. 따라서 丁火로 단련(鍛鍊)하고 丙火로 한기(寒氣)를 제거해야 한다. 이것은 관살(官殺)을 함께 취하는 것이다.

2. 혹 丙火가 중중(重重)하고 하나의 丁火가 높이 투(透)하면 역시 과갑(科甲)을 한다. 丙火가 출간(出干)하고 丁火가 암장(暗藏)되면 이로(異路)로 공명(功名)을 이룬다.

=> 酉月 庚金이 丙火가 중(重)한데 하나의 丁火가 높이 투(透)하면 역시 과갑(科甲)을 한다. 丙火가 출간(出干)하고 丁火가 암장(暗藏)되면 이로(異路)로 공명(功名)을 이룬다. 이것은 살인(殺刃)이 균등(均等)함을 논한 것으로 귀(貴)가 왕후(王侯)에 이른다고 했다. 살왕인경(殺旺刃

輕)하면 과갑(科甲)으로 벼슬길에 오른다.

살인(殺刃)은 주로 귀(貴)가 무직(武職)에 있는데 이를 두고 이도(異途)의 귀(貴)라 한다.[311] **酉月 庚金은 관살병용(官殺竝用)**[312]**한다고 했다.**

酉月 庚金이 팔자(八字)에 형충(刑沖)이 없고 관살(官殺)을 병용(竝用)하면 출장입상(出將入相)으로 직개충신(直介忠臣)이 되어 필위극품지귀(必爲極品之貴)라고 했다.

3. 혹 甲木이 지지(地支)에 암장(暗藏)되고 火가 투(透)했는데 水가 투(透)하지 않으면 역시 청고(淸高)하고 의금(衣衿)을 기대할만하다.

=> 酉月 庚金에 甲木이 지지(地支)에 암장(暗藏)되고 火가 투(透)했는데 水가 투(透)하지 않으면 양인로살(陽刃露殺)이나 양인용관(陽印用官)으로 성격(成格)되고, 관살

---

311) 酉月경금은 양인격이라서 특히 좋다 申月의 건록용살보다 양인가살의 격이 더 높다.

312)*계선편(繼善篇)에 이르기를 "세월시(歲月時)중에 대파(大破)는 관살혼잡(殺官混雜)이라"했다. 그래서 보통은 관살혼잡(官殺混雜)을 꺼려 거살류관(去殺留官) 혹은 거관유살(去官留殺)을 기뻐하는데 오직 酉月庚金은 월원(月垣)이 고금(固金)으로 庚金의 양인(陽刃)이 병령(竝令)하니 丙丁火를 병용(竝用)한다는 것이다.

*적천수'격국론(格局論)에 "관살상혼래문아, 유가유불가(官殺相混來問我, 有可有不可)"라 해서 관살병용(官殺竝用)이 가능한것도 있고 불가한 것이 있다 했는데 관살병용의 유가(有可)에 해당되는 것이 유월경금이다.

(官殺)이 피상(被傷) 되지 않아 청고(淸高)하며 과갑(科甲)으로 벼슬길에 오른다.

4. 혹 丁火가 지지(地支)에 암장(暗藏)되고 丙火를 거듭 보면 가살중중(假殺重重)으로 비록 양인(洋刃)이 첩신(貼身)해도 종살(從殺)은 되지 않는다. 만약 하나의 丙火가 투(透)하면 뛰어나지만 부자(富者)는 아니다. 혹 지지(地支)에 甲乙木이 중중(重重)하면 무용(無用)한 사람이다.

=> 酉月 庚金에 丁火가 지지(地支)에 암장(暗藏)되고 丙火를 거듭 보면 가살중중(假殺重重)으로 비록 양인(洋刃)이 첩신(貼身)해도 종살(從殺)은 되지 않아 귀격(貴格)을 이루지 않는다. 만약 하나의 丙火가 투(透)하면 수사(秀士)이기는 하나 부자(富者)는 아니다. 酉月 庚金은 지지(地支)에 甲乙木이 중(重)하면 무용지물(無用之物)이 된다.

5. 총론하면 금왕(金旺)하고 목쇠(木衰)한데, 火가 아니면 억제하지 못하니 丙丁을 보지 못하면 예술(藝術)하는 부류가 된다.

=> 총론하면 금왕목쇠(金旺木衰)한데, 火가 아니면 제(制)하지 못하니 丙丁火가 없으면 예술 방면에 재능이 있다. 酉月 庚金은 영(令)을 잡은 때에 있으니 먼저 火로 인(刃)을 제(制)하면 살인격(殺刃格)이 되고, 水로 金을 설(洩)하면 종혁격(從赫格)이 된다. 금왕목쇠(金旺木衰)하

여 火가 있으면 살인격(殺刃格)과 같고, 水가 있으면 식상생재(食傷生財)가 된다.

*** 酉月 庚金의 종혁격(從革格)

酉月 庚金의 종혁격(從革格)에는 이종(二種)이 있다. 첫째는 申酉戌 방국(方局)을 이룬 경우고, 둘째는 巳酉丑 금국(金局)을 이룬 경우다. **금성옥진부(金聲玉振賦)에 종혁격(從赫格)이 삼기(三奇)[313]를 만나면 천추(千秋)에 명성(名聲)을 날린다고 했다.**

酉月 庚金의 종혁격(從革格)이 乙丙丁을 보면 반드시 출장입상(出將入相)하는 명(命)[314]이 된다고 했는데, 어째서 금신(金神)을 거스르는 삼기(三奇)의 글자로 종혁격(從赫格)을 더욱 성격(成格) 시킨다는 말인가.

이것은 전항(前項)에서 설명한 바 있는 종혁격(從革格)의 두 가지 효용(效用)과 맥락을 같이 하는 개념이다. 즉 **申酉戌 방국(方局)을 이룬 종혁격(從革格)에 丙火가 투(透)하여 살인격(殺刃格)을 이루면 丙火는 무근(無根)하여 서북운(西北運)에는 기세(氣勢)가 순수(純粹)하여 발현(發顯)됨이 있고 남방운(南方運)에는 금신(金神)이 화**

313) 여기에서 말하는 삼기(三奇)란 乙丙丁을 말한다.
314) 전쟁 때는 나가서 훌륭한 장수가 되고 평상시에는 훌륭한 재상이 됨. 병화로는 장군, 정화로는 재상으로 쓰임.

향(火鄕)에 들어 부귀(富貴)를 이루는 것을 뜻한다. 까닭에 '난강망'은 "金備申酉戌地支, 富貴無疑"라 한 것이다.

'적천수적요'에서 방국(方局)의 글자는 삼합(三合)과 달리 각 글자의 근기(根氣) 작용력이 크다고 했다. 酉月 庚金의 종혁격(從革格)이 둘로 나뉘는 이유는 丙火의 효용(效用)과 무관하지 않다.

한편 巳酉丑 금국(金局)으로 종혁격(從革格)이 성립되려면 팔자(八字)에 丙丁甲이 없어야 한다. 이때는 水가 출간(出干)하여 금기(金氣)를 설(洩)해야 한다. 이를 금수동심(金水同心)이라 한다. 운(運) 서북운(西北運)을 향하면 청아(淸雅)하고 부(富)한 가운데 귀(貴)가 따른다. 팔(八字)에 미약한 火의 글자가 있으면 파격(破格)되어 고고(孤苦)하거나 승도(僧徒)의 명(命)이 되고 화운(火運)으로 들어가면 흉하다. 그러나 어찌 서북운(西北運)으로만 흐르겠는가. 따라서 흉사(凶事)가 많고 남방운(南方運)에 이르면 목숨을 보전하기 어려울 정도다.

戌月 庚金

甲　壬　무토사령, 모왕자상, 수갑소토,
　　　　戊土司令, 母旺子相, 須甲疏土,
　　　　임설왕금, 선임후갑. 임갑량투, 도동지선.

壬洩旺金，先壬後甲．壬甲兩透，桃洞之仙．

1. 戌月 庚金은 戊土가 사령(司令)하니 土가 두터워 金이 매립(埋立)되는 것을 가장 두려워하므로 먼저 甲木을 용(用)하여 소토(疏土)하고 다음으로 壬水를 용(用)해 세척(洗滌)하면 金은 자연 드러난다. 이때는 기토탁임(己土濁壬)을 꺼린다.

=> **'적천수'에 庚金은 "득수이청(得水而淸), 득화이예(得火而銳)"라 했다. 이것은 壬水로 맑아지고, 丁火로 예리(銳利)함을 빛낸다는 뜻한다.** 추금(秋金)에는 丁火를 용신(用神)으로 삼고, 壬水를 쓸 때를 가려 취하지만 戌月에는 戊土가 사령(司令)하여 壬水가 매우 중요하다.

戌月 庚金은 土가 두터워 金이 묻힐 염려가 있다. 따라서 먼저 甲木으로 소토(疏土)한 다음에 壬水로 세척(洗滌)하면 庚金이 유용(有用)해진다. 이때 己土가 있으면 壬水를 탁(濁)하게 만들어 좋지 않다. 그러므로 戌月 庚金에 戊己土가 모두 출간(出干)하면 흉하다.

2. 壬甲이 양투(兩透)하면 과갑(科甲)이 당연하다. 혹 甲木이 투(透)하고 壬水가 암장(暗藏)되면 향괴(鄕魁)는 가망(可望)이 있다. 甲木이 암장(暗藏)되고, 壬水가 투(透)하면 늠공(廩貢)은 감당(堪當)하는 지모(智謀)가 있다.

甲木이 있고 壬水가 없으면 가히 학문(學問)은 있다. 壬水가 있고 甲木이 없으면 학문(學問)과 의금(衣衿)이 없다. 壬甲이 모두 없으면 하격(下格)이다.

=> 戌月 庚金에 甲壬이 양투(兩透)하면 과갑(科甲)에 이른다. 辰月이나 未月의 庚金은 甲木을 용(用)하여 재격(財格)을 이루고 丁火로 재왕생관격(財旺生官格)을 이루지만, 戌月에는 재격(財格)이 성립되지 않는 차이가 있어 甲丁대신에 甲壬을 용(用)하여 식상생재(食傷生財)로 격(格)을 이루는 것이다.

甲木이 투(透)하고 壬水가 암장(暗藏)되면 향괴(鄕魁)는 잃지 않고, 甲木이 암장(暗藏)되고, 壬水가 투(透)하면 늠공(廩貢)은 감당(堪當)한다.

甲木이 있고 壬水가 없으면 인수용재(印綬用財格)으로 학문(學問)은 있으니 유림(儒林)의 선비는 된다. 壬水가 있고 甲木이 없으면 평범하고, 壬甲이 모두 없으면 무용지물(無用之物)이 된다.

3. 혹 지지(地支)에 수국(水局)을 이루었는데 丙火가 투(透)하여 구제(救濟)하면 차인(此人)은 재능(才能)이 고매(高邁)한 경우가 많아 향리(鄕里)에 이름이 높고 癸水를 보지 않으면 가히 일방(一榜)은 허락한다.

=> 戌月 庚金이 지지(地支)에 수국(水局)을 이루면 금수

상관(金水傷官)이 되어 총명(聰明)이 절정(絶頂)에 이르나, 부연되는 구절로 유추할 때 아무래도 이 대목은 화국(火局)이 잘못 기록된 것이 아닌가 싶다.

지지(地支)에 화국(火局)을 이루고, 丙火가 투(透)하면 품격(品格)이 뛰어난 위인이 된다. 이때 癸水가 없으면 일방(一榜)은 능히 이룬다. 癸水가 있으면 반드시 戊中 戊土와 상하로 합(合)하여 火로 화(化) 하니 이것은 적수(滴水)가 홍로(洪爐)에 들어가는 것과 같아 불꽃을 증가시켜 흉하다.

또한 甲木이 화왕(火旺)을 돕는 것도 불가(不可)하다. 이때는 壬水로 구제(救濟)하거나 비겁(比劫)으로 신살양정(身殺兩停)을 이루면 공명(功名)이 뛰어난 선비가 된다.

4. 혹 사주(四柱)에 戊土가 많아 金이 왕(旺)한데 甲壬이 모두 없으면 의록(衣祿)은 있으나 장구(長久)하지 못하다. 혹 庚戊가 많고 甲壬이 전혀 없으면 우매(愚昧)하고 완고(頑固)한 무리다.

=> 戊月 庚金에 戊土가 많고 金을 생(生)하는데 甲壬이 모두 없으면 금기(金氣)가 설기(洩氣)되지 않아 혼탁하다. 이때는 丁火 관(官)이라도 있으면 그나마 유용(有用)하지만 이때도 수기(水氣)가 설(洩)하지 않으면 금실무성(金實無聲)하여 의록(衣祿)이 있어도 오래 가지 못한다.

三冬 庚金

亥月 庚金

丁　丙　　수냉성한, **비정막조, 비병불난.**

水冷性寒, **非丁莫造. 非丙不暖.**

약견병투무정. 결무현달. 수랭금한애병정.

若見丙透無丁, 決無顯達. 水冷金寒愛丙丁.

1. 亥月 庚金은 수냉(水冷)하고 성질이 추우니 丁火가 아니면 조화(造化)를 짓지 못하고, 丙火가 아니면 따뜻하게 하지 못한다. 丁甲이 양투(兩透)하고 지지(地支)에 수국(水局)이 없으면 일방(一榜)은 있다. 이때 지지(地支)에 丙火가 암장(暗藏)되면 도랑(桃浪)의 선인(仙人)이다.

=> 亥月 庚金은 금한수냉(金寒水冷)한 때로 丁火가 없으면 단련(鍛鍊)할 수 없고 丙火가 없으면 한기(寒氣)를 제거하지 못한다. 따라서 관살(官殺)이 함께 있어야 아름다운 명(命)이 된다. 일선(一線)의 용신(用神)은 丁火로 팔자(八字)에 丙甲을 갖추어 보좌(輔佐)하면 귀격(貴格)을 이룬다.

亥月 甲木에 丁甲이 양투(兩透)하고 지지(地支)에 수국(水局)이 없으면 일방(一榜)은 있다. 이때 지지(地支)에

丙火가 암장(暗藏)되면 도랑(桃浪)의 선인(仙人)으로 임금과 교분(交分)이 있으며 양방(兩榜)에 준함이 있다.

2. **지지(地支)에 亥子를 보면 己土가 출간(出干)해서 제(制)해야 공명(功名)이 있다.** 만약 丙火가 투(透)하고 丁火가 없으면 결코 현달(顯達)하지 못한다. 丁火가 암장(暗藏)되고 甲木이 투(透)하면 무직(武職)의 사람이다. 이상에 부합(符合)되지 않으면 용속(庸俗)하다.

=> 해궁(亥宮)은 庚金의 병지(病地)에 해당하는데 子水가 또 있으면 庚金이 몹시 약해지므로 이때는 己土가 출간(出干)해서 제(制)해야 공명(功名)이 있다. 己土는 壬水를 혼합(混合)하여 甲木을 생(生)하므로 木이 생부(生扶) 되어 丙丁火가 의지할 곳이 있으니 두려움이 없다.[315]

丙火가 투(透)하고 丁火가 없으면 庚金을 단련(鍛鍊)하지 못하니 현달(顯達)하지는 않으나 금온수난(金溫水暖)하여 부격(富格)을 이룬다. 丙火가 투(透)했는데 丁火가 암장(暗藏)되고 甲木이 투(透)하면 이도(異途)로 무직(武職)에 오른다. 이상에 부합(符合)되지 않으면 용속(庸俗)한 인물에 지나지 않는다.

---

315) 기토가 혼임(混壬)하여 두 가지로 좋은데 양토육목의 좋은점과 해자월에 경금의 힘이 빠지니 인수가 있어야 되는데 무토는 건토라서 생이 덜되니 기토가 더 좋은 점도 있다. 원래 기토에게 임수는 타니대수, 임수에게 기토는 기토탁임으로 꺼리는 조합이다. 그러나 기해일주인 경우 지장간의 임수와는 기토탁임을 논하지 않는다.

3. 만일 金水가 혼잡(混雜)하고 丙丁火가 전혀 없으면 비부(鄙夫)다. 지지(地支)에 금국(金局)을 이루고 火가 없으면 승도(僧道)의 팔자(八字)다. 서(書)에 이르길, 수랭금한(水冷金寒)하면 丙丁火가 그립다고 했다.

=> 亥月 庚金에 金水가 혼잡(混雜)하고 丙丁火가 전혀 없으면 어리석고 도량(度量)이 좁은 사람이 된다. 亥月 庚金은 금수상관(金水傷官)으로 인수(印綬)가 없으면 金水가 청(淸)하나 土가 있으면 혼탁(混濁)해진다.

부(賦)에 이르길, 亥月 庚金은 金水가 있으면 총명(聰明)하나, 土가 있으면 완고(頑固)하고 어리석다고 했다. 만일 지지(地支)에 금국(金局)을 이루었는데 火가 없으면 승도(僧道)의 팔자(八字)거나 고빈(孤貧)한 명(命)이 된다.

亥月 庚金은 수랭금한(水冷金寒)하여 丙丁火가 없으면 귀격(貴格) 을 이루기 어렵다.

子月 庚金

丁 甲丙	천기엄한, 잉취정갑, 차취병화조난. 天氣嚴寒, 仍取丁甲, 次取丙火照暖. 혹정갑량투, 병재지중, 필주과갑. 或丁甲兩透, 丙在支中, 必主科甲.

1. 子月 庚金은 천기(天氣)가 엄한(嚴寒)하니 거듭 丁甲을 취(取)하고 다음으로 丙火를 취(取)하여 조난(照暖)한다. 혹 丁甲이 양투(兩透)하고 丙火가 지지(地支) 중에 있으면 필히 과갑(科甲)을 한다.

만일 丙火가 없어도 역시 의금(衣衿)은 있다. 丁火는 있고 甲木이 없다면 또한 부중취귀(富中取貴)한다. 甲木이 있고 丁火가 없으면 단지 상인(常人)이다. 혹 丙火가 투(透)하고 丁火가 암장(暗藏)되면 이도(異途)로 명성(名聲)과 인망(人望)이 있다. 丁火가 암장(暗藏)되고 甲木이 있으면 무학(武學)은 허락한다.

-> 子月 庚金은 매우 추운 때에 있으니 丙丁火를 용신(用神)으로 삼고 甲木으로 보좌(輔佐)해야 한다. 삼동(三冬) 庚金은 용법(用法)이 같다. 따라서 子月 庚金에 丁甲이 양투(兩透)하고 丙火가 지지(地支) 중에 있으면 필히 과갑(科甲)을 한다.

만일 丙火가 없어도 역시 의금(衣衿)은 있다. 子月 庚金이 丁火는 있고 甲木이 없다면 부(富)는 있으나 귀(貴)가 없다. 甲木이 있고 丁火가 없으면 심상(尋常)한 인물이다. 丙火가 투(透)하고 丁火가 암장(暗藏)되면 이도(異途)로 발달(發達)한다. 丁火가 암장(暗藏)되고 甲木이 있으면 무직(武職)에는 오른다. 子月 庚金이 신약(身弱)하면 비겁운(比劫運)이 길하다. 戊己土의 인수(印綬)는 金水의 청(淸)

함을 방해하므로 팔자(八字)에 비겁(比劫)이 있어야 좋은 것이다.

2. 혹 丙火가 중중(重重)하면 가히 부(富) 한 가지는 허락하나, 다만 청고(淸高)하지는 않다. 丙戊는 寅에서 생(生)하니 혹 丙火가 지지(地支) 寅에 앉으면 부(富)는 참되지만, 귀(貴)는 아니다. 만약 癸水를 보면 일개 한유(寒儒)에 불과하다.

=> 子月 庚金에 丙火가 중(重)하면 부(富)는 있으나 귀(貴)는 없다. 丙火가 지지(地支) 寅에 앉으면 부(富)는 참되지만, 귀(貴)는 아니다. 만약 癸水를 보면 일개 한유(寒儒)에 불과하고 丁甲丙이 없으면 하격(下格)이다.

子月 庚金이 丙癸를 같이 보면 차가운 구름이 태양을 가리는 흑운차일(黑雲遮日)의 상(象)을 지어 비속(卑俗)해지기 쉽다. 다만 여광(餘光)의 힘으로 재능이 있을 뿐이다.

3. 혹 지지(地支)에 수국(水局)을 짓고 丙丁火를 보지 않으면 상관격(傷官格)을 이루니 사람됨이 청아(淸雅)하고 의록(衣祿)이 넉넉하나 다만 자식(子息)이 간난(艱難)하다.

=> 子月 庚金이 지지(地支)에 수국(水局)을 짓고 丙丁火를 보지 않으면 상관격(傷官格)을 이루어 총명(聰明)하고

청아(淸雅)하다. 작게나마 부(富)는 있어 의록(衣祿)은 족한 편이나 자식(子息)을 키우기 어렵다. 이때 戊土가 출간(出干)하면 대귀격(大貴格)을 이룰 수 있다. **정란차격(井欄叉格)**[316]을 이루기 때문이다.

4. 혹 丙丁火가 태다(太多)하면 관살혼잡(官殺混雜)으로 가장 양호(良好)하지 못하다. 또 신경(身輕)하면 손상(損傷)됨을 두려워한다. 만일 동남운(東南運)을 만나면 어찌 시기(時期)를 지난 광명(光明)을 밀쳐 얻겠는가. 청냉(淸冷)이 지나치면 처량(凄凉)함이 있는 것과 같다. 사주(四柱) 중에 한 무리의 金水가 있는데 화토운(火土運)으로 들지 않으면 일생(一生)이 고빈랑탕(孤貧浪蕩)하고 성취(成就)를 기대하기 어렵다.

=> 子月 庚金이 신경(身輕)한데 丙丁火의 태다(太多)하여 관살혼잡(官殺混雜)되면 무척 불리해진다. 만일 동남운(東南運)으로 흐른다면 때가 지난 빛을 얻을 수 없는 것과 마찬가지다. 팔자(八字)에 일파(一派) 金水가 있어 몹시 청냉(淸冷)한데 화토운(火土運)으로 들지 않으면 방랑(放浪)하고, 방탕(放蕩)하니 고빈(孤貧)한 명(命)이 되는 것이다.

316) 정란차격은 庚子, 庚辰, 庚申 日干이 地支에 申子辰이 완전할 때 申子辰이 寅午戌을 불러오니 財官印이 생긴다는 것이다. 정란차격(井欄叉格)이 되면 인수와 록을 얻어 직책이 높고 귀하게 된다.

丑月 庚金

丙 丁甲 한기태중, 차다습니, 유한유동,
寒氣太重, 且多濕泥, 愈寒愈凍
선취병화해동, 차취정화련금, 갑역불가소.
先取丙火解凍, 次取丁火煉金, 甲亦不可少.

1. 丑月 庚金은 한기(寒氣)가 태중(太重)하니 재차 습니(濕泥)가 많으면 더욱 한동(寒凍)해져 먼저 丙火를 취(取)하여 해동(解凍)하고 다음으로 丁火를 취(取)해 연금(煉金)하니 甲木이 적어서는 불가(不可)하다.

=> 丑月 庚金은 한기(寒氣)가 매우 심하다. 丑月은 토왕(土旺)하여 유용(有用)하나 얼어붙어 더욱 차갑다. 먼저 丙火를 용신(用神)으로 삼아 해동(解凍)한 다음에 丁火로 단련(鍛鍊)해야 하는데 甲木이 없으면 불리하다.

2. **丙丁甲이 투(透)하면 과갑(科甲)[317]을 하거나 또는 은영(恩榮)[318]이 있다.** 丙火는 있고 丁甲이 없으면 부중취귀(富中取貴)한다. 丁甲이 있고 丙火가 없으면 특별히 발달(發達)하는 재인(才人)이다. 丙丁이 있고 甲木이 없으면 백수성가(白手成家)하고 도필(刀筆)[319]로 형통(亨通)하며

---

317) 과갑: 장원급제를 하여 궁궐 입성하는 것.
318) 은영: 오늘날에는 대통령과 독대하는 정도의 중앙정부의 관료정도를 의미.
319) 도필(刀筆)은 종이가 발명(發明)되기 전에 대나무에 문자(文

金이 핍절(乏絶)되어도 재차 아름답다.

혹 지지(地支)에 금국(金局)을 짓고 火가 없으면 승도(僧道)의 계층이다.

=> 丑月 庚金에 丙丁火가 투(透)했는데 甲木까지 있으면 대부대귀격(大富大貴格)을 이룬다. 丙火는 있고 丁甲이 없으면 인수용살격(印綬用殺格)을 이루어 부 (富)한 가운데 귀(貴)가 있다. 丁甲이 있고 丙火가 없으면 관인쌍전(官印雙全)하니 수재(秀才)로 스스로 귀(貴)과 있다. 丙丁이 있고 甲木이 없으면 희신(喜神)이 없어 자수성가(自手成家)하고 도필(刀筆)로 뜻을 이룬다.

무릇 丙火로 조후(調候)하면 부(富)가 있고, 丁火로 단련(鍛鍊)하면 귀(貴)가 있다. 까닭에 丙丁火가 없고 甲木만 있다면 비분강개(悲憤慷慨)의 성정(性情)은 함유하나 세속적 부귀(富貴)와는 거리가 멀다.

丑月 庚金이 지지(地支)에 금국(金局)을 짓고 火가 없으면 승도(僧道)의 계층이다. 丑月은 기세(氣勢)의 순수(純粹)함은 酉月의 巳酉丑 금국(金局)에 미치지 못하니 丁甲丙이 없으면 금국(金局)을 지어도 무용지물(無用之物)이다. 또 전일(專一)함이 나뉘지 않아 巳中 丙火는 쓸 수 없다. 이때는 마땅히 丁火를 용(用)하여 귀격(貴格)을 이루는 것이다.

字)를 새기는 데에 썼던 칼로 지력(知力)을 뜻한다.

8. 辛金[320)]

320) **辛金 (적천수 천간론): 신금연약,습윤이청(辛金軟弱,濕潤而淸)**:辛金은 軟弱하며 濕潤하면 淸해진다. 辛金은 壬水 傷官에 씻겨지는 것을 기뻐한다. 辛과 壬의 淘洗珠玉 조합은 四時를 막론하고 언제나 바람직한 관계가 형성되기 쉽다. **/외토지첩,요수지영(畏土之疊,樂水之盈)**:土가 겹쳐지는 것을 두려워하고, 水가 가득 차는 것을 좋아한다. 土의 자부가 지나치면 金이 빛을 잃을 염려가 있다. 이때는 壬水를 用神으로 삼아 씻어내면 光輝가 나타난다. 이를테면 印用傷官으로 成格되는 경우를 말한다. **/능부사직,능구생령(能扶社稷,能救生靈)**:능히 社稷을 떠받치며 능히 生靈을 구한다. 辛은 丙의 신하로 丙과 合하여 水로 化하면 임금인 丙火의 조상인 木을 보호하므로 사직을 떠받치는 것이다. 또한 辛의 백성이 되는 甲木을 살리니 생령을 구하는 것이다. **/열즉희모,한즉희정(熱則喜母,寒則喜丁)**: 더운卽 印綬를 기뻐하며, 차가운즉 丁火를 기뻐한다. 夏月 辛金에 火가 많으면 己土를 얻어 火氣를 흡수하고 生金하기를 바란다. 冬月에는 水가 旺한데 丁火가 있으면 물을 따뜻하게 하니 金을 길러주기 때문에 丁火를 좋아한다. 熱則喜母의 印綬는 濕土를 거론한 것이고, 寒則喜丁은 陰火를 말한 것으로 戊土와 丙火를 꺼리는 내용으로 받아들이기 쉬운데, 꼭 그렇지만은 않다. 辛金이 기뻐하는 十干은 대체로 [壬水, 丙火, 戊土]의 순으로 정해진다. 冬月 辛金이 丁 대신 丙을 보면 丙辛이 合하여 寒濕함이 가중되므로 부득이하게 丁火를 用한다는 설이 있는데, 丙을 보아 貴格을 이루는 사례가 더 많다는 점을 염두에 둘 필요가 있다. 日干이 他干의 辛金이라면 熱則喜己, 寒則喜丁이 분명하다. 아무튼 金水傷官은 火를 기뻐하므로 丁火의 傷官帶殺 역시 貴한 것이다.

- 三春 신금: 寅月에는 신금이 몹시 쇠약하므로 먼저 기토로 생부하고 임수로 씻어내야 좋다. 이때 지지의 경금이 도우면 발전이 있다. 묘월과 진월은 임수와 갑목을 써서 귀격을 이룬다.

- 三夏 신금: 하월에는 신금이 상하므로 임계수가 모두 투출하고 팔자에 형충이 없으면 길격이다. 화왕하면 습니로 보호해야 하므로 기토가 좋은 작용을 한다.

- 三秋 신금: 申月은 추금이 왕성한 때니 먼저 임수를 취하고, 갑목과 무토를 쓴다. 酉月은 건록지로 지지 금국에 임수를 보면 최상이다. 戌月은 갑목을 선용한다.

- 三冬 신금: 冬月에는 모두 임수와 병화로 금수상관의 귀격을 이룬다. 신금이 병화로 化하고, 지지에 水局을 지으면 眞化格이 된다.

- 辛金 주옥(珠玉)은 사시를 막론하고 임수를 용하여 청고함을 나타낸다.

- 辛金은 을목을 극해하지만 을목은 신금에 어떤 영향도 미치지 못한다. 반면 갑목과 신금의 관계는 일반적 극의 관계가 성립되지 않고 갑목의 역극에 의해 신금만 약해진다. 이때는 경금으로 갑목을 제하는 것이 상책이다. 신금은 정화 칠살을 몹시 기피하는데 이때는 무토로 정화를 화살 하는 게 좋다. 반면 병화는 기뻐하여 좋은 관계를 이룬다.

三春 辛金

寅月 辛金

己　壬庚　기갑목사권, 취기토위생신지본,
忌甲木司權, 取己土為生身之本,
욕득신금발현. 전뢰임수지공.
欲得辛金發現, 全賴壬水之功.

1. 寅月 辛金은 양기가 펼쳐지나 한기가 제거되지 않은 때로, 월건(月建) 寅을 바로 알지 않으면 인궁(寅宮)에 장생(長生)하는 丙火가 한기(寒氣)를 해거(解去)하므로 유용(有用)한 것 같지만, 甲木이 사권(司權)하여 이를 꺼린다.

=> 寅月 庚金은 丙火로 한기를 제거하면 길하고, 土가 두터워 매몰(埋沒)됨을 두려워한다. 그러나 辛金은 이와 반대다. 庚金은 강금(剛金)으로 예리하고, 스스로 차가우니 해동(解凍)을 기뻐하나 辛金은 온윤(溫潤)하며 청(淸)하므로 寅月에 스스로 따뜻하다.

寅月 辛金은 재관(財官)을 감당하기 어려우므로 丙火를 보면 오히려 곤(困)해진다. 한 마디로 庚金은 극(剋)하면 공(功)이 되고, 辛金은 설(洩)하면 빛을 발(發)한다. 이런 점에 비추면 辛金은 음간(陰干)의 특성을 가장 선명하게

드러내는 것이다. 따라서 寅月 辛金은 인궁(寅宮)에 스스로 丙火가 있으나 조후용신(調候用神)으로 삼지 않는다.

2. 辛金은 실령(失令)하여 己土를 취(取)해 생신(生身)함을 근본 (根本)으로 삼은 다음에 辛金의 발현(發現)을 얻고자 하면 전적으로 壬水의 공(功)에 의뢰(依賴)하니 己壬이 양투(兩透)하고 지지(地支)에서 庚金이 甲木을 제(制)하면 과갑(科甲)이 정연(定然)하다.

혹 己土가 투간(透干)하고 지지(地支)에 甲木이 있으면 이로(異路)로 은영(恩榮)이 있다. 혹 己土가 부전(不全)하면 군신실세君臣失勢)라 해서 부귀(富貴)가 완전(完全)하기 어렵다.

=> 辛金은 쇠갈(衰竭)하여 급하게 己土로 생(生)하지 않으면 근본을 확립하기 어렵고, 壬水로 충쇄(沖刷)하지 않으면 발현(發顯)하지 못한다. 그러나 甲木이 권리(權利)를 잡았으니 壬水를 설(洩)하고 己土를 파(破)하면 병(病)이 된다. 실령(失令)한 金은 甲木을 제(制)하지 못한다. 그러므로 지지(地支)에서 庚金이 甲木을 제(制)하면 온전한 귀격(貴格)을 이룰 수 있다. 지지(地支)에서 庚金이 甲木을 제(制)한다는 것은 申을 보는 것을 뜻한다.

寅申 충(沖)하면 충분히 甲木을 제(制)한다. 壬水가 土를 윤택(潤澤)하게 하고, 辛金이 申을 얻으면 자왕(自旺)

하여 유용(有用)한 것이다.

寅月 辛金에 己土가 투간(透干)하고 지지(地支)에 甲木이 있으면 재격투인(財格透印)으로 이도(異途)로 발달(發達)한다. 이는 지지(地支)의 木이 천간(天干)의 土를 제(制)하기는 어렵기 때문이다. 己土가 없으면 군신실세(君臣失勢)라 해서 부귀(富貴)가 완전하지 않다. 이때 군신(君臣)은 己土와 壬水의 관계를 의미하는 것으로 己壬이 없으니 실세(失勢)라 한 것이다.

3. 혹 丙火가 있어 출간(出干)하면 무학(武學)과 인연이 있다. 혹 壬水를 보고 己庚이 없으면 빈천(貧賤)한 무리가 된다.

=> 丙火가 있어 출간(出干)하면 무학(武學)과 인연이 깊다고 했는데 이것은 팔자(八字)에 인겁(印劫)이 있어 인수용살격(印綬用殺格)을 이룰 때에 해당되는 말이다. 다만 신약(身弱)해도 丙火가 있으면 곤궁(困窮)은 면할 수 있다. 또한 壬水를 보아도 己庚이 없으면 매우 약한 金이 설기(洩氣)를 감당하지 못하여 빈천(貧賤)한 명(命)이 된다.

4. 혹 지지(地支)에 화국(火局)을 짓고 壬水가 출간(出干)했는데 己土가 극(剋)하지 않으면 대수롭지 않은 사람이다. 혹 庚壬이 양투(兩透)하여 화국(火局)을 파(破)하고 제(制)하면 반드시 현달(顯達)한 사람이다.

=> 寅月 辛金이 지지(地支) 화국(火局)을 보면 壬水와 己土가 있어도 가업(家業)을 잇기 어렵고, 비록 己土로 생(生)해도 화왕토조(火旺土燥)하여 평범한 명(命)에 그치기 쉽다. 이때 庚壬이 모두 투(透)하면 화국(火局)을 파(破)하면 부귀격(富貴格)을 이룬다.

춘수(春水)는 쇠갈(衰渴)하여 庚金의 생(生)을 필요로 하고, 또한 庚金은 연약(軟弱)한 辛金을 방신(幇身)하는 두 가지의 효용(效用)이 있는 것이다.

5. 지지(地支)에 수국(水局)을 이루고 丙火를 보지 못하면 금약침한(金弱沈寒)이라 해서 보통의 선비에 지나지 않는다. 서(書)에 이르길, 金水의 성질은 차가우니 한기(寒氣)가 매우 깊으면 처량(凄凉)하고 어려서 우환(憂患)을 면키 어려우나 丙火의 조난(照暖)을 얻으면 반대로 부귀(富貴)하다고 했다.

=>寅月 辛金이 지지(地支)에 수국(水局)을 이루고 丙火를 보지 못하면 金이 약(弱)하여 침몰(沈沒)하니 한기(寒氣)를 더욱 생(生)한다. 이런 사람은 초년(初年)에 고생이 많고 심상(尋常)한 인물에 지나지 않는다. 그러나 丙火가 투출(透出)하여 따뜻하게 해주면 부귀(富貴)한다.

6. 그러므로 寅月 辛金은 먼저 己土를 용(用)하고 나중에 壬水를 쓴다. 己土를 군(君)으로 삼고, 庚金으로 보좌

(輔佐)한다. 만일 丙火를 용(用)할 때는 마땅히 잘 살펴보아야 한다.

己土를 용(用)하면, 火가 아내요 土는 자식이 된다.

壬水를 용(用)하면, 金이 아내요 水는 자식이 된다.

=> **결론적으로 寅月 辛金은 먼저 己土를 용(用)하고 나중에 壬水를 쓴다. 그리고 庚金으로 보좌(輔佐)하고 丙火는 참고해서 취한다.** 庚金은 甲木의 병(病)을 제거(除去)하고 일원(日元)과 용신(用神)을 구제(救濟)하는 역할을 한다. 丙火는 辛金이 약변왕(弱變旺)이 되면 金水가 강해지므로 이때 용신(用神)으로 삼는다. 이처럼 **寅月 辛金은 팔자(八字)의 강약(强弱)에 민감하므로 잘 살펴야 한다.**

화처토자(火妻土子)는 격국(格局)의 외형이 재격투인(財格透印)이고, 금처수자(金妻水子)는 재봉상관격(財逢傷官格)을 가리키는데 辛金이 약변강(弱變强)이 된 경우다.

7. 辛金은 주옥(珠玉)이니 **홍로(紅爐)**[321]를 가장 두려워하고, 辛卯日 戊子時면 조양(朝陽)이라 한다.

=> 金은 보석과 같은 것이니 빨갛게 달아 오른 화로(火爐)를 가장 기피한다. 辛金이 丁火를 만나면 화소주옥(火燒珠玉)[322]이 되어 최기(最忌)한 십간(十干) 관계의 일종

---

321) 빨갛게 달아 오른 화로. 丁火를 가리킴.

322) **화소주옥(火燒珠玉):辛-丁의 십간조합을 가리키며 주옥을 불에 태운 격이니 대업을 성취하지 못한다 하여 꺼린다.**

이다. 寅月 辛金은 쇠갈(衰渴)하여 火의 극제(剋制)가 나타나면 흉하다. 특히 화국(火局)을 이루면 홍로(洪爐)에 들어가는 격이니 더 이상 설명할 필요가 없다. 辛巳日과 辛未日을 제외한 辛日이 戊子時에 태어나 팔자(八字)에 재관(財官)을 보지 않으면 조양격(朝陽格)을 이룬다.

조양격(朝陽格)[323]은 火, 관(官)을 꺼리므로 이때는 水를 용(用)한다. 비결(秘訣)에는 조양격(朝陽格)이 화운(火運)을 기피하고, 서북운(西北運)을 기뻐한다고 했다.

卯月 辛金

壬 甲 陽和之際, 壬水為尊, 見戊己為病.
양화지제, 임수위존, 견무기위병.
得甲制伏, 壬甲透者貴顯. 否則, 鄉紳.
득갑제복, 임갑투자귀현. 부즉, 향신.

---

323) 육음조양격(六陰朝陽格)이라고도 한다. **육음**은 辛未, 辛巳, 辛卯, 辛丑, 辛酉, 辛亥이고, **陽**은 양기가 생기기 시작하는 子時를 말한다. **즉 辛일생이 子시를 만날 때 이루어지는 격이다.** 辛일간이 子시를 만나는 경우, 子 중 癸水와 합을 하는 무토가 오고, 무토는 무토를 담고 있는 巳火를 불러오며, 巳火 중 丙火는 辛일간의 正官이 되므로 貴하게 된다고 본다. 조양격의 진격(眞格)은 ①辛亥, 辛酉, 辛丑일의 戊子時이고, ②丙丁巳午의 관살이 없으며, ③子를 合하는 丑이 없어야 하고, ④子시를 刑하는 卯가 없으며, ⑤子水가 時 이외에 다른 곳에도 없어야 한다. 辛巳와 辛未日은 巳 중 병화, 未 중 정화가 있어 파격이고, 辛卯日은 日과 時가 子卯刑이 되어 파격이다.

1. 卯月 辛金은 양기(陽氣)가 화창(和暢)한 때이니 壬水를 존신으로 삼고 戊己土를 보면 병(病)이 된다. 甲木을 얻어 제복하면 辛金이 매몰되지 않고 壬水가 혼탁해지지도 않으니 차인은 필시 옥당(玉堂)에 오르게 된다. 그러므로 卯月 辛金에 壬甲이 양투하면 귀현(貴顯)하다. 그렇지 않으면 향신(鄕紳)이다.

혹 壬水가 亥의 지지를 얻고 土가 출하지 않으면 입개(入芥)는 가능하고 또한 집안에 소강(小康)은 있다. 申中 壬水를 얻은 자는 이도(異途)로 명망(名望)이 있다. 생극의 이치는 寅月 辛金과 다 같다.

=> 卯月 辛金은 양기가 실감되는 때로 壬水가 존신이다. 寅月과 卯月에는 辛金이 쇠갈(衰渴)하니 土가 많으면 매몰되기 쉽다. 이때는 아신(我身)이 유약(柔弱)하여 辛金이 많아도 火 관살을 쓸 수 없다. 따라서 庚金 겁재로 돕고 壬水로 설(洩)하면 **재봉식상(財逢食傷)**[324]으로 성격되어 상격을 이룬다.

卯月 辛金은 金水가 격을 이루면 戊己土를 가장 꺼린다. 土가 있으면 金이 매몰되어 탁해지므로 고집만 세고 어리석게 된다. 이때는 甲木을 약으로 삼아 병을 제거하면 귀격을 이룬다. 甲木을 얻어 土를 제복하면 辛金이 매몰되지 않고 壬水가 혼탁해지지도 않으니 청고하고 수려하여 한림

---

324) 신강하고 식신이 재를 생할 때 재봉식상으로 성격

원의 높은 벼슬에 오른다.

따라서 卯月 辛金에 壬甲이 양투하면 귀현(貴顯)하다. 그렇지 않으면 향촌(鄕村)의 지배자다. **卯月 辛金에 壬水가 亥의 지지(地支)를 얻고**[325] **土가 출하지 않으면**[326] **의록이 있고 집안이 강녕(康寧)하다.** 申中 壬水가 있으면 이도(異途)로 명성과 인망이 있다. 특히 申은 辛金을 왕하게 하여 한층 유리하다. 卯月 辛金의 생극(生剋) 이치(理致)는 寅月 辛金과 같다.

2. 혹 壬戊가 투하고 甲木이 출간하지 않으면 차명은 병이 있는데 약이 없는 것과 같아 평상인이다. **乙木을 얻어 戊土를 파하면 약간의 의금(衣衿)은 있으나 가명가리(假名假利)라, 각박(刻薄)하고 배반(背反)하며 과장(誇張)한다.**

=> 卯月 辛金에 壬戊가 양투하면 甲木이 출간해서 戊土를 제복해야만 辛壬을 구제하여 격을 이룬다. 그렇지 않으면 평범한 팔자가 된다.

甲木 대신에 乙木은 土를 극하려 해도 음유하여 유명무실하니 명리가 모두 헛되다. 다만 卯月의 乙木은 나름의 힘이 있으므로 의금(衣衿)은 잃지 않는 것이다.

325) 眞神이 建旺해서 透하면 격이 높다. 일선: 建祿地에 根을 둠. 이선: 長生地에 根을 둠.

326) 진신 임수에게 기토는 가란진(假亂眞:진신을 어지럽힘)역할을 한다.

3. 혹 한 무리의 壬水가 왕양(汪洋)하면 金水의 도세(淘洗)가 태과(太過)하여 중화를 얻지 못하니 대략 의식은 있으나 이루는 게 없다. 만일 壬水가 중중하면 戊土를 얻어야 반대로 길하다. 혹 지지에 목국을 이루고 壬水로 진설(盡洩)하면 庚金이 있어야 부귀하다. 庚金이 없으면 평인이다.

=> 卯月 辛金이 일파(一派) 壬水를 보면 금수왕양(金水汪洋)으로 도세태과(淘洗太過)가 되니 일을 도모하기 어렵고 만사(萬事)가 불능(不能)이다. 이때는 庚金이 투(透)하여 일원(日元)을 방신(幇身)하거나 혹은 戊土로 壬水를 제(制)하면 길격(吉格)을 이룬다.

卯月 辛金에 지지(地支) 목국(木局)을 이루고 壬水가 진설(盡洩)하면 庚金이 투(透)해야만 부귀격(富貴格)을 이룬다. 삼춘(三春) 辛金은 매우 약하므로 겁재(劫財)로 돕지 않으면 재(財)를 감당할 수 없기 때문이다. 庚金이 없다면 평범한 명(命)이다.

4. 혹 지지에 화국을 이루면 관인상쟁(官印相爭)하니 金水가 모두 상하여 하류의 명이 된다. 두 개의 壬水가 출하여 제하면 반대로 부귀가 기묘하다.

=> 卯月 辛金에 지지 화국(火局)을 이루면 화왕토조(火旺土燥)하여 관인상쟁(官印相爭)하니 金水가 모두 상하여

빈천한 팔자가 된다. 이때는 필시 庚壬이 투하여 구제해야 귀격을 이룬다.

만일 두 개의 壬水가 투하여 火를 제하면 묘함이 있다. 그런데 寅午戌은 모두 양간(陽干)과 짝을 이루는 글자로 火局을 이루는 경우는 정작 발견되지 않는다. 따라서 火土가 조열(燥熱)한 상황 정도로 이해하면 무난하다.

5. 辛金이 봄철에 생(生)하고 한 무리의 壬水가 있는데 丙火가 없으면 현달(顯達)할 수는 있으나 집에 숙용(宿舂)[327]이 없다. 壬丙이 함께 투(透)하면 바야흐로 대부대귀(大富大貴)하다.

=> 卯月 辛金이 한 무리의 壬水를 보면 기세(氣勢)가 진설(盡洩)되어 壬水로 논하는데 '난강망'은 이런 경우를 두고 변격(變格)으로 칭(稱)한다. 이때 丙火를 보면 壬丙의 수보양광(水輔陽光)이 되어 부귀격(富貴格)을 이룬다. 이는 조후가 이루어져서 그렇다. 丙火가 없어도 발전할 수는 있으나 가정적인 사람은 못된다.

辰月 辛金

壬　甲　　무토사령, 모왕자상, 선임후갑.

327) 묵을 숙, 찧다, 절구질하다 용.

戊土司令, 母旺子相, 先壬後甲.

임갑량투, 부귀필연. 기자병탐합야.

壬甲兩透, 富貴必然. 忌者丙貪合也.

1. 辰月 辛金은 戊土가 사령(司令)하는 때로 辛이 정기(正氣)를 계승(繼承)하여 모왕자상(母旺子相)[328]하니 먼저 壬水를 쓰고 다음에 甲木을 쓴다.

=> 辰月 辛金은 인수(印綬)가 영(令)을 잡았으니 습토(濕土)가 상생(相生)하여 辛金이 약하지 않다. 壬水를 용신(用神)으로 삼아 인용상관(印用傷官)으로 귀격(貴格)을 이룬다.

그러나 戊土가 출간(出干)하여 水를 제(制)하면 비록 수재(秀才)지만 한유(寒儒)에 불과하니 반드시 甲木으로 소토(疏土)해야 한다. 다시 말해 辰月 辛金은 壬水를 용(用)하고 다음에 甲木으로 보좌(輔佐)하여 土가 어둡고 막히게 하는 것을 막아야 한다.[329] 따라서 壬甲이 양투(兩透)하면 재봉식상(財逢傷官)의 부귀격(富貴格)을 이룬다.

2. 壬甲이 양투(兩透)하면 부귀(富貴)는 필연(必然)이다. 壬水가 투(透)하고 甲木이 암장(暗藏)되면 늠공(廩

328) 원래 모왕자쇠의 母는 日元을 의미하는데 여기서는 무토가 母이다.

329) 진신(용신1선)이 정해지면 그 진신을 체로 삼아 (희기가 나누어지므로) 용신2선이 정해진다. -서낙오 빈주론-

貢)[330]을 잃지는 않는다. 甲木이 투(透)하고 壬水가 암장(暗藏)되면 가히 부(富)는 말할 수 있다. 壬甲이 모두 없으면 평상(平常)의 격(格)이다.

=> 辰月 辛金에 壬水가 투하고 甲木이 암장되면 의록과 천거(薦擧)됨이 있다. 甲木이 투(透)하고 壬水가 암장(暗藏)되면 가히 부(富)는 말할 수 있다. 壬甲이 모두 없으면 평범하거나 빈천(貧賤)한 명(命)이 된다.

3. 꺼리는 바는 丙火가 탐합(貪合)하는 것으로 만일 月時에 모두 丙火가 있으면 쟁합(爭合)으로 명주(命主)가 강개(慷慨)하고, 풍류심이 있어 사해(四海)에 교유(交遊)한다. 만약 癸水가 출간하여 丙火를 제하면 가히 채근은 허락한다.

혹 지지에 亥子를 얻고 또 申을 보면 옥당은 아니라도 녹위(祿位)가 고증(高增)해진다. 만약 戊土가 출간하여 水를 제하는데 甲乙木을 보지 못하면 청렴하고 한가한 사람이 된다.

=> 辰月 辛金은 丙火가 출간하여 탐합(貪合)함을 가장 꺼린다. 月時에 모두 丙火가 있으면 쟁합으로 심상(尋常)하나 강개심(慷慨心)과 풍류심(風流心)이 있어 청아(淸雅)하고 사교(社交)를 즐긴다. 이것은 명주가 용신(用神)을

---

330) 곳집, 쌀광, 저장하다 늠(름), / 천거하다, 바치다 공

돌보지 않고 정(情)이 관(官)을 향하여 나타나는 현상이다. 이때 癸水가 출간(出干)하여 丙火를 제(制)하면 가히 채근(採根)은 허락한다.

지지에 亥子를 얻고 또 申을 보면 옥당(玉堂)은 아니라도 녹위(祿位)가 높아진다고 했는데 亥水가 진신(眞神)이다. 亥中 壬甲을 모두 얻기 때문에 申子는 이에 미치지 못한다. 만약 戊土가 출간하면 金이 묻히고 水가 막히므로 甲木으로 구제(救濟)하지 못하면 비록 학문(學文)은 있으나 빈한(貧寒)해지기 쉽다.

4. 혹 지지(地支)에 사고(四庫)를 보면 **토후금매(土厚金埋)**[331]가 되어 甲木으로 제(制)하지 않으면 우둔(愚鈍)하고 완고(頑固)한 부류에 지나지 않는다.

=> 辰月 辛金은 토중(土重)이 병(病)이다. 그런데 지지(地支)에 사고(四庫)가 있다면 반드시 甲木이 투(透)하여 이를 제(制)해야 격(格)을 이룬다.

5. 혹 사주(四柱)에 火가 많은데 水의 제복(制伏)이 없으면 화토잡란(火土雜亂)으로 명주(命主)는 치의(緇衣)[332]를 짓는데 癸水를 보면 가히 해소(解消)된다.

=> 辰月 辛金이 火는 많은데 壬水가 없으면 화토잡란(火

331) 토가 너무 두터워 금이 묻힘.
332) 검은 비단 치/ 옷 의. 승복을 의미함.

土雜亂)으로 이때는 甲木이 있어도 분목(焚木)되기 쉬우므로 무용(無用)하니 명주는 승도(僧徒)의 길을 가거나 고빈(孤貧)하다. 癸水가 있으면 이를 면한다. 비록 청빈(淸貧)하나 의금(衣衿)은 있다.

6. 혹 비겁(比劫)이 많은데 壬癸水가 천약(淺弱)하면 요절(夭折)에 이른다. 甲木이 출간(出干)하면 귀격(貴格)을 이루나 庚金의 제(制)함이 없어야 묘(妙)해진다.

=> 辰月 辛金에 비겁이 많은데 壬癸水가 무력하면 辰土가 水를 파하여 장애와 중단이 있다. 甲木이 투하여 土를 제하면 인수용재(印綬用材)로 성격(成格)되어 귀격(貴格)을 이루는데 이때는 의당 庚金이 없어야 한다.

三夏 辛金

巳月 辛金

壬　甲癸　　임수세도. 겸유조후지용. 갱유갑목제무,

壬　. 水　. ,

명일청철저, 과갑공명.

名一清澈底, 科甲功名.

1. 巳月 辛金은 하월(夏月)이 시작되는 때니 丙火로 조

열(燥烈)해짐을 기(忌)하고 壬水의 도세(淘洗)를 기뻐한다. 지지에 금국을 이루고 水가 투하여 출간하는데 木으로 戊土를 제하면 일청철저(一清澈底)[333]라, 과갑(科甲)하고 공명(功名)을 이룬다.

=> 巳月 辛金은 하월(夏月)이 시작되는 때니 조열(燥烈)한 丙火를 싫어하고 壬水의 도세(淘洗)를 기뻐한다. 삼하(三夏)의 월령(月令)은 모두 土가 있어 水로 윤택(潤澤)하게 하면 자연 辛金이 왕해지므로 반생(反生)의 공(功)을 이룬다. 한 마디로 **巳月은 丙火가 권리를 잡은 때나 水가 없으면 金이 상(傷)한다. 따라서 壬癸水가 모두 투출(透出)하고 형충(刑沖)이 없으면 상관부주격(傷官扶主格)[334]을 이루어 길하다.**

巳月 辛金이 지지에 금국을 이루고 壬水가 투하여 출간하는데 甲木으로 戊土를 제하면 이를 일청철저(一清澈底)라 하고 과갑(科甲)에 이른다. 甲木은 재(財)에 해당되어 의록(衣祿)은 있으나 水가 없으면 불가 (不可)하다.

2. 癸水가 투하고 壬水가 암장되면 부는 있으나 귀는 참되지 않다. 만약 壬癸水가 모두 암장되고 戊己土 역시 암장되면 부가 약소(略少)하다. 만약 壬癸水가 모두 없고 반

---

333) **일청철저(一清澈底)**;일청도저(一淸到底)와 같은말로 격국을 성격시키는 상신의 글자가 훼손됨이 없음.

334) **상관부주격(傷官扶主格)**: 상관이 命主(日元)를 도와 격을 이룸.

대로 火가 투하면 반드시 고독한 홀아비가 된다.

=> 巳月에는 金이 장생(長生)하나 火가 핍박하여 辛金은 약하다. 따라서 火가 투하거나 土가 투해도 다 병이 된다. 이때 지지에서 금국을 지으면 약변강(弱變强)이 되어 좋은데 丑土가 있어야 습토가 생금하여 묘한 것이다.

巳月 辛金에 壬癸水가 모두 암장되고 戊己土 역시 암장되면 약간의 부가 있다. 壬癸水가 모두 없는데 열화(烈火)가 공격하면 金이 녹아 고독한 팔자가 된다.

3. 혹 지지에 화국을 이루고 이를 제하면 길하나 제하지 못하면 흉하다. 무릇 화왕하고 水가 없으면 土를 취하여 설(洩)한다.

=> 지지에 화국을 이루면 水로 제할 때는 길하나 제하지 못하면 하격(下格)이다. 화왕(火旺)하고 水가 없으면 부득이 土를 취하여 설한다. 이것은 용신(用神)이 많으면 설(洩)하는 이치에 따르는 것이다. 고빈(孤貧)함은 면하나 귀격(貴格)을 이루지는 못한다.

4. 만약 壬水가 亥에 암장되고 戊土가 출간하지 않으면 역시 높이 발달한다. 戊土가 있으면 상인(常人)이다. 하나의 甲木이 투하면 의록(衣祿)을 구하는 것은 가능하다. 만약 甲木은 있으나 壬癸水가 없으면 부귀가 허부(虛浮)하

다. 이른바 **양질호피(羊質虎皮)**[335]이나 다름이 없다.

壬癸甲 삼자(三者)가 전무(全無)하고 또한 격(格)에 부합(符合)되지 않으면 하품(下品)이다.

=> 巳月 辛金이 지지(地支) 해궁(亥宮)에 壬水가 있고 戊土가 출간하지 않으면 발달하여 의금(衣衿)이 있다. 이때 戊土가 있으면 평범한 명이나 甲木이 투하면 의록(衣祿)이 있다. 만약 甲木은 있으나 壬癸水가 없으면 부귀가 헛되다. 대개 甲木은 水가 없으면 戊土를 제하지 못하고 오히려 화왕을 도울 뿐이다.

壬癸甲이 모두 없으면 하격이다. '조화원약' 에 巳月 辛金은 종살격이 되어도 길하지 않다고 했다. 이는 월령에 戊土가 당왕하기 때문에 종이부종(從而不從)이라는 것이다.

午月 辛金

壬 己癸　　수기임겸용, 신무사불생,
須己壬兼用, 辛無巳不生,
고임기병용. 무임용계.
故壬己竝用. 無壬用癸.

1. 午月 辛金은 丁火가 사권(司權)하여 辛金은 실령했으

335) 속은 양이고 거죽은 호랑이니 외화내빈(外華內貧)을 뜻한다.

므로 음유함이 극에 이르니 하련(煆煉)은 마땅치 않고 己土와 壬水를 겸용하는 것이 필수다. 己土는 니사(泥沙)고 壬水는 호해(湖海)로 己土가 없으면 壬水가 습(濕)하지 않고 辛金은 己土가 없으면 불생(不生)하므로 壬己를 병용(竝用)하기 때문이다.

=> 午月 辛金은 영을 잃어 매우 음유하니 인수 己土가 있어야 한다. 辰月과 巳月은 戊土가 당왕하여 매금될 염려가 있으나 午月은 무방하다. 다만 중하(仲夏)는 화왕토조(火旺土燥)하여 金을 생하기 어려우므로 반드시 壬水를 겸해 취하는 것이다. 壬水로 윤토(潤土)하면 辛金의 수기(秀氣)를 설(洩)할 뿐만 아니라 반생(反生)의 공(功)을 이룬다. 金水가 청(淸)한데 己土가 탁(濁)하게 만드는 것은 불리하나, 혼탁(混濁)함을 이용하여 乙木을 배양(培養)하거나 辛金을 반생(反生)하는 공(功)은 매우 중요하고 정밀한 이치라 할 수 있다.

2. 혹 지지(地支)가 화국(火局)을 이루면, 癸水가 중(重)하게 투(透)해도 구제(救濟)할 수 없으므로 壬水가 투하여 火를 파해야만 바야흐로 가하니 필시 명주는 생원(生員)이다. 만약 壬水가 없고 癸水가 있는데 戊土를 보면 비록 午中 己土가 있어도 조니(燥泥)로서 재가 되니 金은 필히 불타 녹아 반대로 매몰(埋沒)되어 필시 승도(僧道)가 된다.

=> 午月 辛金에 지지화국(火局)을 이루면 반드시 壬水로 제해야 한다. 癸水는 세 개가 출간해도 辛金을 구하기 어렵다. 이때는 관직(官職)을 얻어도 명성을 기대할 수 없다. 壬水가 없는데 癸水가 투(透)하여 戊土와 합을 이루면 진흙이 붉게 타올라 결국 辛金을 녹여버리므로 승도(僧道)나 노비(奴婢)의 팔자가 된다.

3. 한두 개의 비견(比肩)이 중(重)하면 고독(孤獨)함에 이르지는 않는다.

=> 이때 비견(比肩)이 한두 개 있어도 생이불생(生而不生)이니 단지 고독(孤獨)을 면할 뿐이다.

4. 午月 辛金은 壬癸己 삼자(三者)를 모두 용(用)한다.

=> 午月 辛金은 壬己를 병용(竝用)하고, 壬水가 없으면 癸水도 가용(可用)한다.

5. 혹 壬己가 양투했는데 지지에서 癸水를 보고 충이 없으면 명주(命主)는 정히 현달(顯達)한다. 만약 己土가 지지에 암장(暗藏)되어도 역시 늠공(廩貢)은 있다. 혹 壬水는 없고 己土가 있으면 모름지기 이도(異途)를 득(得)한다. 혹 癸水가 출하고 庚金이 있으면 필시 의금(衣錦)이 있고 부름을 받아 은영이 있다. 만약 水土가 많으면 甲木을 보아야 묘(妙)해진다.

=> 午月 辛金에 壬己가 투하고 지지에서 子水가 충 되지 않으면 과갑하고 권세가 따른다. 그런데 실상 午月 辛金은 壬己가 투하여 격을 이루는 팔자유형을 발견하기 쉽지 않다. 따라서 壬水가 투하고 大忌만 아니면 귀격을 이룬다.

己土가 지지에 암장되어도 나라에서 주는 녹봉(祿俸)이 있다. 壬水가 없고 己癸가 있으면 이도로 공명을 이룬다. 癸水가 출간하고 庚金이 있으면 필시 의금(衣錦)이 있고 부름을 받아 은영(恩榮)이 나타나니 왕실에 버금가는 식록(食祿)이 있다. 만일 土가 많으면서 水가 있을 때는 甲木이 있어야 귀격을 이룬다.

6. 庚辛이 하월에 생하면 壬癸水가 득지(得地)해야 한다. 만약 木火가 많은데 金水가 없고 운(運)에서 金水를 만나면 필히 패한다.

=> **하월 庚辛金은 壬癸水가 득지해야 한다. 하월의 水는 휴수지(休囚地)에 들어가니 득지(得地)하지 못하면 메말라 무용(無用)해지는 것이다.** 따라서 水의 근본인 申과 亥子丑 북방(北方)을 보면 득지(得地), 득소(得所)하는 것이다. 만일 木火가 많은데 金水가 없으면 종살격(從殺格)과 비슷하여 금수운(金水運)을 향하면 水火가 교전(交戰)하여 흉액(凶厄)이 따른다.

未月 辛金

壬 庚甲 선용임수, 취경위좌. 기무출.
先用壬水, 取庚爲佐. 忌戊出.
득갑제지. 방길.
得甲制之. 方吉.

1. **未月 辛金은 己土가 당권(當權)하여 보조(輔助)가 태다하므로 金의 빛을 가리는 게 두려우니 먼저 壬水를 용하고 다음으로 庚金을 취해 보좌한다.** 壬庚이 양투하면 과갑으로 공명(功名)을 이루고, 만일 출간하지 않고 지지에 암장되어 득소해도 역시 영화가 따른다.

=> 未月 辛金은 인수의 자부가 지나쳐 金이 빛을 잃을 염려가 있다. 이것은 약간 비약(飛躍)이고 아무튼 己土가 권리를 잡았으니 왕성하지도 약하지도 않다. 이때 壬水로 충쇄(沖刷)하고 庚金으로 보좌하면 광휘가 나타난다. 만일 己土가 태왕하면 土가 중하여 金이 묻힐 염려가 있고, 金이 묻히면 광채(光彩)는 사라진다. 未月 辛金은 壬庚이 양투하면 귀격으로 과갑하고, 출간하지 않고 득지(得地), 득소(得所)해도 역시 영화(榮華)가 있다.

2. 단 戊土가 출하는 것을 기피하니 甲木을 얻어 제해야 길하다. 甲木은 떨어져 위치해야 하는데, 의심컨대 己土와

탐합하면 반대로 金의 빛을 가리고 또한 壬水의 흐름을 막아 하천한 격이 된다. 또한 庚金이 출하여 甲木을 제함을 꺼린다.

=> 이때는 戊土가 출간하면 좋지 않다. 이때는 甲木을 얻어 제해야 길하다.

이때 己土가 출간하면 甲木이 떨어져 이를 제해야 한다. 만일 甲己 합을 이루면 월령(月令)의 기(氣)에 동화되어 土로 화하니 매금(埋金)하여 金을 더럽히고, 壬水를 혼탁하게 만들어 빈천한 명이 되고 만다. 요약하면 未月 辛金은 甲木이 戊土를 제(制)하면 귀격(貴格)을 이루고, 庚金이 출하여 甲木을 제하면 파격된다.

3. 혹 다만 未中 하나의 己土만 있고 壬水을 보는 것으로 그치면 또한 습니(濕泥)를 이룬다. 甲木을 보는 것은 불가(不可)하며 甲木이 출(出)하면 반대로 평인(平人)이 된다. 결론적으로 하나의 壬水와 하나의 己土가 庚金을 보고 甲木이 없으면 묘(妙)하고 午月에 己壬을 용(用)하는 것과 같다.

=> 未月 辛金이 미궁(未宮) 己土만 있는데 壬水가 있으면 습니(濕泥)가 되므로 甲木을 보면 안 된다. 甲木이 출간하면 평범한 명이 된다. 다시 말해 壬水와 己土가 각각 하나씩 있는데 庚金은 있으나 甲木이 없으면 귀격을 이루

고 午月 辛金이 己壬을 취하는 것과 같다.

4. 혹 丁乙이 출간하고 또 庚壬이 있으면 현귀(顯貴)하다. 壬水가 없으면 그렇지 않다.

=> 삼하 辛金은 壬癸水가 관건이다. 未月 辛金에 丁乙가 출간하면 체용(體用)이 동궁(同宮)에 있어 귀격(貴格)의 전형이 되지만, 메마른 땅에 먼지를 일으키는 격이니 壬水가 없으면 귀가 없다. 이때는 庚壬을 용해야 과갑에 이른다.

5. 혹 지지에 목국을 이루고 壬水가 투하면, 庚金이 있어 수원(水源)을 발(發)해야 가히 부귀를 말한다.

=> 未月 辛金이 지지에 목국을 이루었는데 壬水만 투하면 귀격을 이루지 못한다. 이때는 庚金이 壬水의 근원으로 발(發)해야 부귀격(富貴格)을 이룬다.

三秋 辛金

申月 辛金

壬　甲戊　　임수위존, 갑무작용, 불가용계수.
　　　　　　壬水爲尊, 甲戊酌用, 不可用癸水.

1. 申月 辛金은 직접 庚金이 사령(司令)하여 불왕(不旺)

한 것 같으나 자왕(自旺)하고 또한 壬水가 申에 거(居)하면서 사주에 戊土를 보지 않으면 태원(胎元)의 戊土가 申에 암장(暗藏)되니 壬水가 제방(制防)을 이룬 해안(海岸)의 상(象)으로 인명(人命)이 이와 같으면 관(官)은 청정(淸正)하고 다만 부(富)가 없을 뿐이다.

=>申月 辛金은 申月이 庚金의 건록(建祿)에 해당하여 辛金이 비록 쇠약(衰弱)하나 생왕(生旺)으로 바뀐다. 따라서 불왕(不旺)한 것 같으나 자왕(自旺)한 것이고 이는 마치 **등라계갑(藤蘿繫甲)**[336]과 같은 것이다. 또한 申月은 壬水의 생지(生地)로 자연 金의 수기(秀氣)를 설(洩)한다.

금수상관(金水傷官)이 청(淸)을 취하면 戊土가 있는 것을 꺼린다. 따라서 戊土가 투출(透出)하지 않으면 水를 막히게 하는 힘이 약하여 자연 발전(發展)하는 것이다. 원시(原詩)는 일견 戊土 제방(堤防)의 효용(效用)을 논하는 듯하지만, 결론적으로 戊土는 드러나지 않는 것이 좋다는 점을 말했다.

2. 혹 土는 있고 甲木이 없으면 병(病)이 있고 약(藥)은 없는 것으로 상인(常人)이다. 甲木이 있으면 의금(衣衿)은 가히 바랄 수 있다.

---

336) **등라계갑(藤蘿繫甲)**:을목과 갑목의 십간관계로 담쟁이 넝쿨이 소나무를 휘감은 격. 귀인의 조력을 받음.

=> 申月은 金水의 세력이 같으나 辛金이 壬水를 취하는 것은 수기(秀氣)를 설(洩)해야 하기 때문이다. 따라서 水는 많으면 좋지 않으니 적당해야 한다. 만일 水가 申中 壬水밖에 없을 때는 戊土로 제(制)하면 좋지 않다. 따라서 申月 辛金에 戊土가 출간(出干)했는데 甲木이 없으면 병(病)을 고칠 약(藥)이 없는 셈이니 심상(尋常)한 명(命)[337]이 된다. 만일 戊土가 있는데 甲木도 있으면 반드시 의록(衣祿)을 잃지 않는다.

3. 혹 사주(四柱)에 金이 많으면 의당 水로 설(洩)해야 한다. 만약 한 무리의 金水가 하나의 戊土를 얻으면 반대로 辛金의 용(用)이 되니 의당 甲木을 제(制)해야 자연 부귀(富貴)한다.

혹 간지(干支)에 水가 많으면 戊土의 중(重)함을 보아 봉생득위(逢生得位)한 것으로 복수(福壽)가 있는 명조(命造)다.

=> 申月 辛金은 庚金이 투(透)하면 시급히 壬水로 설(洩)해야 한다. 申月 庚金은 丁火로 단련(鍛鍊)하면 길하나 申月 辛金은 庚金의 도움이 있어도 극(剋)되면 불리함이 있고, 설(洩)을 더욱 기뻐한다. 이것이 본질적인 음양간(陰陽干)의 차이고, 또 乙木과 다른 辛金의 십간(十干) 차이라 볼 수 있다.

---

337) 보통의 命

申月 辛金에 일파(一派) 金水가 있는데 戊土가 하나 있으면 부귀격(富貴格)을 이룬다. 이때 甲木이 戊土를 제(制)하면 좋지 않다. 壬癸水가 많은데 간지(干支)에 戊土가 세 개 있으면 봉생좌실(逢生坐實)하여 복수(福壽)가 가득하다. 여기서 봉생(逢生)은 지지(地支) 寅을 말하고 좌실(坐實)은 戌未나 巳午를 말한다. 土는 火를 만나면 실(實)해지므로 왕수(旺水)를 제(制)할 수 있다. 다음은 '궁통보감평주'에 사림(詞林)에 오른 命으로 묘사된 八字다. 壬水가 透하고 戊土가 巳에 좌실(坐實)하여 암(暗)으로 壬水를 制하니 吉하다.

癸辛壬甲
巳卯申午

4. 申月 辛金은 壬水가 많지 않아야 하는데 고서(古書)에 이르길, "수천금다(水淺金多)하면 체전지상(體全之象)이라, 壬水가 존신(尊神)이고 甲戌는 참작(參酌)해서 용(用)할 수 있으며 癸水는 용(用)이 불가(不可)하다" 고 했다.

=> 申月 辛金은 壬水가 작게 있어야 부격(富格)을 이룬다. 이 같은 경우 체전지상(體全之象)이 된다. 그리고 申月에는 癸水를 용신(用神)으로 삼는 법이 없다. 이를 두고 辛金은 흐르는 물이어야만 도세(淘洗)가 가능하다는 배상

(配像)의 측면으로 설명할 수 있으나, **기본적으로 음간(陰干)은 양간(陽干)의 임관지(臨官地)에 이르면 속성이 양(陽)으로 바뀌므로 대개 따로 음간(陰干)으로 논하지 않는 것으로 보는 게 무난하다.**

酉月 辛金

壬　甲　　당권득령, 왕지극의, 전용임수도세화,
當權得令, 旺之極矣, 專用壬水淘洗火,
고운 : 금견수이류통.
故云 : 金見水以流通[338].

1. 酉月 辛金은 당권(當權), 득령(得令)하였으니 왕(旺)함이 극(極)에 달하여 壬水를 전용(專用)하여 도세(淘洗)하는데 이것은 金이 水를 보아 유통(流通)되기 때문이다.

=> 酉月 辛金은 득시병령(得時秉令)하니 壬水로 세척(洗滌)하여 수기(秀氣)를 설(洩)해 금기(金氣)를 유통(流通)시켜야 한다. 청(淸)하고 가벼운 기(氣)를 극제(剋制)하는

338) 적천수 성정론의 **금견수이유통(金見水以流通)**: 金이 水를 보면 유통된다. 팔자에 金水가 강하면 융통성이 있다. **왕한 金이 水를 만나면 수천금다(水淺金多)의 형세로 세사에 막힘이 없다.** 반대로 금쇠수왕(金衰水旺)하면 口是心非(구시심비)로 언행이 일치하지 않는 탁함이 있다. '많을 다(多)'글자가 붙어서 좋은 것은 드문데 수천 금 다가 좋은 경우다.

것은 바람직하지 않다.

2. 만일 戊己土를 보면 생부(生扶)가 지나쳐 土의 병(病)이 되니 甲木을 보아 土를 제(制)하면 묘(妙)해진다. 戊土가 없으면 甲木을 용(用)하는 게 마땅치 않다.

=> 酉月 辛金은 戊己土가 생왕(生旺)하면 辛金을 매몰(埋沒)시키고, 壬水를 혼탁(混濁)하게 만들어 막히게 한다. 이때는 甲木으로 제(制)해야 한다. 만일 壬甲이 투(透)했는데 戊己土가 투(透)하지 않으면 지지(地支)에 戊己가 있으므로 귀격(貴格)을 이룬다. 그러나 戊土가 없다면 甲木은 무용(無用)하다.

3. 혹 사주(四柱)에 일점(一點) 壬水가 있고 甲木이 많아 水를 설(洩)하면, 용신(用神)이 무력(無力)해지니 간사(奸詐)한 무리가 된다. 庚金을 얻어 제(制)하면 반대로 명주(命主)는 인의(仁義)가 있다. 세 개의 辛金와 하나의 중(重)한 壬水가 있는데 甲木을 많고 庚金이 투(透)한 자는 대부귀(大富貴)하다.

=> 酉月 辛金이 辛金과 壬水가 각각 하나씩 있는데 甲木이 壬水를 설(洩)하면 용신(用神)이 무력해져 평범(平凡)해진다. 이런 사람은 간사(奸詐)함이 백출(百出)하여 웃음속에 칼을 감추고 재물이 넉넉해도 인색하다. 그러나 庚金이 甲木을 제(制)하면 인의(仁義)가 나타난다. 만일 세 개

의 辛金와 하나의 중(重)한 壬水가 있는데 甲木이 많고 庚金이 투(透)한 자는 대부대귀격(大富大貴格)을 이룬다.

4. 丁火를 보지 않아야 아름답고, 만약 하나의 丁火를 보면 차인(此人)이 풍아청고(風雅淸高)하나 의식(衣食)이 요유(饒裕)한 것으로 그친다.

=> 이때는 丁火가 있으면 좋지 않고, 만약 하나의 丁火를 보면 기풍(氣風)이 우아(優雅)하고 청고(淸高)하나 의식(衣食)이 넉넉하고 마음이 너그러운 것에 지나지 않는다. 丁火는 壬水와 합(合)하여 암(暗)으로 재(財)를 화(化)한다. **용신(用神)이 기반(羈絆)되면 "과어유정(過於有情), 지무원달(志無遠達)"이라, 큰 뜻이 없다.**

5. 혹 한두 개의 비견(比肩)이 있고, 壬甲이 모두 하나씩 있는데 庚金이 출간(出干)하지 않으면 역시 은영(恩榮)이 있다. 만약 두세 개의 비견(比肩)이 있고 하나의 壬水가 있는데 戊土를 많이 보면 차격(此格)은 토후매금(土厚埋金)이 되어 차인(此人)은 우나(愚懦)한데 하나의 甲木이 출(出)하면 필시 창업(創業)하는 사람이다.

=> **酉月 辛金이 한두 개의 辛金이 있고 비견(比肩)이 있고, 壬甲이 각각 하나씩 있는데 庚金이 출간(出干)하면 오히려 재(財)를 빼앗기 때문에 흉하다.**[339] 이 때 庚金이 투

339) 다른 陰干들은 대체로 겁재를 반기나 辛金은 철끼리 부딪

(透)하지 않으면 임금의 은혜를 입는 영광이 있다. **금성옥진부(金聲玉振賦)에 이르길, "金水가 총명(聰明)하나 土가 있으면 우나(愚懦)하다"고 했다.**

酉月 辛金이 辛金이 두세 개 있는데 壬水가 하나밖에 없고 戊土가 많으면 용신(用神)이 제거되고 金이 묻혀 어리석고 나약하다. 이때 甲木이 戊土를 제(制)하면 자수성가(自手成家)한다.

6. 혹 한 무리의 辛金에 일위(一位) 壬水가 있고, 庚金이 잡란(雜亂)치 않으면 또한 명주(命主)는 부중취귀(富中取貴)한다. **혹 한 무리의 壬水가 金을 설(洩)하고, 戊土가 출(出)하여 제(制) 하지 않으면 사수동류(沙水同流)[340]라 해서 명주(命主)는 분파로고(奔波勞苦)한다.** 만약 지지(地支)에서 하나의 戊土를 보아 흐름을 그치게 하면 그 사람은 꽤 재략(才略)이 있어 예술(藝術)이 뛰어난 사람이다.

=> **酉月 辛金에 일파(一派) 辛金이 있는데 壬水가 하나밖에 없으면 수천금다(水淺金多)하니 체전지상(體全之象)을 이루어 부귀(富貴)하다. 이 같은 경우를 일신일용(一神一用)이라 하는데 이때 庚金이 있어 잡란(雜亂)하면 청(淸)함을 취할 수 없다.** 만일 辛金은 적은데 壬水가 많으

히는 것을 꺼린다. 신금과 경금의 십간관계는 백호출력(白虎出力)이라 하여 어쩌다 이성을 잃게 될 때 무서운 성격을 드러내어 큰 사고를 칠 소지가 있다했음.

340) 모래와 물이 휩쓸려 떠내려감.

면 庚金으로 도와야 한다.

酉月 辛金에 일파 壬水가 金을 설하는데 戊土가 출간하여 제하지 않으면 사수동류(沙水同流)가 되어 늙도록 빈고하고 분파하나 금수상관(金水傷官)은 학문을 좋아해서 유업(儒業)은 잃지 않는다.

지지(地支)에 戊土가 득소(得所)하면 재략(才略)이 있어 예술방면에서 크게 발전한다. 己土로는 壬水를 막지 못한다.

7. 혹 지지(地支)에 금국(金局)을 이루고 천간(天干)에서 비견(比肩)을 보는데 壬水의 도세(淘洗)가 없으면 차격(此格)은 의당 丁火를 용(用)하고, 丁火가 없다면 필시 명주(命主)는 흉완(凶頑)하여 기댈 곳이 없다. 만약 하나의 壬水가 고투(高透)하면 이로써 군금(群金)을 설(洩)하니 일청도저(一淸到底)[341]라, 정히 치국(治國)의 자품(資稟)이 있다.

---

341) 적천수 청탁론에 나오는 **일청도저유정신, 관취평생부귀진(一淸到底有精神, 管取平生富貴眞)**에 나오는 말로 **일청도저**란 **격국을 성격시키는 상신의 글자가 훼손되지 않은 것으로 한마디로 大忌함이 없는 것을 뜻한다.** 이를테면 재왕생관격에 상관을 보지 않으면 청함을 가히 알 수 있으나, 만일 상관을 보면 탁이 서린 것이니 불가하다는 것이다. 이때 명중에 精의 金水나 神의 木火가 적당히 배합되면 부귀는 보증된 것과 같다. **또한 팔자의 귀를 결정짓는 십간용신이 건전하게 투한 상황을 의미하기도 한다.**

=> 酉月 辛金이 지지(地支)에 금국(金局)을 이루고 천간(天干)에 辛金이 투(透)했는데 壬水의 도세(淘洗)가 없으면 차격(此格)은 의당 丁火를 용(用)하고, 丁火가 없다면 필시 불량해지므로 승도(僧徒)가 되면 흉액(凶厄)은 면하나 선악(善惡)을 구분하지 못하는 사람이다. 이때 하나의 壬水가 고투(高透)하여 군금(群金)을 설(洩)하면 일청도저(一淸到底)라 해서 문무(文武)가 모두 길하며 동량(棟樑)이 된다.

8. 혹 지지(地支)에 금국(金局)을 이루고, 戊己가 투간(透干)했는데 壬水가 투(透)하고 火가 없으면 백호격(白虎格)이라 해서 서북(西北)으로 운행(運行)하면 부귀(富貴)가 크게 현달(顯達)하나 자식(子息)이 간난(艱難)하다. 혹 丙火가 투(透)하면 비록 壬水가 출(出)해도 역시 평용(平庸)에 속(屬)한다.

=> 酉月 辛金의 일청도저(一淸到底)는 천간(天干)에 辛壬으로만 팔자(八字)가 구성되지 않는다. 보통 년간(年干)에 戊土가 나타나기 마련으로 백호격(白虎格)이 된다. 이때 丙火가 있으면 戊土가 壬水를 제(制)하는 힘이 있어 평범(平凡)하다. 또한 丙辛 합(合)이 실시(失時)하여 격(格)을 이루지 못하기 때문이다.

만일 丁火가 투(透)하면 국(局)을 파(破)한다. 이것은 전왕격(專旺格)과 화기격(化氣格)이 파격(破格)됨을 뜻한다. 백호격(白虎格)은 서북운(西北運)에 부귀(富貴)가 비상하나 자식은 많지 않다. 화운(火運)에는 운세(運勢)가 크게 기운다.

9. 혹 한두 개의 辛金과 한 무리의 己土가 있으면 정히 승도(僧道)가 된다. 혹 천간(天干)에 己土가 투(透)하고 지지(地支)에 庚甲을 보면 일생이 안한(安閒)하다. 혹 한 무리의 乙木이 있고 천간(天干)에서 庚金을 보지 않으면 재다신약(財多身弱)이 되며 하나의 庚金으로 제(制)하면 부귀(富貴)를 가히 기약(期約)한다.

=> 酉月 辛金에 한두 개의 辛金과 일파(一派) 己土가 있으면 金이 묻혀 더럽혀지므로 광채(光彩)를 잃어 승도(僧道)의 팔자(八字)가 된다. 己土가 투(透)하고 지지(地支)에 庚金과 甲木을 보면 평생 의록(衣祿)은 걱정할 필요가 없다. 한 마디로 왕금(旺金)은 인수(印綬)의 생(生)이 필요하지 않다.

戊土가 두터우면 매금(埋金)되어 빛이 없고, 己土를 만나면 오금(汚金)되어 빛이 가려지니 모두 좋지 않다. 토다(土多)하면 반드시 甲木으로 구제(救濟)해야 하고, 지지(地支)에 甲木이 있으면 의록(衣祿)은 이지러짐이 없다. 그런데 지지의 甲木이 土를 제할 수 없으므로 庚金이 득소 (得所)해서 金이 돌출(突出)되는 부분이 있도록 도와야 한다.

酉月 辛金에 일파 乙木이 있고 庚金이 투하지 않으면 재다신약(財多身弱)하여 발전이 어렵다. 이때 하나의 庚金으로 제하면 부귀(富貴)를 가히 기약(期約)한다. 그런데 이때 乙庚이 상합(相合)하면 비겁(比劫)이 재(財)를 사모하는 격이 되어 간사(奸詐)함이 나타난다. 반대로 비겁(比劫)이 태다(太多)하면 오히려 재성(財星)을 분탈(分奪)하는 재경비중(財輕比重)의 파격(破格)이 된다.

10. 金이 추월(秋月)에 생(生)하고 土가 중(重)하면 가난하여 촌철(寸鐵)도 없다. 六辛日이 戊子時를 만나면 운(運)이 서방(西方)을 기뻐하며 음(陰)이 조양(朝陽)과 같으니 절대로 丙丁火의 이위(離位)를 꺼린다. 庚辛이 巳酉丑 전국(全局)을 이루면 지위(地位)가 높고, 권세(權勢)가 중(重)하다.

=> 추월(秋月) 金日 생(生)이 土가 중(重)하면 빈한(貧寒)하기 그지없다. 六辛日이 戊子時를 만나면 육음조양격(六陰朝陽格)이 되어 관살(官殺) 丙丁火를 꺼리고, 子水가 쓰임이 있으면 귀격(貴格)을 이룬다.

庚辛이 巳酉丑 전국(全局)을 이루면 지위(地位)와 권세(權勢)가 높다. 종혁격(從革格)이기 때문이다. 이때는 火를 만나면 흉하다. 반드시 壬水로 설(洩)해야 한다. 이것은 백호격(白虎格)과 마찬가지다. 이때 水가 없으면 부득이 丁火를 용(用)한다.

戌月 辛金

壬 甲 무토사령, 수갑소토, 임설왕금,
戊土司令, 須甲疏土, 壬洩旺金,
선임후갑. 임갑량투, 도동지선.
先壬後甲. 壬甲兩透, 桃洞之仙.

1. 戌月 辛金은 戊土가 사령(司令)하여 모왕자상(母旺子相)하니 마땅히 甲木으로 소토(疏土)하고 壬水로 왕금(旺金)을 설(洩)해야 하니 먼저 壬水를 쓰고 다음으로 甲木을 쓴다. 壬甲이 양투(兩透)하면 도동지선(挑洞之仙)이고, 혹 壬水는 투했는데 甲木이 암장되고 庚金을 보면 평인이다. 甲木이 투하고 壬水가 암장되었는데 지지에 戊土가 있으면 이도(異途)로 벼슬을 한다.

=> 戌月 辛金은 戊土가 사령(司令)하고 辛金의 여기(餘氣)가 성(盛)하여 모왕자상(母旺子相)하다. 토중(土重)하면 金이 묻히니 甲木이 있어야 하고, 토조(土燥)하면 金이 약해지므로 壬水가 있어야 한다. 壬甲을 용(用)하는 것은 辰月 辛金과 마찬가지지만, 戌土는 조항(燥亢)[342]하므로 반드시 水木이 있어야 한다.

---

342) 마를 조, 목 항.

戌月 辛金에 壬甲이 양투(兩透)하고 지지(地支)에 水가 득소(得所) 하면 최상(最上)의 명(命)이다. 과갑(科甲)하고 부귀(富貴)를 의심할 필요가 없다. 戌月 辛金에 壬水가 투하고 甲木이 암장되면 공감이나 생원은 한다. 그러나 庚金을 보면 평범해진다.

계월(季月)[343]은 戊己土가 투(透)하지 않아도 진토(塵土)[344]가 방해하므로 일단 甲木은 투(透)하는 게 좋다. 甲木이 투(透)하고 壬水가 암장(暗藏)되었는데 지지(地支)에 戊土가 있으면 異途로 발달(發達)한다.

2. 혹 辛日 甲戌月에 壬水가 지지에 있고 庚金이 있으면 능히 스스로 거탁유청(去濁留清)하여 추위(秋闈)에 일방(一榜)을 이룬다. 만약 戊戌月이고 甲木이 지지(地支)에 있으면 역시 그와 같지 않다.

=> 甲戌月 辛金이 壬水는 지지(地支)에 있고 庚金이 있으면 상생(相生)의 작용으로 거탁유청(去濁留清)하니 일방(一榜)은 허락한다. 그러나 戊戌月이고 甲木이 지지(地支)에 있으면 소토(疏土)가 불가(不可)하므로 金의 광채(光彩)가 사라지니 명성(名聲)을 얻기 힘들다.

3. 총론하면 土가 태다(太多)하고 甲木이 출간하지 않으

---

343) 辰戌丑未月
344) 티끌 진, 흙 토.

면 공명을 묻지 말 것이며 하나의 壬水가 출(出)하여 土를 세척(洗滌)하고 甲木을 조력(助力)하면 비록 발달(發達)하지는 않더라도 가히 부(富)는 구한다.

=> 戌月에 당령(當令)한 土가 사오 개가 있으면 甲木이 하나 출간(出干)해도 극제(剋制)하기 어렵다. 그러므로 후토(厚土)가 金을 매몰(埋沒)시켜 분류(奔流)하는 명(命)이 된다. 이때 壬水가 투간(透干)하면 土를 세척(洗滌)하고 甲木을 조력(助力)하여 비록 귀격(貴格)을 이루지는 못해도 노력으로 부(富)는 일군다.

4. 혹 土가 많은데 壬甲이 없고 時月에 丙辛이 많이 투(透)하면 개략(概略) 귀(貴)하다. 더해서 辰이 지지(地支)에 있으면 영현(榮顯)을 예측할 수 없을 정도다.

=> 戌月에는 金水가 진기(進氣)하므로 辛金을 月時에서 丙火가 합(合)하면 암(暗)으로 수기(水氣)가 나타나 작은 부(富)는 있다. 이때 辰土를 얻으면 화격(化格)를 이루어 대부대귀격(大富大貴格)을 이룬다. 그러나 戌月은 토왕(土旺)하여 수기(水氣)를 거스르므로 지지(地支)에 申酉戌 방국(方局)을 이루어야 진화(眞化)가 되는 것이다.

5. 혹 木이 많고 土가 후(厚)한데 水가 없으면 상인(常人)이다. 혹 천간(天干)에 중(重)한 癸水를 보면 비록 도세(淘洗)의 공(功)은 없으나 자못 청명(淸明)의 용(用)은 있

다. 이러한 명주(命主)는 부(富)하나 신고(辛苦)함이 있다.

=> 戌月 辛金은 木이 많아도 술궁(戌宮) 조토(燥土)는 水로 윤택(潤澤)하게 하지 않으면 金을 생(生)하지 못하므로 재왕(財旺)하여 인수를 파한다. 결국 신약(身弱)하여 재물을 감당하지 못한다. 신왕재다(身旺財多)는 식상(食傷)을 중심으로 삼는데 水가 없으면 평범(平凡)해지는 것이다.

戌月 辛金은 癸水가 많이 출간(出干)하면 도세(淘洗)의 공(功)은 없으나 金을 청(淸)하게 만든다. 이때는 고생(苦生)으로 부(富)를 일군다. 壬水는 분방(奔放)[345]하여 충쇄(沖刷)하는 작용을 하나 癸水는 **징홍(澄泓)**[346]하여 오직 윤택(潤澤)하게 만드는 작용만 한다.

6. 혹 己土가 투하고 壬水가 없는데 癸水가 있으면 능히 자생금력(滋生金力)하여 의금(衣衿)의 귀(貴)는 있고 단 己土가 많음을 두려우니 탁부(濁富)를 면(免)치 못한다. 戌月 辛金은 火土가 병(病)이 되고 水木이 약(藥)이 된다.

=> 戌月 辛金에 癸水가 투(透)했는데 戊土가 투(透)하면 쓰임을 잃고, 己土가 있으면 습윤(濕潤)하여 金을 생(生)하니 작은 부귀(富貴)는 있다. 만일 己土가 많으면 金을

---

345) 규칙, 규범에 따르지 않고 제멋대로임.
346) 맑을 징, 깊을 홍.

더럽히니 이때는 壬水가 있어도 귀격(貴格)을 이룰 수 없고 부정한 재물을 피하기 어렵다. 한 마디로 戌月 辛金은 火土가 병(病)이고 水木이 약(藥)이다.

戌月 辛金이 水가 전혀 없다면 하격(下格)이 되기 십상이다. 그러나 庚金이 투(透)하면 재관(財官)을 감당할 수 있다. 이때는 丁火를 용신(用神)으로 삼는다.

三冬 辛金

亥月 辛金

壬　丙　임병량투, 금방제명, 하야?
壬丙兩透, 金榜題名, 何也?
개신금유임수병화, 명금백수청, 우재해고발.
蓋辛金有壬水丙火, 名金白水清, 又在亥故發.

1. 亥月 辛金은 때가 소양(小陽)을 만나니 양이 점점 오르고 한기가 장차 내려오므로 먼저 壬水를 용하고 다음으로 丙火를 취하는데 壬丙이 양투하면 금방(金榜)에 이름을 올린다. **대개 辛金에 壬水와 丙火가 있으면 금백수청(金白水清)이라 하는데 또한 亥月에 있어 발달(發達)하기 때문이다.**

=> 亥月 辛金은 때가 소양(小陽)을 만나니 양기(陽氣)가 땅 속을 흐르고, 한기(寒氣)가 왕성(旺盛)하기 직전이다. 壬水를 선용(先用)하고, 丙火로 온난(溫暖)하게 하면 금백수청(金白水淸)[347]을 이룬다. 고서(古書)에 이르길, "금수상관(金水傷官)은 동령(冬令)을 가리킨다"고 했다. **금수상관(金水傷官)은 丙火를 기뻐하니 辛金에 壬水와 丙火가 있으면 금백수청(金白水淸)으로 부귀격 (富貴格)을 이룬다. 亥月에는 壬水가 장생(長生)하여 특히 길하다.**

2. 丙火가 투(透)하고 壬水가 암장(暗藏)되면 채근(採芹)하는 명조(命造)다. 丙火가 암장(暗藏)되고 壬水가 투(透)하면 천금(千金)의 부(富)가 있다. 壬丙이 지지(地支)에 있으면 총명(聰明)한 선비다.

=> 丙火가 투(透)하고 壬水가 암장(暗藏)되면 채근(採芹)하는 은덕(恩德)은 입으니 공감(貢監)이나 향신(鄕紳)은 한다. 丙火가 암장(暗藏)되고 壬水가 투(透)하면 부(富)는 크나 귀(貴)가 없다. 壬丙이 지지(地支)에 암장(暗藏)되면 수사(秀士)에 불과하다.

---

347) 금은 희고 물은 맑음. 보통 庚金(경금)이나 辛金(신금)일간이 冬節(동절)에 태어난 구조를 금백수청이라 하나, **辛金 일간이 금백수청이 되는 것을 더 귀하게 여긴다.** 辛金(신금)은 깔끔하게 다듬어진 보석에 해당하여 청징(淸澄)함을 최고로 여긴다. 맑고 깨끗하게 水(수)로 洩氣(설기)해야 더욱 아름다운 귀격이 성립된다. **또한 금백수청이 되더라도 火가 없으면 진정한 금백수청이 될 수가 없다. 꽁꽁 얼어붙는 金은 아무런 빛을 낼 수가 없고 녹슬기만 한다.**

3. 戊壬이 사주(四柱)에 있으면 부(富)를 축적(蓄積)하는 사람이다. 혹 壬水가 많고 戊土가 없으면 신수왕양(辛水汪洋)이라 해서 반대로 빈천(貧賤)해진다. 戊土가 많고 壬水가 적으면 또한 명주(命主)는 공명(功名)을 이룬다. 혹 甲木이 많고 戊土가 적으면 예술(藝術)로 인해 축재(蓄財)한다.

=> 亥月 辛金에 丙火가 없고 戊壬이 있으면 부격(富格)이다. 壬水가 많고 戊土가 없으면 금수왕양(金水汪洋)으로 빈천(貧賤)해진다. 戊土가 출간(出干)하여 당권(當權)한 壬水를 제(制)하면 과갑(科甲)을 의심할 필요가 없다. 甲木이 많고 戊土가 적으면 상관생재(傷官生財)하여 예술(藝術)로 치부(致富)한다.

4. 혹 己土가 많고 戊土가 있으면 壬水가 피곤(疲困)해지니 金이 묻히니 성실(誠實)한 사람에 불과(不過)하다. 혹 壬癸水가 많고 戊丙이 없으면 노록(勞碌)하고 신고(辛苦)가 따른다. 亥月 辛金은 먼저 壬水를 쓰고 다음으로 丙火를 쓰며 나머지는 참작(參酌)해서 용(用)한다.

=> 亥月 辛金에 戊己土가 많아 壬水를 곤(困)하게 하고, 辛金이 매몰(埋沒)되면 상관패인(傷官佩印)이 편중(偏重)되어 종신(終身)토록 예술(藝術)하기 쉽고, 견실(堅實)하다. 壬癸水가 많고 亥月 辛金은 壬丙을 용(用)하여 귀격

(貴格)을 이룬다. 戊丙이 없으면 분류(奔流)하고 고생(苦生)이 많다.

子月 辛金

丙　壬　　선병후임, 무병불능해동, 무임불능세도.
先丙後壬, 無丙不能解凍, 無壬不能洗淘.
병임양투, 금마옥당지객.
丙壬兩透, 金馬玉堂之客.

1. 子月 辛金은 癸水가 사령(司令)하여 한동(寒冬)의 우로(雨露)가 되니 癸水가 출하여 金이 얼어붙는 것과 丙火가 곤(困)해짐을 기피하여 壬丙이 양투하고 戊癸를 보지 않으면 비단옷과 금띠를 두른다. 만일 壬水가 암장되고 丙火가 투하면 일방(一榜)은 감당하고 도모(圖謀)한다.

=> 子月 辛金은 癸水가 득령(得令)하여 癸水가 출간하는 것을 가장 꺼리니 이는 辛金이 얼고 丙火가 곤해지기 때문이다. 壬丙이 양투하고 戊土가 출간하지 않으면 과갑(科甲)으로 현신(顯臣)이 된다. 壬水가 암장(暗藏)되고 丙火가 투(透)하면 일방(一榜)은 있다.

2. 혹 壬水가 많고 戊土가 있는데 丙甲이 출간하면 청운지객(靑雲之客)이 된다. 만약 壬水가 많고 戊丙이 없으면

金의 설(洩)이 태과(太過)하여 명주(命主)는 한유(寒儒)가 된다. 혹 壬水가 많고 甲乙이 중중(重重)한데 丙火가 없으면 빈한(貧寒)하다.

=> 子月 辛金에 壬水가 많고 戊土가 있는데 丙甲이 출간(出干)하면 중화(中和)의 배합(配合)을 얻어 공감(貢監) 정도로 그치지 않는다. 만약 壬水가 많고 戊丙이 없으면 金의 설(洩)이 태과(太過)하여 추운 선비다. 壬水가 많고 甲乙이 중중(重重)한데 丙火가 없으면 학문은 잃지 않으나 재다신약(財多身弱)으로 한유수사(寒儒秀士)라 할 수 있다.

3. 혹 지지에 수국(水局)을 이루고 癸水가 출간했는데 두 개의 戊土가 제하면 부귀(富貴)하고 은영(恩榮)이 있으며 戊土가 없으면 상인(常人)이다. 혹 지지에 亥子丑을 보고, 천간에 비겁(比劫)이 출(出)했는데 丙火가 없으면 윤하격(潤下格)으로 부귀(富貴)가 쌍전(雙全)하며 서북운(西北運)을 기뻐한다. 만약 庚辛이 없고 甲乙木이 출(出)했는데 戊丙이 없으면 명주(命主)는 반드시 승도(僧道)가 된다.

=> 子月 辛金에 지지(地支)에 수국(水局)을 이루고 癸水가 출간(出干)했는데 두 개의 戊土가 제(制)하면 대부귀(大富貴)한다. 이때 戊土가 없으면 빈고(貧苦)하거나 평범(平凡)하다. 지지에 亥子丑이 있으면 윤하(潤下)가 통원

(通源)한다. 더해서 천간(天干)에 庚辛金을 보면 윤하격(潤下格)으로 부귀가 비상하다. 이때는 동남운을 꺼리고, 서북운을 기뻐한다. 혹 庚辛金이 출간하지 않았는데 甲乙木이 출간하고 戊丙이 없으면 승도(僧道)가 된다.

子月 辛金이 수국(水局)으로 수왕금침(水旺金沈)하면 辛金으로 논하지 않고 壬水로 보아 丙戊를 취하니 변격(變格)이다.

4. 혹 지지에 목국(木局)을 이루고 丁火가 출간했는데 또한 戊土를 보면 공명이 특달(特達)한다. 冬月 辛金은 마땅히 丙火로 온난해야 묘하다.

=> 동월(冬月) 辛金은 丙火를 용신(用神)으로 삼는 게 마땅한데 丁火가 출간해도 특별히 발달한다고 한 말은 경험으로 말한 것 같다. **대개 음양간(陰陽干)을 불문하고 팔자에 財官印 三者를 모두 갖추면 복수(福壽)가 가득하다.** 지지(地支)에 목국(木局)을 이루고 丁火와 戊土가 출간(出干)하면 이에 부합된다.

丑月 辛金

丙 壬戊己 병선임후, 무기차지. 병임량투,
丙先壬後, 戊己次之. 丙壬兩透,

금마옥당지객. 유임핍병, 천이차빈.

金馬玉堂之客. 有壬乏丙, 賤而且貧.

1. **丑月 辛金은 한동(寒冬)이 지극하니 먼저 丙火를 쓰고 다음에 壬水를 쓰는데 丙火가 없으면 해동이 불능하고 壬水가 없으면 도세(淘洗)가 불능이다. 丙壬이 양투하면 금마옥당지객(金馬玉堂之客)이 된다.**[348] 丙壬이 함께 암장되면 유상(游庠)[349]하며 의식(衣食)이 여유(餘裕)있는 사람이다.

丙火가 있고 壬水가 없으면 부(富)는 참되나 귀(貴)는 가장(假裝)된 것이다. 壬水가 있고 丙火가 결핍(缺乏)되면 하천(下賤)하고 또 가난하다. 혹 丙火가 많고 壬水가 없는데 癸水가 있으면 시중(市中)에서 무역(貿易)을 하는 계층이다.

혹 水가 많고 戊己土가 출간했는데 丙丁火가 있으면 반드시 의식이 충분하고 넘치며 일생이 안락하다.

=> 丑月 辛金은 한기(寒氣)가 심하여 물이 얼어붙으니 먼저 丙火를 용신으로 삼아 해동하고 壬水로 도세(淘洗)한다. 그러므로 丙壬이 양투하면 부귀가 청아(淸雅)하여 가장 높은 행정기관의 관리(官吏)가 된다. 丙壬이 함께 암장

348) 병화와 임수는 접해있어도 아무문제가 없는 천간조합이다.
349) 헤엄칠 유, /학교(은나라, 주나라 때의 향학) 상.

되면 학교를 부유(浮游)하며 가르치거나 배우면서 의식이 차고 넘치는 편안한 팔자다. 丙壬중 하나가 투하고 하나가 암장되면 의금(衣衿)이 적지 않다.

丙火가 있고 壬水가 없으면 부는 참되나 귀는 가장(假裝)된 것이다. 壬水가 있고 丙火가 결핍되면 고빈(孤貧)하고 승도(僧道)가 된다. 丙火가 많고 壬水가 없는데 癸水가 있으면 무역(貿易)을 한다. 팔자에 水가 많고 戊己土가 출간했는데 丙丁火가 있으면 중화의 배합을 얻어 의록(衣祿)이 풍족(豊足)하고 일생이 안락하다.

2. 丑月 辛金은 丙火를 먼저 용하고 壬水가 다음이며, 戊己土를 차용(次用)한다.

=> 丑月 辛金은 丙壬을 용하여 금수상관희견관(金水傷官喜見官)[350]의 격(格)으로 귀(貴)를 정한다. 이때 水가 많으면 戊己土로 제(制)하는 상관패인격(傷官佩印格)이 차선(次善)이다.

---

350) **금수상관희견관(金水傷官喜見官)**이라 하여 겨울 金은 火를 반긴다. 원래 상관견관은 불리하지만 겨울금은 조후를 감안하여 우선적으로 관을 用한다.

9. 壬水[351]

351) **壬水(적천수 천간론) : 임수왕양,능설금기(壬水旺洋,能洩金氣)**: 壬水는 旺洋하니 능히 金氣를 洩한다. [滴天髓]의 다른 원서에는 壬水旺洋 대신 壬水通河로 흐르는 강물과 같이 묘사된 경우가 많다. [任鐵焦]와 [徐樂吾]는 通河를 天河를 뜻하는 것으로 보고 은하수로 묘사 했다. 潤下를 이루면 대개 수재로 널리 이름을 떨치기 쉽다. **/강중지덕,주류불체(剛中之德,周流不滯)**: 剛한 가운데 德이 있으며 주류하여 막힘이 없다. 西方의 肅殺하는 殺氣를 洩하고 천지만물을 자랄 수 있게 하므로 剛한 가운데 德을 지녔다고 한 것이고, 두루 흘러 막힘이 없는 것이다. **/통근투계,충천분지(通根透癸,沖天奔地)**: 癸水가 통근하여 투하면 하늘을 찌르고 땅을 내딛는다. 沖天奔地란 물이 범람하여 우환이 발생함을 뜻하는 말이다. 만일 地支에 水局을 짓고 癸水가 透出하면 비록 戊己土가 있어도 흐름을 막지 못하고 强制로 막으려 하면 도리어 무서운 水害를 입게 된다. 이때는 木을 써서 洩氣해야만 순응한다. 따라서 大運이 木鄕하면 이롭고, 戊己의 官星을 만나면 旺神인 壬水가 격노하여 凶禍가 발생하기 쉽다. 古書의 旺者宜洩不宜剋은 바로 이를 두고 이른 말이다. 무릇 水의 强旺格으로 범람할 태세면 매사 지나칠 때가 있는 것이다. **/화즉유정,종즉상제(化則有情,從則相濟)**: 化한 즉 有情하고, 從한 즉 相濟한다. 壬이 丁을 合하면 木으로 변해 火를 生하니 丁이 꺼지지 않아 유정하다고 했다. 또 火土로 從하면 서로가 돕는 功이 나타난다했는데 壬水는 眞從으로 격을 이루어도 그 자체로 貴格을 논하지 않고, 언제나 相濟의 공을 이룬다고 말할 수는 없다.

- 三春 임수는 양화한 기운을 만나면 아름다운 명을 이룬다. 다만 경신금으로 수원을 발하지 못하면 고갈될 염려가 있다.

三夏 임수는 命을 잃으니 화왕토조를 꺼린다. 임계수와 경금으로 방신해야 한다. 미월에는 갑목과 신금, 계수를 취해 부귀격을 이룬다.

三秋 임수에서 申月에는 母旺子相으로 沖奔하기에 무토를 용하지만, 酉月에는 금백수청하여 무기토가 있으면 병이 된다. 그러나 지지 申亥를 보면 무토를 쓴다.

三冬 임수는 매우 추우므로 木의 식상도 양화한 화기로 조후하지 않으면 생의가 나타나지 않는다. 자살(滋殺)하면 福壽가 완전해진다.

- 임수는 丙戊를 떠나서 생각할 수 없다. 貴는 戊土, 財는 丙火로 조율한다.

- 임수와 병화는 진정한 相生의 관계다.

- 왕양(汪洋)한 임수를 무토로 제방하면 복수(福壽)가 완전해진다.

- 임수는 기토의 극을 기피하여 갑을목으로 기토를 제하거나, 경금으로 기토를 설해야만 구제된다.

- 辛金은 수원(水源)을 발(發)하고, 임수도 辛金을 조절하는 좋은 작용을 한다. 임수와 임수는 돕는 사이지만 계수가 더 크게 상조한다. 그러나 지나치면 해(害)가 되

어 위태로운 지경에 처하기 쉽다.

- 임수는 대개 甲, 丙, 戊, 庚의 陽干과 좋은 짝을 이루어 부귀를 발현한다.

- 卯月에는 물이 담심(湛深)하므로 먼저 무토로 막은 다음에 신금을 쓴다.

- 巳月에는 巳중 무토가 계수를 합해 오는 것을 경계하여 임수를 선용한다.

- 午月에는 午중 정화가 임수를 합해 오는 것을 경계하여 계수를 선용한다.

- 申月에는 경금을 제하기 위해 정화를 취하니 戊丁을 용한다.

- 酉月의 금백수청은 무기토가 병이므로 갑목을 용신으로 삼는다.

三春 壬水

寅月 壬水

庚 丙戊 경병무투, 과갑. 범임일무비견양인자,
庚丙戊透, 科甲. 凡壬日無比肩羊刃者,
불필용무, 전용경금, 이병위좌.
不必用戊, 專用庚金, 以丙為佐.

1. 寅月 壬水는 왕양(汪洋)의 상(象)이나 능히 백천(百川)의 흐름을 어우를 수 있으나 수성(水性)은 유약(柔弱)하여 의당 庚金의 원천(源泉)을 용(用)하니 왕양(汪洋)하여 절도(節度)가 없는 상황에 이르지는 않는다. 庚丙戊 삼자(三者)[352]가 있어 다 같이 투(透)하면 과갑(科甲)하고 공명(功名)을 이룬다. 혹 庚戊가 지지(地支)에 암장(暗藏)되고 丙火가 寅에 앉으면 역시 은고(恩誥)가 있고 만일 하나의 庚金이 투(透)하면 공감(貢監)은 있다.

=> 寅月 壬水는 왕양(汪洋)하여 흐름이 멈추지 않으나 영(令)을 잃어 범람(氾濫)할 우려는 없다. 그러므로 먼저 庚金을 용(用)하여 수원(水源)을 발(發)한 다음, 丙火로 한기(寒氣)를 제거하고 戊土로 흐름을 막으면 왕양(汪洋)해도 지나칠 일이 없다.

壬水는 丙戊를 떠나서 생각하기 어렵다.[353] 다만 춘하(春夏)에는 庚金으로 수원(水源)을 발(發)하지 않으면 혹 고갈(枯渴)될 염려가 있다.

삼춘(三春) 壬水는 庚金을 용신(用神)으로 삼는데[354] 金

---

352) **壬水는 戊로 貴를, 丙으로 富를 조율한다.** 경금은 印綬로 知性.

353) **壬-丙 : 江輝相映(강휘상영)** 운이 강하고 재운이 깃들어 일확천금의 복덕을 누림

壬-戊 : 山明水秀(산명수수) 조직 생활에 잘 적응하고 리더십을 갖춤.

354) **壬-庚 : 庚發水源(경발수원)** 많은 원조를 받아 대성하는 명

水가 태왕(太旺)하지 않으면 丙戊의 효용(效用)이 떨어진다. **寅月 壬水에 庚丙戊 삼자(三者)가 투(透)하면 봉지도랑(鳳池桃浪)의 객(客)이라 하니 권위(權威)가 절정이다.**[355]

寅月 壬水에 庚戊가 지지(地支)에 암장(暗藏)되고 丙火가 寅에 앉으면 은영 (恩榮) 있고, 하나의 庚金이 투(透)하고 파(破)되지 않으면 공감(貢監)으로 그치지는 않는다.

2. 무릇 壬日에 비견(比肩)과 양인(羊刃)이 없으면 戊土의 용(用)이 필요치 않고, 庚金을 전용(專用)하며 丙火로 보좌(輔佐)한다.

=> 寅月 壬水에 비견(比肩)과 양인(羊刃)이 없으면 戊土가 없어도 무방하다.

3. 혹 비겁이 있고 또 庚辛金이 있으면 극도로 약함이 도로 왕해지니 의당 제복이 마땅하다. 戊土가 투하면 가히 과갑에 이른다. 戊土가 암장되면 수재다. 그러나 필히 丙火가 투하고 합되지 않아야 묘하다.

=> 寅月은 壬水의 병지(病地)이나 비겁이 있고 또 庚辛金이 있으면 약함이 도로 왕해지니 마땅히 戊土로 제복해

으로 독창성을 드러냄

355) 봉지(鳳池)는 봉황이 앉은 연못이니 예컨대 회사를 다닌다면 본사근무를 의미한다.

야 한다. 이때 戊土가 투하면 가히 과갑에 이른다. 戊土가 암장되어도 수재로 이도(異途)가 있다. 壬水에 丙火는 인수가 있거나 살(殺)이 있거나를 불문하고 무조건 있어야 길하다.

4. **혹 지지(地支)에 戊土가 많고 또 甲木이 출간(出干)하면 일장당관(一將當關)으로 간사(奸詐)한 무리들이 스스로 엎드리고 명주(命主) 광명(光明)을 보고 뇌락(磊落)**[356]**하니 명성(名聲)이 백료(百僚)를 누른다.** 혹 지지(地支)에 화국(火局)을 이루면 아깝게도 때를 만나지 못한 것이니 명리(名利)가 모두 헛되고 문장(文章)으로 세상 사람을 놀라게 한다.

=> 지지(地支)에 戊土가 많고 甲木이 출간(出干)하면 일장당관(一將當關)으로 마음이 활달하여 작은 일에는 구애받지 않는 영웅(英雄)의 상(象)이다.

寅月 壬水가 지지(地支)에 화국(火局)을 이루면 수화기제(水火旣濟)가 되어도 水火가 모두 때를 잃어 명리(名利)가 허상(虛像)이다. 종재격(從財格)을 이루어도 상격(上格)은 아니다.

5. 庚金을 용(用)하면, 土가 아내요 庚金이 자식이 된다. 丙火를 용(用)하면, 木이 아내요 火가 자식이 된다.

---

356) 돌무더기 뢰, 떨어질 락

戊土를 용(用)하면, 火가 아내요 土가 자식이 된다.

=> 토처경자(土妻庚子)는 식다용인격(食多用印格)[357], 목처화자(木妻火子)는 식신생재격(食神生財格), 火妻土子는 기식취살격(棄食就殺格)[358]을 의미한다.

卯月 壬水

戊 辛庚　한기초제, 유병류지상, 불용병난,
寒氣初除, 有并流之象, 不用丙暖,
전취무토신금. 선무후신, 경금차지.
專取戊土辛金. 先戊後辛, 庚金次之.

1. 卯月 壬水는 한기(寒氣)가 처음으로 제거(除去)되니 병류지상(并流之象)으로 丙火의 따뜻함을 용(用)하지 않고, 오직 戊土와 辛金을 취(取)한다. 卯月 壬水는 먼저 戊土를 쓰고 다음에 辛金[359]을 쓰며 庚金은 차선(次善)이다.

=> 卯月 壬水는 한기(寒氣)가 제거(除去)되어 물이 맑고 깊다. 戊土로 제방(制防)한 다음에 辛金으로 수원(水源)을

357) **식다용인격(食多用印格)**: 일원이 약한데 식신이 태과한 중에 인성이 있다면 식다용인으로 식신격 성격됨.

358) **기식취살격(棄食就殺格)**: 식신을 버리고 칠살을 취해야할 때 인수가 투출하면 기식취살로 식신격 성격됨.

359) **壬-辛 : 陶洗珠玉(도세주옥)** 총기를 충분히 드러내며 학업이 우수한 수재가 많음

발(發)해야 한다. 중춘(仲春)에는 壬水가 사지(死地)가 되고 木이 당왕(當旺)하여 壬水를 설(洩)해 약(弱)하게 만든다. 이때 庚辛金이 없으면 흉하다. 신약(身弱)하면 재(財)를 감당하기가 버겁고 水가 따뜻하니 丙火는 취하지 않는다.

2. 戊辛이 양투(兩透)하면 안탑(雁塔)에 이름을 올린다. 戊土가 투(透)하고, 辛金이 암장(暗藏)되면 역시 은고(恩誥)가 있다. 혹 戊辛이 투(透)하지 않고 庚金이 있어 출간(出干)하면 주로 부(富)하다.

혹 지지(地支)에 목국(木局)을 이루고, 庚金이 있어 투(透)하면 금방(金榜)에 이름을 올린다.

庚金이 지지(地支)에 있으면 이도(異途)로 벼슬을 한다.

=> 卯月 壬水는 戊辛이 양투(兩透)하면 과갑(科甲)에 준함이 있다. 戊土가 투(透)하고, 辛金이 유궁(酉宮)에 있으면 역시 은봉(恩封)을 기대할 수 있다. 戊辛이 투(透)하지 않고 庚金이 있어 출간(出干)해도 부격(富格)을 이룬다.

지지(地支)에 목국(木局)을 이루고, 庚金이 투(透)하면 과갑(科甲)하고 庚金이 지지(地支)에 있으면 이도(異途)가 나타난다. 다시 말해 卯月 壬水는 수목상관(水木傷官)으로 인수(印綬)로 격(格)을 이루면 부(富)가 나타나고, 칠살(七殺)로 격(格)을 이루면 귀(貴)를 겸하는 것이다.

3. 혹 木이 출(出)하고 火가 많으면 목성화염(木盛火炎)으로 비견(比肩)과 양인(羊刃)이 필수(必須)로 水가 투(透)해야 더욱 마땅하니 부귀(富貴)와 은영(恩榮)이 있다. 水가 결핍(缺乏)되면 그렇지 않다.

=> 卯月 壬水에 木火가 많으면 목성화염(木盛火炎)이 된다. 이때 비겁(比劫)으로 방신(幇身0하면 적수(滴水)가 만리를 윤택(潤澤)하게 하니 부귀격(富貴格)을 이룬다. 신약(身弱)이면 유림(儒林)의 선비가 되나 남의 도움으로 살아간다.

4. 혹 비견(比肩)이 중중(重重)하면 마땅히 戊土가 있어야 한다. 고서(古書)에 이르길, "土가 흐르는 물을 그치게 하면 복수(福壽)가 완전하다"[360]고 했다. 만약 戊土를 보지 못하면 수범목부(水泛木浮)라 한다. 일생(一生)이 신고(辛苦)하고 재차 수운(水運)으로 가면 물에 떨어져 죽는다.

5. 혹 甲乙木이 중중(重重)하고 비견(比肩)이 없는 사람은 타인(他人)에게 의지(依支)하여 일수를 헤아리니 이루는 게 하나도 없다. 만약 庚辛金을 보면 기한(飢寒)은 가히 면(免)한다.

=> 卯月 壬水에 甲乙木이 많은데 비견(比肩)이 없으면

---

360) **복수가 완전하다는 말은 건강하게 잘 산다는 것이다.** 水가 건강의 척도이기도 하다. 반대로 수가 지나치게 많고 무토가 없으면 수범목부가 되어 분루지객으로 산다.

남에게 의지하여 살아간다. 이때 庚辛金을 보면 가난은 면할 수 있다.

辰月 壬水

甲 庚　　무토사권, 공유추산전해지환, 선용갑소토,
戊土司權, 恐有推山填海之患, 先用甲疏土,
차취경. 갑경구투, 과갑정연.
次取庚. 甲庚俱透, 科甲定然.

1. 辰月 壬水는 戊土가 사권(司權)하니 산을 밀어 바다를 메우는 우환(憂患)이 두려우므로 먼저 甲木[361]으로 계토(季土)[362]를 소토(疏土)하고 다음으로 庚金을 취(取)한다. 甲庚이 함께 투(透)하면 과갑(科甲)이 정연(定然)하다.

甲木이 투(透)하고 庚金이 암장(暗藏)되면 수제(修齊)된 품격(品格)이 있다. 甲木이 암장(暗藏)되고 뿌리가 있으면 가히 준수(俊秀)하다. 癸水가 있어 甲木을 자윤(滋潤)하면 필히 명주(命主)는 간성(干城)이 된다. 하나의 甲木만 지지(地支)에 숨으면 필히 부(富)하다. 하나의 庚金만 사주(四柱)에 있으면 상인(常人)이다. 甲木이 없으면

---

361) 壬－甲 : **水中柳影(수중유영)** 성실성이 풍부하고 재능을 충분히 발휘하는 행운이 따름.

362) **계토(季土: 辰戌丑未月)에는 언제나 갑목을 쓴다.** 이때는 경금도 함께 있어야 한다. 경금이 결핍되면 지성이 없다.

강폭(剛暴)한 무리다. 庚金이 결핍(缺乏)되면 우완(愚頑)한 무리다.

=> 辰月 壬水는 戊土가 권리(權利)를 잡아 강호(江湖)가 옹색해질 우려가 있다. 따라서 甲木을 용신(用神)으로 삼아 소토(疏土)한 다음으로 庚金으로 수원(水源)을 발(發)해야 한다. 이때 庚甲은 서로 떨어져 극제(剋制)하지 않아야 유용(有用)하다. 辰月 壬水에 甲庚이 함께 투(透)하면 과갑(科甲)으로 관직(官職)에 나간다.

甲木이 투(透)하고 庚金이 암장(暗藏)되면 수재(秀才)로 명성이 작지 않다. 甲木이 寅亥에 암장(暗藏)되고 庚金이 투(透)하면 준수(俊秀)하고 의금(衣衿)이 있다. 이때 癸水가 투(透)하여 甲木을 자윤(滋潤)하면 이도(異途)로 지위(地位)가 높아 **간성(干城)**[363]이 된다. 하나의 甲木이 지지(地支)에 숨으면 부(富)하고, 하나의 庚金만 사주(四柱)에 있으면 평범한 명(命)이다. 팔자(八字)에 甲木이 없으면 강폭(剛暴)한 무리고 庚金이 없으면 고집이 대단하다.

2. 혹 시간(時干)에 丁火가 투(透)하면 화합(化合)하니 火를 돕지만 水는 돕지 못한다. 丁未를 보아도 같은 이치로 논한다. 혹 지지(地支)에 사고(四庫)를 이루고 甲木이 결핍(缺乏)되면 살중신경(殺重身輕)으로 종신(終身)토록

363) 방패 간, 성 성(나라 성). 성, 나라를 지키는 위인.

손상(損傷)됨이 있다.

=> 辰月 壬水는 시간(時干)에 丁火가 투(透)하면 壬水와 합(合)하여 木이 되므로 火는 돕지만 水를 돕지는 않으니 火는 있는데 水가 없어 평범하기 쉽다. 대개 화격(化格)은 화신(化神)을 생(生)하는 것을 용신(用神)으로 삼는데 木으로 화(化)하니 수기(水氣)가 부족하고 火가 목기(木氣)를 소모하면 곤란하다. 이때 庚辛金을 취하면 화격(化格)으로 논하지 않고 재다신약(財多身弱)을 구하므로 길하다.

辰月 壬水가 지지(地支)에 사고(四庫)를 이루었는데 甲木이 출간(出干)하여 제복(制伏)하지 않으면 살중신경(重重身輕)이 되어 평생 화액(禍厄)이 많다.

3. 무릇 水가 왕(旺)하고 庚金을 많이 보면 무용지인(無用之人)이니 마땅히 丙火로 제(制)해야 비로소 묘(妙)해진다.

=> 辰月 壬水는 목왕(木旺)하면 庚金을 용신(用神)으로 삼고, 수왕(水旺)한데 庚金이 많으면 무용지물(無用之物)이 되니 이때는 丙火로 제(制)해야 길하다. 즉 지지(地支)에 寅卯辰 목국(木局)이 있으면 庚金으로 제(制)해야 하고, 申子辰 수국(水局)이 있으면 戊土로 제(制)해야 한다. 이때 庚金이 투(透)하면 丙火로 제(制)해야 한다.

三夏 壬水

巳月 壬水

壬 辛庚癸 병화사권, 수약극의, 전취임비견위조,
丙火司權, 水弱極矣, 專取壬比肩為助,
차취신금발원. 임신투, 금방유명.
次取辛金發源. 壬辛透, 金榜有名.

1. 巳月 壬水는 丙火가 사권(司權)하니 水의 약(弱)함이 극(極)에 미치므로 오직 壬水 비견(比肩)을 취(取)하여 방조(幇助)하고 다음으로 辛金을 취(取)하여 발원(發源)하는 한편 丙火를 암합(暗合)하면 庚金으로 보좌(輔佐)한다.[364] 壬辛이 양투(兩透)하면 금방(金榜)에 이름이 붙고, 혹 癸辛이 양투(兩透)하고 더해서 甲木이 투(透)하면 역시 이로(異路)로 영화(榮華)가 있다. 甲木이 없는 자는 부귀(富貴)한 문하(門下)의 객(客)에 불과하다.

=> 巳月 壬水는 丙火가 사권(司權)하니 건조하다. 먼저 壬水 비견(比肩)으로 신강(身强)하게 만든 다음 辛金으로 수원(水原)을 발(發)해야 한다. 원문(原文)에는 丙火를 암

364) **巳午未月은 발수지원으로 庚辛金을 모두 用한다. 원시에서 巳月에는 辛金을, 午月에는 庚金을 언급한 것은 다만 月支에 따라 조합이 되는대로 예시를 한 것뿐이다.** 신사월, 경오월로 조합이 됨.

합(暗合)하면 庚金으로 보좌(輔佐)한다고 했는데, 실제로는 丙火가 투(透)하여 용신(用神)을 합거(合去)함을 꺼리는 것으로 丙火가 암장(暗藏)되어 있으면 庚金으로 보좌(輔佐)하지 않아도 무방하다.

巳月 壬水에 壬辛이 양투(兩透)하면 금방(金榜)에 이름이 붙고, 壬庚이 모두 투(透)해도 과갑(科甲)에 준한다. 巳月 壬水에 癸辛이 양투(兩透)하고 더해서 甲木이 투(透)하면 이로(異路)로 영화(榮華)가 있다. 이것은 甲木이 戊癸가 상하로 합(合)하는 것을 막기 때문이다. 甲木이 없는 자는 부잣집의 한가한 사람에 불과하다.

2. 만일 壬水가 없고 木이 적은데 火가 많으면 기명종재격(棄命從財格)이 되어 처(妻)로 인해 치부(致富)한다. 癸水가 투(透)하면 잔질(殘疾)이 있다.

=> 巳月 壬水가 화다(火多)한데 木이 적고 인비(印比)가 없으면 기명종재격(棄命從財格)이 되어 처(妻)로 인해 부자가 된다. 이때 癸水가 투(透)하면 적수(滴水)가 메말라 잔병(殘病)이나 요절(夭折)이 따를 우려가 깊다.

3. 혹 사주에 金이 많고 득지(得地)하면 극약(極弱)이 다시 강(强)함을 찾으니 마땅히 巳中 戊土를 용(用)하면 역시 명리쌍전(名利雙全)한다. 혹은 이도(異途)의 귀(貴)가 있다.

만약 하나의 甲木이 寅에 암장되면 巳와 상형(相刑)이 되어 주로 암질(暗疾)이 있고 명리(名利)가 다 헛되며 창립(創立)이 불능하다. 혹 甲乙木이 많고 庚金이 출간하면 귀하다. 庚金이 없으면 그렇지 않다. 혹 지지에 수국(水局)을 이루면 대귀(大貴)하다.

=> 巳月 壬水에 金이 많고 봉생좌실(逢生坐實)하면 절지의 壬水가 약변강(弱變強)이 된다.[365] 이때는 巳中 丙戊를 취하는 데 변격(變格)의 일종이다. 이것은 겁인화진격(劫印化晉格)과 같아 매우 귀한 명(命)이니 명리쌍전(名利雙全)하여 과갑(科甲)과 이도(異途)가 모두 나타난다.

만약 지지(地支)에 하나의 甲木이 寅에 암장(暗藏)되면 巳와 상형(相刑)이 되어 주로 암질(暗疾)이 있고 명리(名利)가 다 헛되며 창립(創立)이 불능(不能)하다. 한 마디로 金이 많아도 형(刑)으로 증폭된 화기(火氣)가 두렵다는 얘기다. 암병(暗病)은 지지(地支)의 토목교봉(土木交鋒) 현상에 기인한다. 이때 甲乙木이 많고 庚金이 출간(出干)하면 귀(貴)하지만 庚金이 없으면 그렇지 않다. 지지(地支)에 수국(水局)을 이루어도 겁인화진격(劫印化晉格)과 같아 대귀(大貴)하다.

---

365) 絶地의 巳月임수는 극약하나 사주에 發源인 金이 많으면서 得地까지 하면 오히려 강해져서 무토를 用하게 된다.

午月 壬水

癸 庚辛　무계불능상정, 무경불능발수.
無癸不能傷丁, 無庚不能發水.
경계량투, 과갑필연, 경임량투, 관거극품.
庚癸兩透, 科甲必然, 庚壬兩透, 官居極品.

1. 午月 壬水는 丁火는 왕하고 壬水는 약하니 癸水를 취하여 용하고 庚金을 취해 보좌한다. 庚金이 없으면 水를 발(發)할 수 없고, 癸水가 없으면 丁火를 상(傷)하게 하지 못한다. 午月 壬水는 辛癸가 역시 가하므로 참작해서 용하며 그 이치가 巳月과 모두 같다.

=> 午月 壬水는 丁火는 왕한 때로 약하다. 癸水를 취(取)하여 용(用)하고 庚金을 취(取)해 보좌(輔佐)한다. 巳月 壬水는 丙戊가 임관(臨官)했기 때문에 壬辛을 위주로 하나 午月 壬水는 丁己가 당왕(當旺)하여 庚癸를 위주로 한다.

즉 재성(財星)이 영(令)을 잡았으니 겁재(劫財)를 중요한 용신(用神)으로 삼고 인수(印綬)로 보좌(輔佐)하여 재격투인(財格透印)으로 성격(成格)하는 것이다. 壬水는 午中 丁火가 합(合)해오는 것을 우려해 먼저 癸水를 취하는 것이다. 그러나 화합(化合)이 온전한 것이 아닌 이상 취할 수는 있다. 辛癸도 또한 가(可)하다.

2. 庚癸가 양투(兩透)하면 과갑(科甲)이 필연(必然)이고 庚壬이 양투(兩透)하면 관(官)이 극품(極品)에 거(居)한다. 庚金이 있고 壬癸水가 없는 자는 상인(常人)이다.

=> 午月 壬水에 庚癸나 庚壬이 양투(兩透)하면 귀격(貴格)을 의심할 필요가 없다. 庚金이 있고 壬癸水가 없으면 보좌(輔佐)하는 신(神)은 있으나 정작 중요한 용신이 없으니 평범한 명이 된다.

3. 혹 지지에 화국(火局)을 이루고 金水가 전무(全無)하면 재다신약(財多身弱)으로 부옥빈인(富屋貧人)이다. 만약 甲乙木이 많은 자는 승도의 명이다.

=> 午月 壬水에 지지 火局을 이루고 金水가 전무(全無)하면 종재격(從財格)이 된다. 다만 양(陽)이 음(陰)을 종(從)하면 격국의 순수함이 떨어져 상격(上格)으로 논하지는 않는다. 결론적으로 午月 壬水는 종재격을 이루어도 지지에 水가 득지해야 길하다.

未月 壬水

辛 甲 유월임수, 선신후갑, 차취계수.

六月壬水, 先辛後甲, 次取癸水.

신갑량투, 부귀청고.

辛甲兩透, 富貴清高.

1. 未月 壬水는 己土가 당권(當權)하고 丁火가 퇴기(退氣)하니 먼저 辛金과 癸水를 용(用)하고 다음으로 甲木을 용(用)하여 벽토(劈土)한다. 未月 壬水는 먼저 辛金을 쓰고 다음으로 甲木을 쓰며 차선(次善)으로 癸水를 취(取)한다. 辛甲이 양투(兩透)하면 부귀(富貴)하고 청고(淸高)하다.

甲木이 암장(暗藏)되고 辛金이 투(透)하면 공감(貢監)이나 생원(生員)을 한다. 辛金이 암장(暗藏)되고 甲木이 투(透)하면 이도(異途)로 무직(武職)이 있다. 甲壬이 양투(兩透)하고 상(傷)하지 않으면 나라를 다스리는 귀(貴)가 있다. 만일 甲木이 암장(暗藏)되고 壬水가 투(透)하여 파(破)되지 않으면 습개(拾芥)의 재능(才能)은 있다. 혹 지지(地支)에 土火가 많으면 단지 청빈(淸貧)하다.

=> 未月 壬水는 己土가 당권(當權)하여 겁이 많고 약하다. 먼저 辛金과 수원(水源)을 발하고 甲木으로 己土를 제해야 한다. 未月에는 己土가 壬水를 탁하게 할 염려가 있어 甲木을 취하지만 癸水가 甲木을 윤택하게 하지 않으면 유용하지 않다. 未月 壬水는 辛甲이 양투하면 부귀격을 이룬다.

甲木이 암장되고 辛金이 투하면 의금이나 늠공은 잃지

않는다. 辛金이 암장되고 甲木이 투하면 이도로 무직(武職)이 있다. 未月 壬水는 甲壬이 양투하면 나라를 다스리는 귀가 있다고 했는데 己土가 미궁(未宮)에 하나만 있으면 甲木이 별달리 유용하지 않다. 오히려 庚壬이 양투하면 지위가 높다. 甲木이 암장되고 壬水가 투하여 파되지 않으면 습개(拾芥)의 재능(才能[366]))은 있다. 이때 지지地支)에 土火가 많으면 청빈(淸貧)하다.

2. 혹 한 무리의 己土가 있어 가종살격(假從殺格)이면 사람됨이 간사(奸詐)하고 또한 고빈(孤貧)하니 甲乙木이 출(出)하여 제(制)하면 가히 구제(救濟)됨이 있다. 무릇 土가 생왕지(生旺地)에 있으면 마땅히 木을 용(用)하여 제(制)해야 묘(妙)하다.

혹 지지(地支)에 목국(木局)을 이루면 水의 설(洩)이 태과(太過)하여 의당 金水를 용(用)하면 귀(貴)하니 金을 아내를 삼고 水가 자식이 된다.

=> 未月 壬水에 일파(一派) 己土가 있으면 가살(假殺)로 사람됨이 간사(奸詐)하고 또한 고빈(孤貧)하니 甲乙木이 출간(出干)하여 제(制)하면 가난을 면하고 의식(衣食)이 있다. 己土는 壬水를 탁(濁)하게 할 수는 있으나 제(制)할 수는 없다. 壬水가 청(淸)하면 지혜(智慧)가 있으나, 니사

366) 채근습개(採芹拾芥)는 생원(生員)이나 진사(進士) 정도의 신분을 의미한다고 보면 된다.

(泥沙)가 잡되게 하면 간교(奸巧)하여 남을 잘 속인다. 무릇 土가 생왕지(生旺地)에 있으면 마땅히 木을 용(用)하여 제(制)해야 한다. 후토(厚土)는 甲木으로 제(制)하는 게 정법(正法)이다. 乙木 또한 규양해우(刲羊解牛)[367]로 未와 丑은 찌르고 가르는 힘이 있다.

지지에 목국을 이루면 水의 설이 태과하여 金水를 귀로 삼으니 金은 아내로, 水가 자식이 된다.

三秋 壬水

申月 壬水

戊 丁　　전용무토, 차취정화좌무제경.

專用戊土, 次取丁火佐戊制庚.

단용진술지무, 불용신중수병지무.

但用辰戌之戊, 不用申中受病之戊.

1. 申月 壬水는 庚金이 사령(司令)하는 때로 壬水가 申의 장생(長生)을 얻어 원류(源流)가 자연 심오하니 약(弱)이 강(强)으로 바뀌어 戊土를 전용(專用)하고 다음으로 丁火를 취(取)해 戊土를 보좌(輔佐)하며 庚金을 제(制)한다.

---

367) 찌를 규/ 양 양/ 해부하다 해/ 소 우./ **乙木의 丑未土 制伏을 비유함.(丑-소, 未-양)**

다만 辰戌土를 용(用)하고, 병(病)을 얻은 申中 戊土는 용(用)하지 말라.

=> 申月 壬水는 庚金이 사령(司令)하는 때로 庚金은 壬水의 어머니로 의모당령(倚母當令)이라 한다. 壬水는 申金을 발원지(發源地)로 삼아 일사천리(一瀉千里)로 흐르므로 戊土로 제방(堤防)을 쌓아야 한다. 신궁(申宮)의 戊土로는 수왕(水旺)하여 土가 유탕(流蕩)되므로 제방(堤防)을 쌓을 수 없다. 辰戌은 모두 戊土가 당왕(當旺)하여 용신(用申)으로 삼을 수 있다.

2. 戊丁이 함께 투(透)하면 과갑(科甲)하여 생원(生員)이 된다. 천간(天干)에 戊土가 투(透)하고 丁火가 午戌에 암장(暗藏)되면 숨으면 은봉(恩封)은 가히 기대(期待)할 만 하고 특히 戊癸 화합(化合)을 꺼린다.

=> 월령(月令)의 庚金이 戊土를 설(洩)하여 약하게 하므로 丁火로 제(制)해야 戊土가 유용(有用)해진다. 다만 丁火가 壬水와 합(合)이 되면 병(病)이 되므로 서로 떨어져 있을수록 길하다. 申月 壬水에 戊丁이 함께 투(透)하면 과갑(科甲)하여 관직(官職)에 오른다. 戊丁은 나란히 투출(透出)해야 길하다. 즉 丁年 戊申月을 말한다. 戊土가 투(透)하고 丁火가 午戌에 암장(暗藏)되면 숨으면 은봉(恩封)은 가히 기대(期待)할 수 있다. 이때 癸水를 만나 합화

(合化)하면 흉하다.

3. 만일 지지(地支)에서 寅戌을 보고 年에 丁火가 출(出)하면 가히 의금(衣衿)은 허락한다. 혹 丁戊가 양장(兩藏)하면 부중취귀한다.

=> 지지(地支)에서 寅戌을 보고 年에 丁火가 출(出)하면 가히 의금(衣衿)은 허락한다. 丁戊가 양장(兩藏)하면 부(富)한 가운데 귀(貴)를 취한다. '조화원약'에는 丙戊가 모두 암장(暗藏)되어 있으면 부중취귀(富中取貴)한다고 했는데 이것은 지지(地支)에 寅巳가 있다는 뜻이다.

4. 혹 **사주(四柱)에 壬水가 많고 戊土가 또한 투간(透干)하면 가살화권(假煞化權)**[368]**으로 낭원(閬苑)**[369]**의 신선(神仙)과 같다.** 지지(地支)에서 甲木을 보아도 크게 꺼리지 않는다. 다만 태다(太多)하면 상인(常人)이다. 庚金이 申에 거(去)하니 꽤 의록(衣祿)은 있다.

=> 이때 지지(地支)에서 甲木을 보면 크게 꺼림이 없으나 태다(太多)하면 申中 庚金으로 제(制)하기 부족하므로 평범해진다. 그러나 庚金이 신궁(申宮)에 있으므로 의록(衣祿)은 이지러짐이 없다.

---

368) 살(殺)이 적으면 편관(偏官)이 정관(正官)의 작용을 하므로 권위(權威)가 있다는 말이다. 위권이 높은 사람이 됨.

369) 솟을대문 랑, 나라동산 원

5. 혹 戊土가 많아 투(透)하면 甲木을 얻어 제(制)해야 대략(大略) 귀(貴)하고 甲木이 없으면 상인(常人)이다. 혹 한 무리의 甲木이 있는데 다시 火가 많고 庚金이 출(出)하지 않으면 조상(祖上)과 고향(故鄕)을 떠나며 인연(因緣)을 따라 날짜를 헤아린다. 申中에 庚金으로 덮어도 구제(救濟)가 불능(不能)이다.

=> 申月 壬水에 戊土가 많이 투(透)하면 신왕살강(身旺殺强)하나 甲木으로 제(制)하면 식신제살(食神制殺)로 보통 귀격(貴格)을 이룬다.

申月 壬水에 일파(一派) 甲木이 있는데 다시 火가 많고 庚金이 출간(出干)하지 않으면 조상(祖上)과 고향(故鄕)을 떠나 인연(因緣)대로 사는 사람이다. 이때는 庚金이 투(透)해도 구제(救濟)할 수가 없다.

6. 申月 壬水는 戊土를 전용(專用)한다. 丁火로 보좌(輔佐)한다.

=> 申月 壬水는 戊土를 용(用)하는 인수용살격(印綬用殺格)으로 귀격(貴格)을 이루고, 신왕(身旺)하여 재관(財官)을 감당하니 丁戊로 재자약살격(財滋弱殺格)을 이루면 부귀(富貴)하다.

酉月 壬水

甲　庚　정금백수청, 기무토위병, 용갑.

正金白水清, 忌戊土為病, 用甲.

갑목일투제무, 임수철저징청, 명고한원.

甲木一透制戊, 壬水澈底澄清, 名高翰苑.

1. **酉月 壬水는 辛金이 사권(司權)하여 정히 금백수청(金白水清)[370]이니 戊土가 병으로 꺼려 甲木을 전용한다. 甲木이 하나 투하여 戊土를 제하면 壬水가 철저하게 징청(澄淸)[371]하여 한원(翰苑)에 이름이 높다.** 만약 甲木이 시간(時干)에 출하면 공명이 현달하고 그렇다 하더라도 庚金이 나타나 파(破)하면 역시 상인(常人)에 속한다.

만일 甲木이 지지(地支)에 암장(暗藏)되고 庚金이 없으면 가히 수재(秀才)는 허락한다.

=> 酉月 壬水는 辛金이 사권(司權)하여 금백수청(金白水清)이 되니 戊己土가 있으면 병(病)이 된다. 따라서 甲木으로 용신으로 삼아야 한다. **申月 壬水는 庚金과 녹(祿)이**

---

370) 水命이 金이 적지않음을 말하는 것으로 무조건 좋은 의미는 아님. 辛金이 사권하여 金多水少로 수가 많음이 아니니 무토를 쓰는 게 아니고 갑목을 전용한다. cf. **금수상함**: 추금이 수를 보는 것으로 秀氣를 발하여 영특하다. **금이 왕할 때 금다수천(金多水淺)을 만들어야 계곡물 맑고 청함. 물은 자고로 맑고 따뜻해야 쓸모가 있다. 맑으려면 적어야한다.** 계곡물이나 암반수가 강물보다 더 맑다.

371) 맑을 징, 맑을 청.

상생하여 충분(沖奔)하는 성질이 있기 때문에 戊土를 취하고 酉月 壬水는 패지(敗地)에 해당하여 왕(旺)하지도 약(弱)하지도 않다.

만일 壬水가 申亥에 통근(通根)되면 금백수청(金白水淸)을 짓지도 않는다. 酉月 壬水에 甲木이 하나 투(透)하여 戊土를 제(制)하면 壬水가 밑바닥까지 맑으니, 과갑(科甲)으로 관직(官職)에 오른다. 보이지 않게 혼탁하게 만드는 것을 막아야 하는데 甲木이 있으면 水가 스스로 청(淸)하게 되어 격국(格局)이 자연적으로 귀(貴)가 있다.

甲木이 지지(地支)에 암장(暗藏)되고 庚金이 없으면 가히 수재(秀才)를 허락하고 의금(衣衿)을 잃지 않는다.

2. 혹 천간에 壬水가 있고 지지에서 申亥를 보면 甲木을 용하지 않고 戊土를 용한다. 비록 亥에 甲木이 있으나 다시 申中 金이 甲木을 제하니 수재(秀才)가 일정(一定)하고 또 부(富)가 풍족(豊足)하고 재능(才能)이 많다.

3. 혹 戊土가 없고 金水가 많으면 명주(命主)가 맑으나 재주는 없어 곤고(困苦)한 한유(寒儒)가 된다. 甲木이 없고 庚金을 용(用)하면 水가 발(發)하는 근원(根源)이 되니 독수삼범경신(獨水三犯庚辛)으로 체전지상(體全之象)이라 한다.

酉月 壬水는 甲木을 전용(專用)하고 庚金을 차용(次用)한다. 甲木을 용(用)하면, 水가 아내요 木이 자식이 된다.

=> 金水가 많은데 戊土로 막지 않으면 사람은 깨끗하나 재주가 없어 가난을 면키 힘들다. 곤고(困苦)한 한유(寒儒)가 된다. 酉月 壬水에 甲木이 없고 庚金을 용(用)하면 水가 발(發)하는 근원(根源)이 되니 독수삼범경신(獨水三犯庚辛)으로 체전지상(體全之象)이 되니 부귀(富貴)하다.

酉月 壬水는 甲木을 전용(專用)하고 庚金을 차용(次用)한다. 甲木을 용(用)하면 수처목자(水妻木子)로 금백수청(金白水淸)을 이루며 격국(格局)의 겉모습은 인용식신격(印用食神格)이 된다.

戌月 壬水

甲　丙　　술월임수진기, 기성특후, 견일갑,
戌月壬水進氣, 其性特厚, 見一甲,
제술중지무, 무출간, 사용병화.
制戌中之戊, 戊又出干, 斯用丙火.

1. 戌月 壬水는 진기(進氣)하니 그 성질이 장차 두텁게 되어 만약 한 무리의 壬水가 甲木을 보면 戌中 戊土를 제(制)하고 戊土가 출간(出干)하면 丙火를 용(用)한다. 차격

(此格)은 청귀(淸貴)가 지극(至極)하여 정히 일장당관(一將當關)에 부합(符合)되니 간사(奸詐)한 무리들이 알아서 엎드리고 혹 丙戊를 보지 않으면 역시 묘(妙)함이 없다.

=> 戌月 壬水는 亥水가 진기(進氣)하여 점점 왕성(旺盛)해지므로 甲木을 용신(用神)으로 삼고 丙火로 보좌(輔佐)해야 한다. 壬水가 많은데 지지(地支)에 子水가 있으면 살인격(殺刃格)이 되고, 壬水가 많은데 戊土도 많으면 신강살왕(身强殺旺)하니 이때 甲木으로 제살(制殺)하면 살용식제격(殺用食制格)을 이루어 위권(威權)이 높다. 甲木이 水를 설(洩)하고 丙火가 土를 따뜻하게 하면 국세(局勢)가 원활해지므로 年月에 丙戊가 투(透)하고 시간(時干)에 甲木이 투(透)하면 격국(格局)이 완전해진다.

2. 혹 한 무리의 戊土가 있고 己庚의 잡란(雜亂)이 하나도 없는데 시간(時干)에 하나의 甲木이 투(透)하면 살용식제격(殺用食制格)으로 옥당(玉堂)에 청귀(淸貴)함이 있다. 만일 甲木이 월상(月上)에 투(透)해도 역시 과갑(科甲)한다.

만약 지지(地支)에 己土가 암장(暗藏)되어도 일방(一榜)은 가히 도모(圖謀)한다. 혹 庚金이 투(透)하고 丁火가 결핍(缺乏)되면 빈천(貧賤)한 사람이다. 혹 丁火가 투(透)하고 甲木을 보면 대략(大略) 귀(貴)하다. 혹 水가 많고

丙火가 결핍(缺乏)되었는데 戊土를 용(用)하면 상인(常人)이다.

=> 戊月 壬水에 일파(一派) 戊土가 있고 己庚의 잡란(雜亂)이 하나도 없는데 시간(時干)에 하나의 甲木이 투(透)하면 옥당(玉堂)에 청귀(淸貴)함이 있다. 甲木이 용신(用神)이면 己庚이 잡되지 않아야 청귀(淸貴)한 명(命)이 된다. 시간(時干)에 甲木이 있으면 甲辰時 생(生)으로 식신(食神)이 뒤에 있어야 식신제살(食神制殺)의 완전한 격(格)을 이룬다.

甲木이 월상(月上)에 투(透)해도 과갑(科甲)하고 지지(地支)에 己土가 암장(暗藏)되어도 일방(一榜)은 허락한다. 이때 庚金이 투(透)하고 丁火가 제(制)하지 않으면 빈천(貧賤)해진다. 丁火가 투(透)하고 甲木을 보면 부귀(富貴)가 적당하다.

戊月 壬水에 壬水가 왕양(汪洋)하여 戊土를 용(用)해 군수(群水)를 제(制)하면 일장당관(一將當官)에 군사자복(群邪自伏)이라 한다.[372] 그러나 丙火가 결핍(缺乏)되면 불가(不可)하다. 戊月에는 壬水가 진기(進氣)하여 동토한수(冬土寒水)가 되기 때문이다. 따라서 丙火가 없으면 상

372) **일장당관(一將當官)에 군사자복(群邪自伏)**: 어떠한 건자(健者)하나(일장)가 관중(주중)에 나타나서 떼를 지어 나를 괴롭히고 해치려는 자를 제압하니 삿된 무리들이 스스로 엎드려 물러선다.

인(常人)에 지나지 않는다.

3. 戊月 壬水는 甲木을 전용(專用)하고 丙火를 차용(次用)한다. 土를 용(用)하면, 火가 아내요 土가 자식이 된다.

=> 戊月 壬水는 甲木을 용신(用神)으로 삼은 다음 丙火로 보좌(輔佐)하고 戊土는 참작(參酌)해서 취한다. 壬水가 많으면 戊土를 용(用)하는데 이때는 화처토자(火妻土子)로 재왕생살(財旺生殺)로 성격(成格)되는 경우를 뜻한다.

三冬 壬水

亥月 壬水

戊　丙庚　해월임수사권, 지왕지극, 취무위용,
亥月壬水司權, 至旺之極, 取戊為用,
우수경제갑, 무경량전, 위현권고.
又須庚制甲, 戊庚兩全, 位顯權高.

1. 亥月 壬水는 사권(司權)하여 왕함이 지극하니 戊土를 취하여 용하고 만약 일간이 辰에 생하고 辰時를 본다면 필히 戊土가 투해야 하며 또한 마땅히 庚金으로 甲木을 제해야 戊土가 상하지 않고 戊庚이 양전(兩全)하여 정히 명주(命主)는 등과급제(登科及第)하고 위현권고(位顯權高)[373)]

하다.

=> 동월(冬月) 壬水는 영(令)을 잡았으나 기후(氣候)가 매우 추우므로 만물(萬物)이 얼어붙는다. 丙火가 없으면 해동(解凍)이 불가하고 木을 생(生)하려는 뜻이 티끌만큼도 없다. 양화(陽和)한 화기(火氣)의 조후(調候)가 필수다.

亥月 壬水는 사권(司權)하여 충분(沖奔)하는 세력이 있다. 따라서 戊土로 용신(用神)으로 삼고 丙火로 보좌(輔佐)해야 한다. 만약 壬辰日이 甲辰時에 태어나면 壬水가 넓고 커서 질편한 세력을 갖는다. 이때 戊土가 투하고 庚金이 甲木을 제하면 戊土가 상하지 않는다. 따라서 戊庚이 양투하면 과갑으로 관직에 오른다.

2. 혹 甲木이 出하여 戊土를 제하고 庚金의 구제를 보지 못하면 단연코 곤궁하다. 戊土가 암장되었는데 제하지 못하면 가히 생원은 허락한다. 혹 戊庚이 양투(兩透)하고 甲木이 없으면 역시 명주(命主)는 영현(榮顯)하다.

=> 戊土가 암장(暗藏)되었는데 제(制)하지 못하면 생원(生員)은 허락한다. 그러나 甲木이 투(透)하여 戊土를 제하는데 庚金으로 구제(救濟)하지 못하면 곤궁(困窮)해진다. 壬辰은 해궁(亥宮)에는 甲木이 장생하니 土가 水를 제하면 木이 배식(培植)되어 왕(旺)해지므로 戊土를 상(傷)

373) 현달하여 권위가 높다.

하게 만드는 것이다.

결론적으로 亥月 壬水는 식신제살(食神制殺)을 취하지 않고 재자약살(財滋弱殺)을 취하며 식신(食神)는 반드시 효인(梟印)으로 구해야 한다.[374]

고서(古書)에 土가 水의 흐름을 막으면 복수(福壽)가 완전하다고 했다. 그러므로 재(財)로 자살(滋殺)하면 부귀복수(富貴福壽)가 있는 명(命)이 된다.[375] 이때 庚金이 투출(透出)해야 하는 것은 해궁(亥宮)에 장생(長生)된 甲木의 기(氣)를 막아야 하기 때문이다.[376] 亥月 壬水에 戊庚이 양투(兩透)하면 甲木이 투(透)하지 않아도 역시 명주(命主)는 영현(榮顯)하다.

3. 혹 지지(地支)에 목국(木局)을 이루고 甲乙木이 출간(出干)했는데 庚金을 얻어 투(透)하면 부귀(富貴)하다. 庚金이 없으면 평상(平常)하다.

=> 亥月 壬水에 지지(地支) 목국(木局)을 이루고 甲乙木이 출간(出干)했는데 庚金을 얻어 투(透)하면 부귀(富貴)하다. 庚金이 없으면 평범(平凡)하다. 亥卯未 목국(木局)을 이루면 원신(元神)이 설(洩)되어 흩어지므로 상관(傷

---

374) 해월임수는 무토가 제1용신이므로 甲戊(식신제살)를 취하지 않고, 丙戊(재자약살)를 취한다.

375) 土는 火를 만나면 실(實)해지므로 왕수(旺水)를 제(制)할 수 있으므로 복수가 있다.

376) 갑목이 왕수를 제어할 무토를 제하면 안 된다.

官)이 왕(旺)하면 권리를 잃는다. 이때는 효인(梟印)으로 아신(我身)을 부조(扶助)하면 길하다.

4. 혹 지지(地支)에 수국(水局)을 이루고 戊己土를 보지 못하면 윤하격(潤下格)으로 운(運)이 서북으로 가면 대부귀하나 동남으로 가면 필시 위급하다.[377)]

=> 亥月 壬水에 지지 수국(水局)을 이루고 戊己土를 보지 못하면 윤하격(潤下格)으로 운(運)이 서북(西北)으로 가면 대부귀(大富貴)하나 동남(東南)으로 가면 빈천(貧賤)해지기 쉽다.

5. 혹 丙戊가 양투하면 火土의 운에 들어 명리(名利)가 쌍전(雙全)한다. 혹 丙火가 있고 戊土가 없으면 가히 의록은 있다. 戊土가 있고 丙火가 없으면 축재(蓄財)는 바라기 어렵다.

6. 亥月 壬水는 오로지 戊丙을 用하고 庚金은 차선으로 취한다.

---

377) **무릇 전왕격(專旺格)의 팔자(八字)는 기세(氣勢)가 한곳으로 모이므로 염상(炎上)은 동남(東南)으로 흐르고, 윤하(潤下)는 서북(西北)으로 운(運)이 흘러야 아름답다.** '적천수'에 이르길 독상(獨象)은 운(運)이 화지(化地)로 흘러야 길하다고 했다. 화(化)는 인화(引化)로 식신(食神)을 뜻한다. 격(格)에는 순잡(純雜)이 있으니 순하면 식상지(食傷地)가 길하고, 잡되면 서북운(西北運)이 길하다. 동수(凍水)는 흐르지 않는데 서북운(西北運)이 길하다고 한 것은 팔자(八字)에 丙火의 조후(調候)가 내포되어 있기 때문이다.

=> 丙戊가 모두 투출(透出)하면 甲木에 생기(生氣)가 있으나 丙火를 생(生)하여 戊土를 파(破)하지 않으니 庚金으로 甲木을 제(制)하지 않아도 무방하다

子月 壬水

戊 丙　양인방신, 교전경왕, 선취무토, 차용병화,
陽刃幫身, 較前更旺, 先取戊土, 次用丙火,
병무량투, 부귀영화.
丙戊兩透, 富貴榮華.

1. 子月 壬水는 양인(陽刃)이 방신(幇身)하니 전월(前月)에 견주어 재차 왕(旺)하므로 먼저 戊를 취(取)하고 丙火를 차용(次用)하니 丙戊가 양투(兩透)하면 부귀(富貴)하고 영화(榮華)롭다.

=> 子月 壬水는 양인(陽刃)이 방신(幇身)하니 亥月보다 비교적 왕성(旺盛)한 때에 있으나 비교적 이치는 같다. 먼저 戊土를 취(取)한 다음에 丙火를 차용(次用)한다. 양인(陽刃)이 권리를 잡았는데 丙戊가 양투(兩透)하지 않으면 부귀영화(富貴榮華)를 기대하기 어렵다. 丙戊가 모두 투출(透出)하면 과갑(科甲)으로 부귀(富貴)가 있고, 재능과 덕(德)이 모두 있다.

2. 戊土가 있고 丙火가 없으면 대략(大略) 부(富)를 말할 수 있다. 丙火가 있고 戊土가 없으면 일을 꾀하기를 좋아해도 이루는 게 없다.

=> 만일 戊土가 있고 丙火가 없으면 명리(名利)가 온전하기 어렵고, 丙火가 있고 戊土가 없으면 계획은 좋으나 성과가 없다.

고서(古書)에 이르길, 건록월(建祿月)에 태어나면 재관(財官)이 투(透)해야 길하다고 했다. **양일간(陽日干)에 재관(財官)이 있다는 것은 정재(正財), 정관(正官)이 아니라 편재(偏財), 편관(偏官)을 말한다.** 따라서 子月 壬水는 丙戊 중 하나라도 없으면 온전하지 않다.

3. 혹 지지(地支)에 수국(水局)을 이루고 丙火가 출간(出干)하지 않으면 戊土가 있어도 용속(庸俗)한 사람이 된다. 혹 丙火가 투(透)하여 득소(得所)하고 戊土가 지지(地支)에 암장(暗藏)되면 가히 현달(顯達)하나 마땅히 운(運)을 얻어 써야 묘(妙)하다.

=> 子月 壬水에 지지(地支) 수국(水局)을 이루었는데 丙火가 출간(出干)하지 않으면 戊土가 있어도 득소(得所)하지 못하여 평범(平凡)한 명(命)이 된다. 이때 지지(地支)에 丙戊가 암장(暗藏)되어 있으면 해동(解凍)하며 흐름을 막으니 공명(功名)이 비상하게 발전한다. 그러나 대운(大

運)이 돕지 않으면 불가하다.

丙火가 투(透)하여 득소(得所)하고 戊土가 지지(地支)에 암장(暗藏)되어도 마찬가지다. 이때 득소(得所)는 녹(祿)을 얻어 왕(旺)해지는 것을 말하니 즉 지지(地支)에 巳戌이 있는 것을 의미한다. 이때는 운정(運程)에서 득지(得地)해야만 지위(地位)가 높이 나타난다.

4. 혹 지지(地支)에 화국(火局)을 지으면 일부(一富)가 된다.

=> 子月 壬水에 지지(地支) 화국(火局)을 지으면 신왕재왕(身旺財旺)하여 갑부(甲富)가 된다.

5. 혹 月時에 비견을 보고 年에서 丁火를 보면 평상의 무리다.

=> 子月 壬水에 지지 화국(火局)을 지으면 신왕재왕(身旺財旺)하여 대부격(大富格)을 이루나 이때 천간(天干)에서 비견이 쟁재(爭財)하는 구도로 나타나면 용록(庸碌)하며 평범한 명(命)이 되기 쉽다. 月時에 비견(比肩)을 보고 年에서 丁火를 보면 평상(平常)의 무리가 된다. 즉 壬月이나 壬時 생(生)이 年에 丁火를 보면 비견(比肩)이 쟁재(爭財)하게 된다.

6. 지지(地支)에 사고(四庫)를 이루면 부귀(富貴)한 사

람이다. 혹 시간(時干)에 丁火가 출(出)하면 쟁합(爭合)으로 명주(命主)는 명리(名利)를 이루기 어렵다.

=> 년간(年干)에 丁火가 투(透)하고 지지(地支)에 사고(四庫)가 있으면 水의 흐름을 막아 부귀격(富貴格)을 이루는데 戊은 재고(財庫)에 해당하여 길하다. 만일 시간(時干)에 丁火가 출(出)하면 쟁합(爭合)으로 화론(化論)을 짓지 않으므로 하격(下格)이 되어 명리(名利)를 이루기 어렵다.

7. 혹 壬子日, 丁未時면 비록 과갑(科甲)은 아니더라도 역시 은영(恩榮)이 있다. 子中 癸水를 관(官)으로 삼아 용신득지(用神得地)라 일컬으며 역시 명주(命主)는 영화(榮華)가 있다.

=> 子月 壬水에 壬子日, 丁未時면 비록 과갑(科甲)은 아니더라도 역시 은영(恩榮)이 있다. 이것은 **병립(竝立)된 자궁(子宮) 癸水가 戊土의 허신(虛神)을 합(合)해 오는 힘이 있기 때문이다. 또한 암화(暗火)의 기(氣)를 발생시켜 마치 丙戊와 같은 것이다. 용신득지(用神得地)는 이를 두고 한 말이다.** 즉 子水가 도충(倒沖)해온 午中 丁己로는 丙戊와 다른 것으로 午未 상합(相合)으로 이를 대치한 것이다.

그러나 원문(原文)의 用子中癸水爲官, 用神得地는 분명 壬子日을 논한 것이고, 도충(倒沖)의 개념이 아닌 다분히

자사특합(子巳特合)[378]을 염두에 두고 이른 말이다. 문제는 굳이 丁未時를 언급한 부분을 들 수 있는데 이것은 위에서 쟁합(爭合)과 대비되는 내용을 거론한 것에 불과하다.

8. 子月 壬水는 丙戊를 병용(竝用)한다.

=> 子月 壬水는 丙戊를 병용(竝用)하니 양인용재대살(陽刃用財帶殺)로 상격(上格)을 이룬다.

丑月 壬水

丙　甲　　왕극부쇠, 하야? 상반월계신주사, 고왕,
旺極復衰, 何也? 上半月癸辛主事, 故旺,
전용병. 하반월용병, 갑목좌지.
專用丙. 下半月用丙, 甲木佐之.

1. 丑月 壬水는 왕(旺)이 극(極)에 달하여 다시 쇠(衰)해진다. 상반월(上半月)에는 癸辛이 주사(主事)하여 왕(旺)하기 때문에 丙火를 전용(專用)한다. 하반월(下半月)에는 己土가 주사(主事)하므로 쇠(衰)하다. 丙火를 용(用)하고 甲木으로 보좌(輔佐)한다.

=> 丑月 壬水는 왕(旺)이 극(極)에 달하여 다시 쇠(衰)

---

378) **자사특합(子巳特合)**: 壬子月 壬子일에 丙戊의 재관(財官) 없어도 은영이 나타난다. 중첩된 子中 癸水가 戊癸合을 하기 위해 巳를 불러와 巳중 丙戊(財官)을 用함.

해지는 때에 있다. 상반월(上半月)에는 癸辛이 권리를 잡아 壬水가 왕(旺)하므로 丙火를 전용(專用)한다. 하반월(下半月)에는 己土가 권리를 잡으므로 壬水를 왕(旺)으로 논하지 않는다. 먼저 丙火를 용(用)하고 甲木으로 보좌(輔佐)한다.

상반월(上半月)은 壬癸水가 12일 동안 왕(旺)하고, 하반월(下半月)은 土가 18일이 있으니 모두 왕(旺)으로 추측하면 안 된다. 甲木은 己土가 壬水를 탁(濁)하게 만드는 것을 막기 위해서다. 丙火는 상하월을 불문하고 중요한 용신(用神)이므로 丑月 壬水에 丙火가 있으면 명리(名利)가 모두 있다. 丙火기 없으면 귀(貴)가 작고 종내 빈고(貧苦)를 면키 어렵다.

2. 丙火가 있으면 해동(解凍)하니 명리(名利)가 쌍전(雙全)하다. 丙火가 투(透)하고 甲木이 출(出)하면 과갑(科甲)의 귀(貴)가 있으나 사주(四柱)에 壬水가 없어야 묘(妙)하다. 丙火가 없으면 단지 추운 선비다. 혹 사주(四柱)에 壬水가 많고 戊土가 투(透)하여 제(制)하면 의금(衣衿)은 가망(可望)이 있다.

=> 丑月 壬水에 丙火가 있으면 해동(解凍)하니 명리(名利)가 쌍전(雙全)한다. 丙甲이 투출(透出)하면 과갑(科甲)의 귀(貴)가 있다. 이때 壬水가 丙火를 핍박(逼迫)하지 않

아야 길하다. **한난조습(寒暖燥濕)은 간지(干支)의 경계에 구애되지 않으므로 지지(地支)에서 壬水가 득지(得地)해도 평범(平凡)한 명(命)이 되기 쉽다.**

丑月 壬水에 丙火가 없으면 단지 추운 선비에 지나지 않고, 사주(四柱)에 壬水가 많고 戊土가 투(透)하여 제(制)하면 의금(衣衿)은 가망(可望)이 있다. 즉 격국(格局)이 상승하는 것은 아니므로 평범(平凡)한 가운데 의금(衣衿)과 녹수(祿壽)가 있을 뿐이라는 얘기다.

3. 혹 丁火가 시간(時干)에 출(出)하고 화합(化合)하여 木을 이루는데 재차 월간(月干)에 丁火를 보고 癸水가 없으면 파격(破格)이나 부귀(富貴)하다.

=> 이것은 子月 壬水가 년간(年干)에서 丁火를 보고 지지(地支)에 사고(四庫)를 보는 것과 비슷하다. 그러나 丑月에는 壬丁 합(合)으로 화(化)한 목기(木氣)가 火를 보태고, 丑土를 견제하기 때문에 더욱 길하다.

4. 혹 지지(地支)에 금국(金局)을 이루고 丙丁火를 보지 않으면 금한수동(金寒水凍)으로 일세(一世) 고빈(孤貧)하며 火를 보아 대략(大略) 귀(貴)하다. 만일 丙火가 투(透)하고 辛金을 만나면 역시 묘(妙)함이 없고 丁火를 보면 자못 길(吉)하다.

=> 丑月 壬水에 지지(地支) 금국(金局)을 이루고 丙丁火

를 보지 않으면 금수침한한도저(金水沈寒寒到底)가 되어 평생 고독하며 가난하다. 이때는 火로 한기(寒氣)를 풀어야 한다.

5. 납월(臘月)[379] 壬水는 먼저 丙火를 취(取)하고 丁甲으로 보좌(輔佐)하니 수랭금한애병정(水冷金寒愛丙丁)하기 때문이다. 火를 用하면, 木이 아내요 火가 자식이 된다.

=> 丑月 壬水는 먼저 丙火를 취(取)하고 丁甲으로 보좌(輔佐)한다. 고서(古書)에는 금한수냉(金寒水冷)하면 丙丁火를 좋아한다고 했다. **금왕(金旺)하면 丙火가 투출(透出)해야 하나, 辛金이 있으면 丁火가 있어야 길하다. 이것은 酉月 庚金이 丙丁火를 병용(竝用)하는 이치와 같다. 그러므로 丙火가 투(透)하고 辛金을 만나면 용신(用神)이 기반(羈絆)되어 묘(妙)함이 없고 이때 丁火를 보면 丙火가 온도를 유지할 수 있으니 길하다는 것이다.** 丙火가 용신(用神)이면 목처화자(木妻火子)로 정관용재(正官用財)로 성격(成格)됨을 의미한다.

6. 水가 왕(旺)하여 원(垣)에 거(居)할 때 지혜(智慧)가 있고, 水土가 혼잡(混雜)하면 필시 우완(愚頑)하다. 壬癸

---

379) **납월(臘月)**: 섣달의 다른 이름이 '납월'이다. 신년이 되면 지나간 달, 곧 12월을 일컬어 구랍(舊臘)이라고 하는데 이는 '지난 납월'이라는 뜻이다

의 경로(經路)가 남쪽의 성곽(城郭)을 향하면 주로 건강(健康)하여 부귀(富貴)를 감당(堪當)하고 도모(圖謀)한다. 재차 이르길, 생각건대 수목상관격(水木傷官格)이 있다면 재관(財官)을 서로 보아야 비로소 기뻐할 것이다.

=> 丑月 壬水에 水가 왕(旺)하여 담장에 머무르면[380] 지혜(智慧)가 있고, 水土가 혼잡(混雜)하면 반드시 어리석고 완고(頑固)하다. 壬癸水가 남쪽으로 가면 건강하고 부귀(富貴)를 감당할 수 있다. 수목상관(水木傷官)은 재관(財官)이 모두 있어야 길하다. 동월(冬月) 壬水는 丙戊가 중요한 용신(用神)이니 이 이치는 수목상관(水木傷官)에만 해당하는 것이 아니다.

---

380) 담장에 있다는 것은 水가 월령(月令)에서 당왕(當旺)한 것을 말한다.

10. 癸水[381)]

381) **癸水 (적천수 천간론) : 계수지약,달어천진(癸水之弱,達於天津)**: 癸水는 약하나 天津에 달한다. 醉醒子에 이르길, 癸水는 陰으로 弱하기 이를 데 없지만, 전부 雨露에 속하는 것은 아니라고 했다. 雨露가 모이면 강호를 이루는 것이다. 壬癸는 음양인데 하나로 나누어 칼로 자르듯이 나눌 수는 없다. 물이 불을 만나면 훈증되어 수증기가 되고, 그 수증기가 위로 올라가 구름이 되고 안개가 되며 대기 중에서 냉한 기류를 만나면 냉각되어 아래로 내리면 비와 이슬이 된다. 비와 이슬이 모여 강과 호수를 이루니 이렇게 순환되어 끊임없이 돌고 돌아 음양도 수시로 교체가 되는 것이다. 따라서 癸水가 지지에 수국을 보면 대해수가 되는 것이다. 더욱이 壬水 마저 出干하면 潤下格을 이루어 대부대귀한다. 이를 天津地洋이라 해서 하늘과 바다를 잇는 나루터와 같은 격으로 상서로운 뜻을 지닌다. 癸水는 본성을 잃지 않으면 대개 조화하여 윤택한 공을 이룬다. **/득룡이운,공화사신(得龍而運,功化斯神)**: 龍을 얻으면 운하며, 功이 斯神을 따른다. 龍이란 辰을 말하니, 辰을 보면 化氣의 원신이 투출하는 것은 정해진 이치다. 辰月 癸水가 天干에 化神 丙火를 보면 正官用財의 貴格을 이룬다. **/불외화토,불론경신(不畏火土,不論庚辛)**: 火土를 두려워하지 않고 庚辛을 논하지 않는다. 火土가 많으면 從化하므로 이를 기피하지 않고, 庚辛의 생부에 기대지 않는다. 癸水는 火旺하면 從火하고 土旺하면 從土하니 담는 그릇에 따라 형태가 달라진다. 계수는 해자수나 임수에 의해 왕성해지며 금의 부조로 강해지는 법은 없다. 가령 卯月 癸水는 水木傷官을 體로 삼아 木神이 당왕하므로 印綬 庚辛金을 용하는 것이다. 즉 水源의 의미가 아닌 木을 破하는 역할을 수행하는 金으로 傷官佩印의 貴格을 이룬다. **/합무견화,화근내진(合戊見火,化根乃眞)**: 戊를 合하고 火를 보게 되면 化의 뿌리가 참된 것이다. 戊癸 合化를 이룬 상황에서 재차 丙丁火를 보게 되면 필시 火로 化하므로 진정한 화격을 이루는 것이다. 陰干의 眞化는 방국을 짓지 않아도 辰時를 얻어 眞象을 이룬다.

- 三春 계수중 寅月은 癸水가 쇠갈하므로 辛金으로 발원한 다음 丙火로 조후해야 한다. 卯月은 乙木을 제하기 위해 庚辛金을 쓴다. 辰月은 丙火를 용하고 辛金으로 보한다.

- 三夏 계수는 火가 권리를 잡을 때로 먼저 辛金을 취한 다음, 庚金을 쓴다. 庚辛金으로 生水해야 하고, 이때 壬水가 있으면 귀격을 이룬다. 未月에도 庚辛金이 투해야 상격이 된다.

- 三秋 계수중 申月에는 庚金이 왕성해지므로 먼저 丁火로 제하고, 甲木을 쓴다. 중추에는 丙火와 辛金을 취하고, 戌月에는 辛金을 용하고, 甲木으로 보좌한다.

- 三冬 계수중 亥月 癸水는 지지(地支) 목국(木局)을 꽤 두려워한다. 원신(元神)이 흩어지기 때문이다. 이때는 필시 庚辛金을 써서 발원(發源)해야 한다. 이외 동월(冬月)에는 丙火의 조후(調喉)가 마땅하다. 丑月에 병화가 득록하고 임수가 출하면, 수보양광으로 부귀가 극품에 이른다. 나타나니 나눠 살펴야 한다.

- 계수는 기후에 따라 雨露나 雪霜등으로 형상이 다르게 나타나니 나눠 살펴야 한다. 계수가 겁재를 만나면 임수의 작용과 같다.

- 계수는 약한 물로 高燥한 무토를 만나면 극이 되어 본성을 잃는다.

- 火旺하면 縱火하고, 土旺하면 從土하니 담는 기물에 따라 형태가 달라진다. 본성만 잃지 않으면 조화하여 윤택한 공을 이룬다.

- 계수가 甲乙木의 설기에 의해 약해지면 계수의 도움을 가장 기뻐한다.

- 계수에게 丙火는 재운과 관련해 희기가 크게 엇갈리는데, 좋은 관계면 일생동안 재물의 혜택을 누리게 되지만, 나쁜 관계면 재물을 모으기가 쉽지 않고, 敗財할 가능성이 높다. 병화로 인해 약해질 경우에는 계수로 돕거나, 임수를 보아도 좋다.

- 계수와 己土와의 관계도 희기가 대별된다. 팔자에 기토가 희신이면 조직생활에 적합한 명이 되지만, 기신이면 직업 간, 이성간의 혼탁상이 나타난다.

三春 癸水

寅月 癸水

辛　丙　　선용신금, 생계수지원, 차용병화조난,
先用辛金, 生癸水之源, 次用丙火照暖,
명음양화합, 만물발생.
名陰陽和合, 萬物發生.

1. 寅月 癸水는 삼양(三陽)의 철에 이르니 우로(雨路)의 정(精)으로 그 성질이 지극히 유하여 먼저 辛金을 용신으로 삼아 계수의 근원으로 生하며 병화를 차용하여 조난하면 음양화합이 되어 만물이 발생한다.

=> 인월 계수는 삼양의 기후에 이르니 우로의 정은 있으나 매우 약하다. 따라서 신금으로 발원(發源)한 다음 丙火로 따뜻하게 해주면 음양이 화합하여 만물이 발생한다.

2. 辛丙이 양투하면 금방에 이름이 오른다.

=> 寅月 癸水에 辛丙이 양투하면 과갑에 이르고 부귀가 비상하다. 癸水는 우로(雨露)지만 亥子를 보면 충분히 강호(江湖)를 이룬다. 여기에 辛金이 발원(發源)하면 흐름이 끊어지지 않아 유약(柔弱)하지 않다. 丙火는 인궁(寅宮)에서 장생(長生)되는데 寅月은 삼양(三陽)이 개태(開泰)하는 때이니 중화되어 음양이 화해하고 진신(眞神)이 있어 부귀(富貴)가 비상한 것이다.

3. 혹 지지에 화국을 이루어 신금이 상하는데 임수가 출간하여 구제하면 부귀하다. 임수가 없으면 빈궁하다.

=> 寅月 癸水가 지지에 화국(火局)을 이루면 辛金이 곤(困)해진다. 이때는 壬水가 출간하여 구제하면 부귀격을 이루고, 壬水가 없으면 빈궁해진다.

4. 혹 병화가 천간에 출하고 辛金이 酉丑에 있으면 역시 의금은 있다. 만약 辛丙이 모두 없으면 빈한한 하격이다. 혹 신금이 투하고 병화가 암장되면 은영이 있는 명조다. 丙辛이 사주에 있으면 富로 官을 얻는다.

=> 丙火가 천간에 출하고 辛金이 酉丑에 있으면 공감(貢監)이나 생원(生員)은 한다. 辛丙이 모두 없으면 하격이다. 혹 辛金이 투하고 丙火가 암장되면 은봉(恩封)으로 귀격(貴格)을 이루고, 丙辛이 모두 암장되어 있으면 부(富)한 가운데 귀(貴)를 얻는다.

5. 혹 戊土가 월상(月上)에 투하고 辰時에 좌(坐)하는데 비겁을 보지 않고 丙丁火가 출간하면 차격은 화합(化合)으로 명주(命主)는 정히 금띠를 차고 형충(刑沖)이 있으면 그렇지 않다.

=> 寅月 癸水에 戊土가 월간에 투하고 丙辰時 생으로 진화격(眞化格)을 이루면 부귀가 끝이 없으나 형충(刑沖)이 있으면 평범한 명(命)이 된다. 癸水는 매우 약해서 戊土를 만나면 반드시 합이 된다. 원문(原文)의 丙丁 출간(出干)은 원국(原局)에서 성립되지 않는 설명이다.

이때 지지(地支)에 申金이 있으면 寅申 형충(刑沖)으로 화격(化格)을 이루지 못한다. 파격(破格)의 직접적인 요인은 형충(刑沖) 이전에 庚金이 화신(化神)을 거스르기 때문이다.

6. 혹 지지(地支)에 수국(水局)이 이루면 의당 丙火가 투(透)하고 壬水가 없어야 의록(衣祿)이 적지 않다. 만약 丙火가 중중(重重)함을 보면 또한 귀(貴)을 이룬 것으로 推理한다.

=> 寅月 癸水에 지지(地支)에 수국(水局)이 이루면 마땅히 丙火가 투(透)하고 壬水가 없어야 부격(富格)을 이룬다. 옛사람들은 상고탁부(商賈濁富)라 해서 부자(富者)의 팔자(八字)를 평범(平凡)한 명(命)의 범주에 넣었다. 오늘날은 그렇지 않다.

壬水가 투(透)하면 비겁(比劫)이 쟁재(爭財)하여 하천(下賤)한 격국(格局)이 된다. 이때 丙火가 중(重)하면 과갑(科甲)은 아니더라도 늠공(廩貢)으로 명사(名士)가 된다.

7. 寅月 癸水는 辛金을 주(主)로 삼고 庚金은 차선(次善)이며 丙火 역시 적으면 불가(不可)하다.[382] 만약 庚辛金이 없으면 비록 丙火가 있어도 무용지인(無用之人)이다. 혹 火土가 많으면 잔질(殘疾)을 면(免)치 못한다. 辛金을 용(用)하면, 土가 아내요 金이 자식이 된다.

=> 寅月 癸水는 약하므로 辛金으로 發源으로 한 다음,

382) 원래 계수는 경금과의 십간관계가 좋지 않아서 차선으로도 경금을 쓰지 않는데 여기서는 경인월이 될 수 있으므로 차선으로 쓴다는 것이다. 경금이 인월에서 절지이므로 경인월이면 학업중단수가 반드시 있다.

丙火로 따뜻하게 해 주어야 하지만 火土가 많으면 癸水가 메말라 잔병이 많다. 寅月 癸水 辛金을 용하면, 상관패인격(傷官佩印格)으로 토처금자(土妻金子)가 되는데 관인상생(官印相生)의 작용을 의미한다.

卯月 癸水

庚 辛　설약원신, 전이경금위용, 신금차지.
洩弱元神, 專以庚金為用, 辛金次之.
경신구투, 무정출간자, 귀유과갑.
庚辛俱透, 無丁出干者, 貴由科甲.

1. 卯月 癸水는 불강불유(不剛不柔)한데 乙木이 사령(司令)하여 원신(元神)을 설(洩)하고 약(弱)하게 하니 오직 庚金으로 용신(用神)을 삼고 辛金을 차용(次用)한다.[383] 庚辛金이 함께 투(透)하고 丁火가 출간(出干)하지 않으면 과갑(科甲)하여 귀(貴)해진다. 庚辛金이 없으면 상인(常人)이다.

혹 庚金이 투(透)하고 辛金이 암장(暗藏)되면 영봉(榮封)이 있는 것에 준(准)한다. 庚金이 암장(暗藏)되고 辛金이 투(透)하면 역시 의금(衣衿)이 있다. 庚辛金이 양장(兩

383) '辛金次之'라 했는데 辛卯月도 나쁘지 않다. 庚辛金 모두 없으면 평상인이다.

藏)되면 부중취귀(富中取貴)하고 혹은 도필(刀筆)로 양명(揚名)한다. 혹 庚辛金이 중(重)함을 보고 己丁이 출간(出干)해도 역시 귀(貴)하다.

=> 卯月 癸水는 강하지도 약하지도 않으나, 乙木이 설(洩)하고 약(弱)하게 하니 庚金으로 용신(用神)을 삼고 辛金으로 보좌(輔佐)한다. 卯月 癸水는 수목상관(水木傷官)을 체(體)로 하는데, 목신(木神)이 당왕(當旺)하기 때문에 인수(印綬)가 없으면 흉하다.

庚辛金을 함께 쓰는 것은 乙庚이 상합(相合)하기 때문이다. 또한 卯月에는 양기(陽氣)가 펼쳐지는 때이니 무형(無形) 중에 스스로 丙丁火가 있어 火가 없어도 金만 있으면 스스로 귀격(貴格)을 이룬다. 庚辛金이 함께 투간(透干)하고 丁火가 출간(出干)하지 않으면 과갑(科甲)으로 부귀(富貴)가 있다.

庚辛金이 없다면 평범(平凡)하다. 庚金이 투(透)하고 辛金이 암장(暗藏)되면 이도(異途)로 지위(地位)가 높고, 庚金이 암장(暗藏)되고 辛金이 투(透)하면 역시 의금(衣衿)이 있다. 庚辛金이 양장(兩藏)되면 부(富)한 가운데 귀(貴)를 도필(刀筆)로 양명(揚名)한다.

卯月 癸水에 庚辛金이 태다(太多)한데 己丁이 출간(出干)하면 대귀격(大貴格)을 이룬다. 庚辛金이 태다(太多)

하면 癸水는 약변강(弱變强)이 되고 월령(月令) 乙木은 극(剋)이 되어 무력(無力)해지니 한 마디로 체용(體用)이 변한 것으로 재관(財官)이 상생(相生)하여 격(格)을 이룬다. 庚辛金이 많으니 丁火로 제(制)해야 하고, 팔자(八字)에 壬水 겁재(劫財)가 투(透)하지 않은 이상 戊土를 취할 수는 없으므로 己土를 취한 것이다.

2. 혹 지지에 목국을 이루고 月時에 또 木을 보면 설수태과(洩水太過)로 명주는 빈곤하고 재난이 많다. 만일 운이 서방으로 들어도 역시 무용(無用)에 속(屬)한다.

=> 卯月 癸水는 지지에 목국을 이루었는데 月時에 木이 출간하면 水를 심하게 설하여 곤궁하고 재앙이 많다. 이때는 서방운으로 흘러도 무용지물이 된다.

지지(地支)에 목국(木局)을 이루고, 庚辛金이 없으면 순국(順局)으로 종아격(從兒格)을 이룬다. 庚金이 투(透)하여 木을 제(制)하면 상관패인(傷官佩印)을 성격(成格)되어 부귀(富貴)하다.

辰月 癸水

丙 辛甲 청명후, 화기미치, 전용병, 위음양합해.
清明後, 火氣未熾, 專用丙, 為陰陽合諧.

곡우후, 수용병, 상의신갑좌지.

穀雨後, 雖用丙, 尙宜辛甲佐之.

1. 辰月 癸水는 청명(淸明)과 곡우(穀雨)[384]의 구분(區分)을 요(要)한다. 청명(淸明) 후에는 화기(火氣)가 치열(熾熱)하지 않으므로, 丙火를 전용(專用)하면 음양(陰陽)이 화합(和合)하여 어울린다. 곡우(穀雨) 후에는 비록 丙火를 용(用)해도, 마땅히 辛金과 甲木으로 보좌(輔佐)하기를 바란다.

=> 辰月 癸水는 청명(淸明)과 곡우(穀雨)로 나누어 살핀다. 청명(淸明) 후에는 화기(火氣)가 치열(熾熱)하지 않으

384) 24절기중 하나로 **청명(淸明)**은 양력4월 4, 5일: 봄농사 준비, **곡우(穀雨)**는 양력4월 20, 21일: 농사비가 내림

*24절기란. 태양의 움직임에 따라 변하는 기후 변화를 24개의 절기로 구분한 것. 고대 중국 주나라 때, 달의 움직임을 기준으로 하여 날짜를 계산하는 태음태양력(음력)이 태양의 움직임에 따른 계절의 변화는 반영하지 못하자 이를 보완하기 위해 고안된 역법이다.

*절기(節氣)는 태양의 황도상의 위치에 따라 특징지은 계절적 구분으로, 동지(冬至)를 한 해의 시작으로 하여 춘하추동 4계절에 각각 6개의 절기가 있으며, 한 절기와 다음 절기의 사이는 평균 15.2일 정도 된다. 각각의 명칭은 당시 황하(黃河)강 주변 화북(華北)지방의 기후 특징을 나타낸 용어를 붙여 만들어졌다.

*우리나라에는 고려 충렬왕 17년(1291) 원(元)나라 사신 왕통(王通)에 의해 도입된 후, 충선왕(재위 1308~1313) 때부터 널리 사용되었다. 태양의 춘분점(0°)을 기점으로 하여 15°간격으로 나눠 이를 1년의 각 날짜에 적용하여 매년 날짜가 다를 수 있고, 중국과도 시차가 있어 실제 우리나라에 적용했을 경우 날짜 차이가 있다.

***절기를 너무 세세히 따지지 말고 진월계수면 그냥 신금, 병화 쓰면 좋다. 소토해야 되니 갑목도 있어야 한다.**

므로 丙火를 전용(專用)하면 음양(陰陽)이 적절히 배합된 것이다. 곡우(穀雨) 후에는 비록 丙火를 용(用)해도, 마땅히 辛金과 甲木으로 보좌(輔佐)해야 부귀격(富貴格)을 이룬다.

2. 가령 辛卯年, 壬辰日, 癸未日, 丙辰時 생(生)은 상반월(上半月)에 태어나 丙火를 용(用)해 현달(顯達)했다. 하반월(下半月)에 태어나면 반드시 辛金과 癸水의 상(傷)함이 없어야 비로소 묘(妙)하다. 당연(當然)히 丙火 역시 적어서는 불가(不可)하다. 丙火를 용(用)하면, 木이 아내요 火가 자식이 된다.

=> 가령 辛卯年, 壬辰日, 癸未日, 丙辰時 생(生)은 상반월(上半月)에 태어나면 丙火를 용(用)하므로 조정(朝廷)의 경사(卿士)다. 그러나 하반월(下半月)에 태어나면 丙火가 적어도 불가하고, 또 반드시 辛金과 癸水의 상(傷)함이 없어야 비로소 묘(妙)하다. 따라서 위 辛卯年 생(生)이 하반월(下半月) 출생자라면 辛金이 용신(用神)이 된다. 이때는 壬水가 투간(透干)하여 丙火가 辛金을 상(傷)하게 하는 것을 막아야 한다.

보통 辰戌丑未月에 태어나면 상반월(上半月)과 하반월(下半月)로 나누어 기(氣)의 진퇴(進退)를 살펴야 휴구(休咎)[385]를 논할 수 있다. 辰月 癸水가 丙火를 용(用)하면,

木이 아내요 火가 자식이 되니 상관생재격(傷官生財格)을 이룬다.

3. 辰月 癸水는 종화(從化)하는 경우가 많아 화(化)를 얻은 자는 영록(榮祿)이 있다. 화(化)를 얻지 못한 자는 평상(平常)하다.

=> 辰月 癸水는 종화(從化)하는 경우가 많아 진화격(眞化格)을 이루면 높은 지위(地位)와 많은 녹봉(祿俸)이 있다. 화격(化格)이 성립되지 않으면 대개 평범(平凡)하다.

4. 혹 지지(地支)에 수국(水局)을 이루고 己土를 보았는데 木이 없으면 이에 가살격(假殺格)이고 甲木이 있어 출(出)하면 상인(常人)이다.

=> 辰月 癸水에 지지(地支) 수국(水局)을 이루고 己土가 하나 출간(出干)했는데, 丙火는 있으나 甲木이 없으면 가살위권(假殺爲權)으로 귀격(貴格)을 이룬다. 이때 甲木이 출간(出干)하면 己土를 파(破)하여 보통의 팔자(八字)가 되고 만다. 따라서 반드시 丙火가 있어야 하고 甲木이 없어야 가살위권(假殺爲權)을 이룬다. **癸水는 戊土를 취할 수 없기 때문에 수왕(水旺)해도 己土를 취해야 재관격(財官格)을 이룬다.**

---

385) 설 휴, 허물(재앙) 구.

5. 혹 지지(地支) 사고(四庫)에 좌(坐)하고 甲木을 얻어 투(透)하면 그야말로 현달명양(顯達名揚)이라 이른다. 甲木이 없으면 승도(僧道)로 고고(孤苦)하다.

=> 辰月 癸水가 지지(地支)에 사고(四庫)가 있는데 甲木을 얻어 투(透)하면 살용식제(殺用食制)로 성격(成格)되어 부귀격(富貴格)을 이룬다. 그러나 甲木이 없으면 승도(僧道)의 명(命)이 되어 고빈(孤貧)하다.

6. 혹 지지(地支)에 목국(木局)을 이루고 金이 없으면 상관생재격(傷官生財格)으로 명주(命主)는 총명박학(聰明博學)하며 의록(衣祿)이 가득하고 넉넉하다.

=> 辰月 癸水가 지지(地支)에 목국(木局)을 이루고 金이 없으면 상관생재격(傷官生財格)으로 명주(命主)는 총명박학(聰明博學)하며 의록(衣祿)이 가득하고 넉넉하다. 다만 초년에는 정체(停滯)를 경험하기 쉽다.

하반월(下半月)은 丙火가 진기(進氣)하는 때니, 지지(地支)에 목국(木局)을 이루면 상관(傷官)이 왕(旺)하여 암(暗)으로 생재(生財)한다. 그러나 癸水 원신(元神)이 설(洩)되어 약하기 때문에 부하(負荷)를 감당할 힘이 없다. 따라서 金이 있으면 귀격(貴格)을 이루고, 金이 없으면 총명(聰明)하나 재물이 없다.

결론적으로 지지(地支)에 목국(木局)을 이루면 金이 있어야, 가살위권(假殺爲權)을 이루거나, 상관대살(傷官帶殺)을 이루거나, 상관생재(傷官生財)할 수 있는 것이다.

7. 辰月 癸水는 辛金과 甲木을 모두 참작(參酌)해서 용(用)한다. 하반월(下半月)에는 土가 아내요, 金이 자식이 된다.

=> 辰月 癸水는 반드시 丙火와 辛金이 있어야 길하고 甲己는 참작해서 취한다.[386] 己土가 있으면 가살위권(假殺爲權)이고, 甲木이 있으면 상관대살(傷官帶殺)로 성격(成格)된다. 하반월(下半月)에는 辛金을 용(用)하니 토처금자(土妻金子)로 관인상생격(官印相生格)[387]을 이룬다.

---

386) **십간관계상 갑,계,기,병 또는 을,계,기,병의 조합은 비조부혈(飛鳥趺血)이라 하여 매우 길하다.** 어느 일간이든 나머지 천간이 함께하면 길하다. 계수입장에서는 갑목을 키워야하고, 나무입장에선 잘 자랄 수 있는 환경이 필요하고, 병화입장에서도 나무를 키워야 하고 기토 입장에서도 나무 키우려면 정화보다는 병화가 더 좋다. 비조부혈이 되면 이재적인 능력이 강하고 뜻밖의 행운이 일생을 따라 다니며 성공을 거둔다. 학술, 종교, 서비스 업종에 특히 강하다. 단 계수가 병화 옆에 첩신하면 비조부혈이 성립되지 않는다. 십간관계의 적용을 예를 들어보면->
丁 **己** 甲 庚 **기토 일간**에게 갑목은 경금으로 다듬어진 좋은 남편이다 만약 庚이 아닌 辛이 첩해있다면 남편궁에 문제가 있을 것이다. 정화인수는 甲이 있어 불빛을 잃지 않는다. 계속 잘 탄다. 이때 갑목옆에 계수가 있다면 습목이니 공부가 안 된다. 남편이 습목이라 공부 안 도와준다.

387) 印星이 용신이고 官이 용신 인성을 生하는 구조

三夏 癸水

巳月 癸水

辛　壬　　희신금위용, 무신용경. 약신고투,
喜辛金為用, 無辛用庚. 若辛高透,
불견정화, 가이임투, 주과명영귀.
不見丁火, 加以壬透, 主科名榮貴.

1. 巳月 癸水는 辛金을 기뻐하여 용하니 辛金이 없으면 庚金을 용한다. 만약 辛金이 고투(高透)했는데 丁火를 보지 않고 더해서 壬水가 투하면 명주는 과명(科名)으로 영귀(榮貴)하고 명성)이 사해에 뻗친다.

=> 巳月 癸水는 어머니인 辛金을 만나면 길하다. 辛金이 없으면 庚金을 취할 수는 있으나 자연적인 면에서 효용(效用)이 덜하다. '조화원약평주'에 庚辛金은 쓰임이 같으나 음(陰)은 음(陰)을 생(生)하고, 양(陽)을 생(生)해야 자연적인 것이 된다고 했다. 巳月에는 火土가 왕(旺)하여 癸水가 절지(絶地)에 임하니 인수(印綬)나 비겁(比劫)으로 생조(生助)하지 않으면 살아남기 어렵다.

巳月 癸水에 辛金이 고투(高透)했는데 丁火를 보지 않고 더해서 壬水가 투(透)하면 재격투인격(財格透印格)으로

과거(科擧)에 급제(及第)하는 인물이 되며 부귀(富貴)가 극품(極品)에 이른다.

2. 만약 丁火가 있으면 파격(破格)으로 가난하여 입추(立錐)의 여지도 없다.

=> 만약 丁火가 있으면 파격(破格)이 되어 극심한 빈곤(貧困)에 시달리게 된다. 巳月은 화왕(火旺)한 때이니 辛金이 출간(出干)하고 오궁(午宮)에 丁火가 암장(暗藏)되어 있어도 녹아버린다. 이때는 반드시 壬癸水로 구해야 한다.

3. 辛金이 암장(暗藏)되고 丁火가 없으면 공감(貢監)과 의금(衣衿)은 잃지 않는다.

=> 다만 水로 火를 제(制)하면 비록 병(病)은 제거하지만 아내와 재물은 빼앗기는 형국으로 형극(刑剋)을 면하기 어렵다. 辛金이 암장(暗藏)되고 丁火가 없으면 공감(貢監)이나 의금(衣衿)은 잃지 않는다.

4. 혹 한 무리의 火土가 있고 辛金이 핍절(乏絶)되었는데 己土와 庚金이 있어도 水를 생(生)하는 것이 불능(不能)이다.

=> 巳月 癸水에 일파(一派) 火土가 있고 辛金이 없으면 己土와 庚金이 있어도 水를 생(生)하지 못한다. 水가 없으면 庚金이 무용(無用)하다는 애기다.

5. 또 비견(比肩)과 양인(羊刃)이 없으면 癸水를 볶아 건조(乾燥)하게 하므로 반드시 癸水가 타고 메말라지니 눈이 손상(損傷)됨은 의심할 여지가 없다.

=> 또 비견(比肩)과 양인(羊刃)이 없으면 火土가 癸水를 볶는 형상(形象)이 되어 눈이나 정기(精氣)가 손상(損傷)된다. 그러나 화액(禍厄)은 있어도 악질(惡疾)은 없다. 한마디로 巳月 癸水는 겁재(劫財)나 인수(印綬) 중에 하나라도 없으면 흉하다.

6. 만약 庚壬이 양투(兩透)하면 火土를 설(洩)하고 제(制)하니 겁인화진(劫印化晉)으로 극귀(極貴)한 명조(命造)다. 丁火가 있어 천간(天干)에서 보면 그렇지 않다.

=> 巳月 癸水에 庚壬이 양투(兩透)하면 火土를 설(洩)하고 제(制)하니 겁인화진(劫印化晉)[388]으로 대부대귀격(大富大貴格)을 이룬다. 이때 丁火가 있으면 庚金을 극하여 상모(喪母)하고 壬水를 합하므로 폐인(廢人)이 된다.

다시 말해 巳月은 火土가 당왕(當旺)한 때로 癸水가 매우 약하니 庚壬이 모두 투출(透出)하면 절처봉생(絶處逢生)하여 약변강(弱變强)이 되기 때문에 사궁(巳宮) 丙戊를 취하는 것이다. 따라서 꺼리는 것이 길하게 되니 기격

388) 겁인화진(劫印化晉)의 진(晉)은 괘명(卦名)으로 이상곤하(離上坤下)를 화지진(火地晉)이라 해서 火土를 뜻한다. 그러므로 겁인화진(劫印化晉)은 "겁인(劫印)으로 火土를 교화(敎化)한다"는 의미를 담고 있다.

(奇格)이다.

7. 만일 庚金은 있고 壬水가 없는데 丁火가 庚金을 파(破)하지 않으면 유림(儒林)에 들어가는 감능(堪能)[389]이 있다. 庚金이 있고 辛金이 없으면 이로(理路)로 공명(功名)을 이룬다. 아무튼 巳月 癸水는 辛金을 전용(專用)하면 비로소 묘(妙)하다.

=> 壬水가 없는데 丁火가 庚金을 파(破)하지 않으면 유림(儒林)의 수사(秀士)이나 귀(貴)는 없다. 巳月 癸水가 辛金이 없어 庚金을 취하면 부(富)는 있어도 귀(貴)는 없다. 아무튼 巳月 癸水는 辛金을 용신(用神)으로 삼고 용신(用神)의 극상(剋傷)이 없으면 귀격(貴格)을 이룬다.

午月 癸水

庚　辛壬癸　지약무근, 필수경신위생신지본.

至弱無根, 必須庚辛為生身之本.

여경신투간, 우견임계자, 정주종정명가.

如庚辛透干, 又見壬癸者, 定主鍾鼎名家

1. 午月 癸水는 지극히 약하고 근원(根源)이 없으니 필히 庚辛金으로 생신(生身)의 근본(根本)을 삼는데 다만 丁

389) 견딜 감, 능할 능.

火가 사권(司權)하여 金이 火를 대적(對敵)하기 어려우니 어찌 癸水를 편안자양(滋養)할 수 있으리오. 마땅히 비겁(比劫)을 보아야 비로소 辛金을 얻어 용(用)할 수 있다.

午月 癸水는 庚辛壬을 참작(參酌)해서 병용(竝用)할 수 있다.

=> 午月 癸水는 몹시 약하고 근원(根源)이 없다. 마땅히 庚辛金으로 생신(生身)의 근본(根本)을 삼아야 한다. 그러나 丁火가 사권(司權)하여 金이 火를 대적(對敵)하기 어려우니 癸水를 자양(滋養)하기 힘들다. 그러므로 비겁(比劫)을 보아야만 비로소 辛金을 얻어 용(用)할 수 있다.

午月 癸水는 庚辛壬을 참작(參酌)해서 병용(竝用)할 수 있는데 상황이 절박하여 선후(先後)를 나누지도 않는다. 390)

2. 만일 庚辛金이 투간(透干)하고 또 壬癸水를 보면 정히 종정명가(鍾鼎名家)를 이룬다. 혹 金이 있어 투(透)하고 지지(地支)에서 申子辰을 보면 역시 금방(金榜)에 이름을 건다. 혹 水가 출간(出干)하지 않고 지지(地支)에 다만 하나의 水가 있으면 비록 庚辛金이 있어도 일부(一富)의

---

390) 대체적으로 음간이 약할 때는 비겁이 좋은 역할을 한다. 계수와 임수가 좋은 역할로 작용할 때는 천진지양(天津之洋)이라 하여 경쟁에 강하며 그 결과 매사 순조롭게 일을 진행시켜나간다 하였다. 마치 을목에게 갑목이 있어 등라계갑(藤蘿繫甲)이 되어 귀인의 조력을 받는 것과 같은 작용이다.

명조(命造)다. 고로 이르길, 수원(水源)이 하월(夏月)에 모이면 부중귀경(富重貴輕)이라 했다.

=> 午月 癸水에 庚辛金이 모두 투간(透干)하고 또 壬癸水를 보면, 종정(鍾鼎)의 명가(名家)를 이루며 군왕(君王)의 짝이 된다. 만일 金이 투(透)하고 지지(地支)에서 申子辰을 보면 역시 금방(金榜)에 이름을 건다. 水가 출간(出干)하지 않고 지지(地支)에 다만 하나의 水가 있는데 庚辛金이 투(透)하면 갑부(甲富)의 팔자(八字)다. 일개 부자의 명조(命造)다.

3. 또한 이르길, "金水가 하천(夏天)에 모이면 부귀(富貴)가 길고 무변(無邊)하며 운(運)이 火土의 지지(地支)로 가면 쾌락(快樂)이 신선(神仙)과 같다는 것이다. 火土의 지지로 운이 행하면 쾌락함이 신선과 같다." 고 했다.

=> 하월 생으로 수원(水源)이 모이면 귀는 가벼우나 부는 자연적으로 따르고 金水가 천간에 모이면 부귀가 길고 끝이 없다. 이때 운이 火土의 지지로 가면 쾌락이 신선과 같다고 했다.

4. 혹 지지에 화국을 이루고 壬水가 출간하지 않으면 정히 승도가 된다. 혹 두 개의 壬水와 하나의 庚金이 동시에 투하면 비단옷을 입고 금띠를 두른다.

=> 午月 癸水에 지지 화국을 이루면 종재격(從財格)을 짓지 않는 한 壬水로 구해야만 한다. 그러므로 壬水가 출간하지 않으면 승도의 명이 된다. 만일 두 개의 壬水와 하나의 庚金이 동시에 투하면 의금(衣錦)을 몸에 두른다.

5. 혹 한 무리의 己土가 있고 甲木의 출해 제하지 않으면 차격(此格)은 종살(從殺)로 논하니 대부귀(大富貴)하다. 무릇 종살격(從殺格)은 파격(破格)되지 않는 것이 절실(切實)하고 그래야 비로소 길(吉)하다.

=> 午月 癸水에 一派 己土가 있고 金水와 甲木이 없으면 차격은 종살로 논하니 대부귀하다. 종살격은 지지의 형충으로 파격되지 않아야 길하다.

未月 癸水

庚　辛壬癸　상반월경신휴수, 의비겁조신,
上半月庚辛休囚, 宜比劫助身,
동오월, 하반월무비겁역가.
同午月, 下半月無比劫亦可.

1. 未月 癸水는 상하(上下)로 월(月)을 구분(區分)한다. 하반월(下半月)은 庚辛金이 유기(有氣)하고 상반월(上半月)은 庚辛金이 휴수(休囚)된다. 무릇 六癸日은 응험(應

驗)하지 않을 때가 많다. 속사(俗士)들이 이러한 이치(理致)를 모르기 때문이다.

=> 未月 癸水는 두 절기(節氣)로 나누어 구분하는데 상반월(上半月)은 庚辛金이 무기(無氣)하고, 하반월(下半月)은 유기(有氣)하다.[391] 보통 未月 癸日은 추측이 잘 맞지 않는 경우가 있다. 이것은 미궁(未宮)에 乙木과 己土가 동궁(同宮)에 있는 것을 알지 못하기 때문이다.

2. 未中 乙己가 동궁(同宮)에 있기 때문에 파(破)하려고 하나 파(破)하지 못하므로 癸水는 종살(從殺)이 불능(不能)한 까닭에 庚辛金을 전용(專用)한다.

3. 상반월(上半月)에는 금신(金神)이 쇠약(衰弱)한 것과 같아 화기(火氣)가 염열(炎烈)하면 의당 비겁(比劫)으로 조신(助身)해야 가히 부귀(富貴)를 말한다. 午月과 더불어 동일(同一)한 이치(理致)다. 하반월(下半月)에는 庚辛金이 유기(有氣)하니 비겁(比劫)이 없어도 가(可)하나 또한 丁火가 투(透)하는 것을 꺼리니 곧 丁火가 지지(地支)에 있어도 역시 불길(不吉)하다. 그 생극제화(生剋制化)가 午月과 대략(大略) 같다.

=> 상반월(上半月)은 庚金이 출간(出干)해도 화염(火炎)

---

391) 굳이 상반월 하반월 따지지 않아도 된다. 칠살격이니 패인(佩印)庚辛 쓰면 된다. 양인가살하려니 劫財 壬水있어야 좋다.

하면 金이 두려워하므로 비겁(比劫)이 도와야 가히 부귀(富貴)를 말할 수 있다. 즉 대서(大暑)[392] 전이면 午月과 이치가 같다. 하반월(下半月)에는 庚辛金이 유기(有氣)하니 비겁(比劫)이 없어도 가(可)하나 또한 丁火가 투(透)하는 것을 꺼린다. 그런데 丁火가 지지(地支)에 있어도 역시 길하지는 않다. 결국 金水를 쓴다는 점에서 그 생극제화(生剋制化)가 午月과 비슷한 것이다.

三秋 癸水

申月 癸水

丁　甲　　경사령강예극의, 필취정화위용.
　　　　　庚司令剛銳極矣, 必取丁火為用.
　　　　　혹정투유갑, 명유염지화, 필주과갑.
　　　　　或丁透有甲, 名有燄之火, 必主科甲.

1. 申月 癸水는 모왕자상(母旺子相)의 바른 때이니 비록 癸水가 申에서 사(死)하나 생각지도 않게 申中 庚金이 생(生)하니 사처봉생(死處逢生)으로 약(弱)한 가운데 다시 강(强)해지므로 운(運)이 서북(西北)으로 가면 역시 죽지

392) 24절기의 열두 번째이며 양력으로 7월 23일 무렵이다. 해의 황도가 120도에 이르며, 일 년 중 제일 더운 때라고 대서(大暑:큰 더위)라 붙여졌다.

않는 것이다.[393]

=> 申月 癸水는 모왕자상(母旺子相)한 때에 있으니 癸水가 申에 이르러 사지(死地)에 들어가나, 申中 庚金이 있으니 사처봉생(死處逢生)으로 약변강(弱變强)이 된다.

2. 단 庚金이 사령(司令)하면 강예(剛銳)함이 극(極)에 이르니 필시 丁火를 취(取)하여 용신(用神)으로 삼는다. 혹 丁火가 투(透)하고 甲木이 있으면 유염지화(有焰之火)로 명주(命主)는 필히 과갑(科甲)한다. 혹 丁火가 투(透)하고 甲木이 없는데 또 壬癸水가 없으면 한두 개의 庚金만 있어도 역시 생감(生監)은 한다. 두 개의 丁火가 있으면 재차 묘(妙)하다. 혹 金이 많고 丁火의 제(制)함이 결핍(缺乏)되면 빈곤(貧困)한 사람이다.

=> **이때는 庚金이 권리(權利)를 잡으니 반드시 丁火로 金을 제(制)해야 한다. 丁火가 용신(用神)이면 甲木으로 보좌(輔佐)해야 길하다.** 申月 癸水에 丁火가 투(透)했는데 甲木이 있으면 유염지화(有焰之火)[394]로 과갑(科甲)에 이르고 부귀(富貴)가 가볍지 않다.

丁火가 투(透)하고 甲木이 없는데 또 壬癸水가 없으면

393) 계수는 음간중의 음간이라 주체가 되지 않고 다른 천간에 따라서 움직이는 경우가 많다. 만약 계수가 庚申月에 태어나면 경금이 사령했으니 경금 위주로 생각하여 丁, 甲이 있으면 좋겠다.

394) 불 댕길 염, 불꽃

한두 개의 庚金만 있어도 인수용재격(印綬用財格)을 이루어 생감(生監)은 한다. 두 개의 丁火가 있으면 더욱 묘(妙)하나 金이 많고 丁火의 제(制)함이 없으면 빈천(貧賤)한 명(命)이 된다.

3. **혹 하나의 丁火가 午에 좌(坐)하면 독재격(獨財格)으로 금옥만당(金玉滿堂)하며 부중취귀(富中取貴)한다.**[395] 만약 未戌에 있으면 다만 상인(常人)일 뿐이다. 혹 사주(四柱)에 두 개의 戌未를 보고 丙丁火가 지지(地支)에 암장(暗藏)되었는데 천간(天干)에 甲木이 출(出)하고 水가 없으면 역시 부귀격(富貴格)으로 추리(推理)한다.

=> 申月 癸水에 丁火 하나가 오록(午祿)에 있으면 독재득위(獨財得位)하여 부(富)한 가운데 귀(貴)를 취한다. 독재(獨財)는 甲木이 상생(相生)하지 않는 것을 말하고, 득위(得位)는 午에 丁火의 녹(祿)이 있는 것을 말한다. 즉 丁火가 투(透)하지 않고 오궁(午宮)에 있는 것을 뜻한다.

만약 丁火가 未戌에 있으면 무력(無力)하여 평범(平凡)하다. 만일 사주(四柱)에 두 개의 戌未를 보고 丙丁火가 지지

---

395) 정화가 투하지 않고 午중에 하나만 있을 때 卯나 酉가 와서 午卯破나 午酉破가 되어 午중의 己土와 丁火(암신 財官)를 꺼내어 쓰니 이를 파출격(破出格)이라 한다. 다만 조건은 財가 午중에 암장된 것만 있어야 한다.(獨財格) *독재격의 예로 갑오일주를 들 수 있다. 갑의 재가 午중에만 암장되어 있을 때 지장간 중 식신생재가 좋은 것보다는 獨財라서 더 좋다.

(地支)에 암장(暗藏)되었는데 천간(天干)에 甲木이 출(出)하고 水가 없으면 역시 부귀격(富貴格)으로 추리(推理)한다. 甲木이 土를 파(破)하여 丁火를 살리기 때문이다.

酉月 癸水

辛 丙 정금백수청, 고취신병화좌지. 명수난금온.
正金白水清, 故取辛丙火佐之. 名水暖金溫.
여병여신격위동투, 과갑공명.
如丙與辛隔位同透, 科甲功名.

1. 酉月 癸水는 辛金이 허령(虛靈)하므로 완금(頑金)과는 비교(比較)할 바가 아니고, 금백수청(金白水淸)을 갖추었으므로 辛金을 취(取)하여 용신(用神)으로 삼고 丙火로 보좌(輔佐)하면 수난금온(水暖金溫)이 된다.

=> 酉月 癸水는 금백수청(金白水淸)한 때이니 辛金을 용신(用神)으로 삼고 丙火로 보좌(輔佐)하면 수난금온(水暖金溫)을 이룬다. 癸水는 청윤(淸潤)하고 辛金은 허령(虛靈)하여 잡(雜)된 기운이 없고 신령(神靈)하니 금백수청(金白水淸)으로 丙火로 조후(調候)하면 서로 이익이 있는 것이다.

2. 만일 辛金과 더불어 丙火가 떨어져 같이 투(透)하면

명주(命主)는 과갑(科甲)으로 공명(功名)을 이룬다. 혹 丙火가 투(透)하고 辛金이 암장(暗藏)되면 일방(一榜)은 하는 선비다. 혹 土가 많아 水를 극(剋)하면 상업(商業)하는 중인(中人)이다. 酉月 癸水는 丙辛을 모두 용(用)한다.

戌月 癸水

辛　甲壬癸　실령무근, 무토사권, 극제태과,
失令無根, 戊土司權, 剋制太過,
전용신금발수지원,
專用辛金發水之源,
요비견자갑제무방묘.
要比肩滋甲制戊方妙.

1. 戌月 癸水는 실령(失令)하고 무근(無根)하며 戊土가 사권(司權)하여 극제(剋制)가 태과(太過)하니 辛金을 발수지원(發水之源)으로 전용(專用)하고 비견(比肩)이 甲木을 자양(滋養)하여 戊土를 제(制)함을 요(要)하니 비로소 묘(妙)해진다.

=> 戌月 癸水는 실령(失令)하고 무근(無根)하다. 戊土가 사권(司權)하여 극제(剋制)가 태과(太過)하니 辛金을 발수지원(發水之源)으로 전용(專用)하고, 비견(比肩)이 甲木을 자양(滋養)하여 戊土를 제(制)해야 묘(妙)하다. 癸水

는 체(體)가 청윤(淸潤)하기 때문에 戊土의 극제(剋制)가 흉하다. 戊土가 있으면 甲木으로 구제(救濟)해야 하나 癸水가 실령(失令)하여 甲木도 메말라 있다. 그러므로 辛金으로 癸水를 생(生)하고, 癸水로 甲木을 자윤(滋潤)하면 戊土를 제(制)할 수 있다. 辛金이 있으면 水가 어머니를 얻는 것이고, 癸水가 있으면 木의 근원(根源)이 된다.

2. 혹 辛甲이 양투(兩透)하고 지지(地支)에 子中 癸水를 보면 정히 평보(平步)로 청운(靑雲)에 오른다. 혹 癸甲이 양투(兩透)하면 부귀(富貴)하고 명성(名聲)을 이룬다. 혹 甲辛이 있으면 癸水가 없어도 역시 은봉(恩封)은 있다. 혹 甲癸가 있고 辛金이 없으면 부(富)는 크나 귀(貴)는 작다.

甲木이 있고 癸辛이 없으면 常人이다. 이자(二者)가 함께 없으면 빈천(貧賤)한 격(格)이다. 甲木이 있고 壬水를 보면 자못 의금(衣衿)은 허락한다. 戌月 癸水는 辛甲을 병용(竝用)한다.

=> 戌月 癸水에 甲辛이 있으면 癸水가 없어도 수재(秀才)로만 그치지 않고 은봉(恩封)은 있다. 甲癸가 있고 辛金이 없으면 부(富)는 크나 귀(貴)는 작다. 戌月 癸水는 戊土가 매우 왕(旺)하여 甲木이 병(病)을 제거하는 약(藥)이 되므로 없으면 흉하다. 그러나 癸辛 중에 하나가 없으면 오히려 귀격(貴格)을 이룬다.

지지(地支)에 亥子丑 북방(北方)을 끼고 있어 허신(虛神)이 유용(有用) 해져 癸水가 무근(無根)에 이르지는 않았기에 제살태과(制殺太過)를 면했다는 것인데 쉽게 납득이 가지 않는 설명이다. 甲寅의 납음(納音), 대계수(大溪水)로 기(氣)를 보(補)하여 삼림(森林)을 이룬 상(象)이다. 乙木이 혼잡(混雜)되었다면 귀(貴)를 논할 수 없는 것이다.

戊月 癸水에 甲木이 있고 癸辛이 없으면 평범(平凡)하다. 辛甲癸가 모두 없으면 빈천(貧賤)한 명(命)이 된다. 혹 甲木이 있고 壬水를 보면 자못 의금(衣衿)은 허락한다. 戊月 癸水는 辛甲癸로 용신(用神)을 삼는 것이 정법(正法)인데 만일 辛癸가 없다면 대신 庚壬을 취해도 의금(衣衿)을 잃지 않는다.

三冬 癸水

亥月 癸水

庚　辛戊丁　왕중유약, 하야? 인해요목,
旺中有弱, 何也? 因亥搖木,
설산원신, 의용경신위묘, 수다용무,
洩散元神, 宜用庚辛為妙, 水多用戊

금다용정.

金多用丁.

1. 亥月 癸水는 왕(旺)한 가운데 약(弱)함이 있다. 亥가 木을 동요(動搖)시켜 원신(元神)이 설산(洩散)되기 때문인데 의당 庚辛金을 용(用)해야 묘(妙)하다. 庚辛金을 얻어 양투(兩透)하고 丁火의 상(傷)함이 없으면 공명(功名)에 견줄만하다.

=> 亥月 癸水는 왕(旺)한 가운데 약(弱)함이 있다. 亥가 木을 동요(動搖)시켜 원신(元神)이 설산(洩散)되기 때문인데 庚辛金으로 용신(用神)을 삼아 발원(發源)해야 한다. 경신금을 얻어 양투하고 정화의 상함이 없으면 공명이 있다고 했는데 이 대목은 다분히 윤하격(潤下格)이나 비천록마격(飛天祿馬格)을 염두에 두고 묘사한 설명이라는 판단이 든다.

2. 혹 지지(地支)에 목국(木局)을 이루고 丁火가 있어 출간(出干)하면 목왕화상(木旺火相)으로 제복(制伏)당하는 庚辛金이 水를 생(生)하지 못해 필시 청한(淸寒)하다. 혹 지지(地支)에 목국(木局)을 이루고 천간(天干)에서 丙丁火를 보면 이로(異路)로 영화(榮華)가 있다. 혹 한 무리의 壬水가 있고 戊土의 제(制)함이 없으면 늙도록 분파(奔波)한다. 만약 戊土를 얻어 투(透)하면 청귀(淸貴)함을 칭

찬할만하다.

=> 亥月 癸水에 지지(地支) 목국(木局)을 이루고 丁火가 있어 출간(出干)하면 목왕화상(木旺火相)으로 제복(制伏) 당하는 庚辛金이 水를 생(生)하지 못해 고한(孤寒)한 명(命)이 된다. 亥月 癸水는 지지(地支)에 목국(木局)을 이룰 때 원신(元神)이 흩어지므로 매우 흉하기 쉽다. 이때 庚辛金이 있으면 귀격(貴格)을 이루나 丁火가 용신(用神)을 상(傷)하게 하면 안 된다.

亥月 癸水에 지지(地支) 목국(木局)을 이루고 천간(天干)에서 丙丁火를 보면 이로(異路)로 영화(榮華)가 있다. 亥月은 왕수(旺水)가 권리(權利)를 잡았을 때로 기후(氣候)가 한기(寒氣)로 바뀌니 丙火로 조후(調候)하면 자연 부(富)가 있다.

庚辛金이 투(透)하지 않고 丙丁火가 투(透)하면 록겁용재격(祿劫用財格)을 이룬다. 亥月 癸水에 일파(一派) 壬水가 있고 戊土의 제(制)함이 없으면 동수왕양(冬水汪洋)이 되어 늙도록 분파(奔波)한다. 戊土가 투(透)하면 청귀(淸貴)하고 부(富)가 있다.

이것은 癸水가 壬水를 보면 음변양(陰變陽)이 되어 壬水와 작용이 같아지므로 재관(財官)을 취한다는 뜻이다. 戊土가 용신(用神)이면 丙火로 보좌(輔佐)해야 한다. 己土는 壬

水와 혼합(混合)하여 木을 생(生)하므로 水를 막기 어렵다.

3. 혹 한 무리의 庚辛金이 있는데 丁火를 얻어 출제(出制)하면 명주(命主)는 명리쌍전(名利雙全)한다. 만약 丁火를 보지 못하면 거듭 빈박(貧薄)하다. 혹 사주(四柱)에 火가 많으면 재다신약(財多身弱)으로 부옥빈인(富屋貧人)이 된다.

=> 亥月 癸水에 일파(一派) 庚辛金이 있는데 丁火로 제(制)하면 명리쌍전(名利雙全)하나, 丁火를 보지 못하면 고빈(孤貧)하다. 인수(印綬)가 많으면 병(病)이 되나 재(財)로 인수(印綬)를 파(破)하여 귀(貴)로 삼는다.

이때 火가 없으면 신왕무의(身旺無依)가 되어 가난하고 복(福)이 없다. 亥月 癸水는 火가 많으면 재다신약(財多身弱)으로 부옥빈인(富屋貧人)이 된다. 그러나 火가 많아도 원국(原局)에 인수(印綬)나 비겁(比劫)이 있어 癸水를 생조(生助)하면 능히 부격(富格)을 이룬다.

子月 癸水

丙 辛 치빙동지시, 금수무교환지상,
値冰凍之時, 金水無交歡之象,
전용병화해동, 서불치성빙, 우요신금자부.

專用丙火解凍, 庶不致成冰, 又要辛金滋扶.

1. 子月 癸水는 빙동(氷凍)의 때에 이르니 金水의 교환지상(交歡之象)은 없으므로 丙火를 전용(專用)하여 해동(解凍)하면 얼음이 얼지는 않고 또 辛金의 자부(滋扶)를 요(要)하니 丙火가 없고 辛金만 있으면 묘(妙)하지 않다. 무릇 동계(冬季) 癸水는 丙火가 투(透)하여 해동(解凍)해야 금온수난(金溫水暖)으로 양양상생(兩兩相生)하니 壬癸水를 보지 않아야 자연(自然) 등과급제(登科及第)하고 금장(金章)의 교지(敎旨)를 받는다.

=> 子月 癸水는 빙동(氷凍)의 때로 癸水는 녹(祿)을 얻으나 庚金은 사(死)하여 金水가 서로 기뻐하지는 않으니 金水의 교환지상(交歡之象)이 없다. 따라서 **丙火를 전용(專用)하여 해동(解凍)하면 얼음이 얼지는 않는다. 이때는 辛金으로 자부(滋扶)해도 丙火가 없으면 유용(有用)하지 않다.** [396]

子月 癸水는 丙辛이 양투(兩透)하면 해동(解凍)하여 금온수난(金溫水暖)으로 양양상생(兩兩相生)하니 壬癸水를 보지 않아야 자연(自然) 등과급제(登科及第)하고 금장(金章)의 교지(敎旨)를 받는다. 한 마디로 子月 癸水는 엄한(嚴寒)하니 조후(調候)가 시급한 것이다.

---

396) 丙火와 辛金 둘 다 쓰는데 서로 첩해서 기반되면 큰일이다.

2. 혹 한 무리의 壬水가 있고 丙火가 출간(出干)하지 않으면 한곤(寒困)한 선비다. 한 무리의 癸水가 있으면 고천(孤賤)한 무리다. 혹 지지(地支)에 수국(水局)을 이루고 중(重)한 丙火를 얻어 출간(出干)하면 곤룡포(袞龍袍)에 옥대(玉帶)를 두르는 영화(榮華)가 있다.

=> 子月 癸水에 일파(一派) 壬水가 있고 丙火가 출간(出干)하지 않으면 한곤(寒困)한 선비의 명(命)으로 화운(火運)으로 흐르면 구제(救濟)된다. 그러나 원국(原局)의 지지(地支)에 壬水가 많으면 동남운(東南運)으로 흘러도 구하기 어렵다. 丙火가 투(透)하면 부귀격(富貴格)으로 추측하나 귀(貴)가 부(富)에 미치지 못한다.

지지(地支)에 수국(水局)을 이루고 중(重)한 丙火가 출간(出干)하면 巳中 丙戊를 함께 취하므로 대부대귀격(大富大貴格)을 이룬다.

3. 혹 지지(地支)에 금국(金局)을 짓고 丙火의 자취가 없으면 망혜혁리(芒鞋革履)의 계층이다. 辛年, 丙月, 癸日에 火가 있으면 명주(命主)는 총석(寵錫)의 은영(恩榮)이 있고 지란(芝蘭)과 같은 자식을 둔다. 火가 없으면 재물을 들여 귀(貴)를 얻고 당대(當代)의 지위(地位)가 중(重)하다.

=> 子月 癸水에 지지(地支) 금국(金局)을 짓고 丙火의 자취가 없으면 금한수동(金寒水冬)하여 청한(淸寒)한 형

상(形象)이다. 미투리를 신을 고칠 정도로 가난해지기 쉽다. 즉 망혜혁리(芒鞋革履)의 계층이다.

子月 癸水가 辛年, 丙月에 해당하는데 火가 있으면 은총(恩寵)으로 영화(榮華)가 있고, 지란(芝蘭)과 같은 자식을 둔다. 火가 없으면 재물을 들여 귀(貴)를 얻고 조정(朝廷)에 오른다.

전항(前項)의 지성수국(支成水局)과 이 대목은 아마도 실제의 명례(命例)를 두고 현상을 설명한 것으로 보이는데 아쉽게도 명례(命例)를 명기하지 않았고 논리적인 면이 다소 부족하다.

'궁통보감' 에는 子月 癸水의 관련 명례(名例)가 하나도 없다. 조화원약평주' 에도 해당 유형의 명례(命例)가 없기는 마찬가지다. 유추하건대 여기에서 火가 있다는 것은 巳午火가 있다는 것이고, 火가 없으면 외격(外格)으로 이도(異途)로 발달(發達)하는 것을 의미하는 것 같다.

4. 한 무리의 戊己土가 있으면 살중신경(殺重身輕)으로 가난하지 않으면 요절(夭折)한다. 火를 용(用)하면, 木이 아내요 火가 자식이 된다. 辛金을 용(用)하면, 土가 아내요 金이 자식이 된다.

=> 子月 癸水에 일파(一派) 戊己土가 있으면 살중신경

(殺重身輕)으로 가난하거나 요절(夭折)이 따른다. 癸水는 충분(沖奔)하는 성질이 없으므로 팔자(八字)에 壬水가 없으면 戊土를 취할 수도 없고 월령(月令)이 건록(建祿)에 해당하므로 종살(從殺)할 수도 없기 때문에 살중신경(殺重身輕)이 된다.

丙火를 용(用)하면 甲木으로 보좌(輔佐)해야 하고, 火土가 왕(旺)하면 辛金으로 자부(滋扶)해야 하니 토처금자(土妻金子)로 살인상생(殺印相生)을 이룬다.

丑月 癸水

丙　丁　　병화해동, 계기회당, 년투정화,
　　　　　丙火解凍, 癸己會黨, 年透丁火,
　　　　　명설후등광, 야생자귀.
　　　　　名雪後燈光, 夜生者貴.

1. **丑月 癸水는 한기(寒氣)가 극(極)에 달하여 얼음이 얼고 만물(萬物)이 펼쳐져 크지 못하므로 의당 丙火로 해빙(解氷)해야 한다.** 혹 丙火가 年時에 투(透)하고 더해서 壬水가 투(透)했는데 지지(地支)중에 戊土가 많으면 수보양광(水輔陽光)으로 명주(命主)는 이름난 신하(臣下)로 현달(顯達)하며 戊土가 없으면 이도(異途)로 직위(職位)가 있다.

=> 丑月 癸水는 한기(寒氣)가 극(極)에 달하고 융동(隆冬)을 만나 빙동(氷凍) 이 되니 만물(萬物)이 수장(收藏)되며 막힌다. 따라서 丙火로 용신(用神)을 삼아 해동(解凍)해야 한다. 만일 丙火를 조후(調候)하지 못하면 만사가 불능(不能)이다.

丑月 癸水에 丙火와 壬水가 투(透)하고 지지(地支) 중에 戊土가 많으면 수보양광(水輔陽光)이 되어 과갑(科甲)으로 부귀현달(富貴顯達)한다. 丑月에는 丙火가 힘이 있어야 유용(有用)하므로 득지(得地)해야 길하다. 壬水는 丙戊를 떠나 생각하기 어려운데 戊土가 없으면 이도(異途)로 직위(職位)가 있다.

2. 만약 丙火가 있고 壬水가 없으면 글방의 객(客)이다. 壬水가 있고 丙火가 없는데 戊土가 출간(出干)하면 조례(阜隷)하는 계층이다.

=> 만약 丙火가 있고 壬水가 없으면 丙火는 해동(解凍)하는 작용에 그치므로 글방의 객(客)에 불과하고, 壬水가 있는데 丙火는 없고, 戊土가 출간(出干)하면 절벽이 높아 물이 급하게 흐르니 비록 범람(氾濫)하지 않아도 생의(生意)가 없다. 丙火가 존신(尊神)이니 丙火가 없으면 조례(阜隷)하는 무리니 분류(奔流)하는 명(命)이다.

3. 혹 지지(地支)에 子丑을 보고 비견(比肩)이 출간(出

干)하면 丙火가 투(透)해도 해동(解凍)이 불능(不能)하여 차명(此命)은 평상(平常)에 속(屬)한다. 혹 癸水가 없고 辛金이 있어 합(合)하면 역시 아름답지 못하다. 丁火가 있어 출(出)하면 자못 길(吉)하다.

=> **丑月 癸水에 지지(地支) 子丑을 보고 癸水가 출간(出干)하면 丙火가 투(透)해도 해동(解凍)이 불능(不能)하여 평범한 명(命)이 된다.**[397] 운무(雲霧)가 근원(根源)이 있으므로 양광(陽光)을 가리기 때문에 흑운차일(黑雲遮日)의 상(象)을 지어 해동(解凍)하지 못하는 것이다. 癸水가 없고 辛金이 있어 합(合)을 해도 역시 해동(解凍)하지 못한다. 이때 丁火로 辛金을 제(制)하면 丙火가 기반(羈絆)되지 않는다.

4. 혹 한 조각의 癸己가 회당(會黨)하고 年에 丁火가 투(透)하면 설후등광(雪後燈光)으로 야생자(夜生者)는 귀(貴)하나 일생자(日生者)는 그렇지 않다. 만약 丁火가 없으면 명주(命主)는 고빈(孤貧)하다.

=> 丑月 癸水에 癸己가 회당(會黨)하고 丁火가 투(透)하면 설후등광(雪後燈光)으로 야생자(夜生者)는 귀(貴)하나 일생자(日生者)는 그렇지 않다. 丁火가 없으면 고빈(孤貧)

397) 너무 얼어서 병화로 못 녹이게 된다. 병화를 쓸 때 계수가 出하여 가란진(假亂眞)역할을 한 것이다. 물은 청탁으로 나뉘는데 양이 적고 따뜻한 것이 청한 것이다. 이 경우의 출간한 계수는 탁작용을 한 것이다.

한 명(命)이 된다. 설후등광(雪後燈光)는 배상(配像)에 의한 특수한 격국(格局)으로 일반 오행론(五行論)으로는 설명되지 않는다.

다시 말해 丑月 癸水는 丙丁火가 없으면 흉한데 丑月 동궁(同宮)에서 己土가 투(透)하면 丁火를 용(用)하여 설야등광격(雪夜燈光格)을 이루는 것이다. 이 사람은 반드시 과갑(科甲)에 오른다. 야생자(夜生者)는 귀(貴)하나 일생자(日生者)는 그렇지 않다고 했는데 밤의 태생은 酉時부터 卯時에 이르는 시간대까지를 말하고 辰時부터 申時까지는 낮 태생이 되는 것이다.

5. 혹 지지(地支)에 수국(水局)을 이루고 丙火가 없으면 사해(四海)를 집으로 삼고 일생(一生) 노고(勞苦)가 따른다.

=> 丑月 癸水에 지지(地支) 수국(水局)을 이루면 水가 차갑고 흐르지 않을 염려가 있다. 이때 丙火가 없으면 비록 戊土를 취해도 떠돌이 생활을 면치 못하며 고생(苦生)이 많다.

6. 혹 지지(地支)에 화국(火局)을 이루고 庚辛金이 투(透)하면 의식(衣食)이 충족(充足)된다. 金이 출(出)하지 않으면 고고(孤苦)하고 영락(零落)하여 외로운 처지가 된다.

=> 丑月 癸水에 지지(地支) 화국(火局)을 이루면 재왕

(財旺)하여 癸水가 약해진다. 이때 庚辛金이 투(透)하면 재(財)를 감당할 수 있으므로 庚壬이 생조(生助)하지 않으면 아내가 없을 정도로 고고(孤苦)한 처지가 된다.

7. 혹 지지(地支)에 금국(金局)을 이루었는데 丙火가 투(透)하고 득지(得地)하면 금온수난(金溫水暖)으로 피차(彼此) 상생(相生)하니 영화(榮華)가 크고 문려(門閭)를 허락하는데 명성(名聲)이 한원(翰苑)에 뻗친다.

=> 丑月 癸水가 지지(地支)에 금국(金局)을 이루었는데 丙火가 투(透)하고 득지(得地)하면 금온수난(金溫水暖)으로 피차(彼此)간에 상생(相生)하니 영화(榮華)가 크고 문려(門閭)를 허락하는데 명성(名聲)이 한원(翰苑)에 뻗친다.

그러나 丙火가 결핍(缺乏)되면 인수(印綬)가 많아 문장(文章)으로 세상(世上)을 놀라게 하지만 병(病)을 재(財)로 파(破)하지 못하니 승수(承受)함이 없어 조상(祖上)의 음비(陰庇)는 없고 결국 후손(後孫)을 위(爲)할 뿐이다.

8. 혹 지지(地支)에 목국(木局)을 이루면 水의 설(洩)함이 태과(太過)하여 명주(命主)는 잔병(殘病)으로 신음(呻吟)하며 金이 출간(出干)해서 보(輔)하고 구제(救濟)하면 기예(技藝)의 계층이다.

=> 丑月 癸水에 지지(地支) 목국(木局)을 이루면 水의

설(洩)함이 태과(太過)하여 잔병(殘病)으로 신음(呻吟)한다. 이때 金이 출간(出干)해서 보(輔)하고 구제(救濟)하면 기예(技藝)의 계층으로 영변(靈變)함은 있어 학업은 어려우나 자수성가(自手成家)한다. 金이 없으면 수목상관(水木傷官)이 실령(失令)하기 때문에 총명(聰明)해도 성공하기 어렵다.

이때도 丙火는 조후용신(調喉用神)을 삼아야 하는데 만일 丙火가 없다면 한수빙목(寒水氷木)이 되어 金으로 제(制)해도 무용지물(無用之物)이다.

9. 무릇 동월(冬月)에는 丙火를 용(用)하니 마땅히 丙火가 득지(得地)해야 묘(妙)하고 그렇지 않으면 중중(重重)한 丙火가 출간(出干)한들 어찌 부귀(富貴)를 가벼이 허락(許諾)할 수 있으리오.

=> 冬月은 丙火가 용신(用神)이니 丙火가 득지(得地)해야 길하다. 그렇지 않으면 丙火가 많이 출간(出干)해도 부귀격(富貴格)을 이루지 못한다. 丙火의 득지(得地)란 寅巳午에 통근(通根)되는 것을 말한다.

■ 참고문헌

이수, [난강망 마스터리1,2,3], 장서원, 2006.

이수, [적천수 스펙트럼1,2], 장서원, 2006.

이수, [적천수적요 해설], 장서원, 2006.

이수, [자평진전 리뷰1,2], 장서원, 2005.

이수, [레드북], 장서원, 2010.

이수, [팔자술 필살기], 장서원, 2004.

지은이 권정숙

서울여자상업고등학교 졸업

이수명리직계문하사사과정 40회 수료

'제1회 고전강독회' 사사

팔자명리고전의 이해

초판 1쇄 2013년 2월 12일

지은이 권정숙

펴낸이 장석홍

펴낸곳 도서출판 장서원

주 소 서울 용산구 남영동 7-1 (201호)

전화 703-5362 팩스 713-7436

등록 제 03-01213호

E-mail shjang1011@hanmail.net

정가 30,000원